이패스 소방사관 동영상 강의
www.kfs119.co.kr

2025
소방공무원
시험대비

합격완성
소방관계법규

최종 모의고사

저자 박이준, 김진수

12회 분량의
실전 모의고사 수록

2024 최신 출제 및 신유형&고난도 문제 대비
실제 시험과 같은 실전 모의고사
문항별 명확한 해설 수록

epasskorea

머·리·말

소방공무원 채용시험을 준비하시는 수험생 여러분!

길고 치열한 수험 생활의 끝이 보이는 지금, 그동안 쌓아온 지식과 노력을 최종 점검하여 그 결실을 맺힐 시점에 이르렀습니다.

모의고사는 단순한 문제풀이가 아니라, 전체적인 시험대비 과정을 점검하고 공부 방향을 조정하는 중요한 도구입니다. 모의고사를 잘 활용한다면 실전에서의 실수를 줄이고 최상의 성과를 거둘 수 있습니다.

『2025 합격완성 소방관계법규 최종모의고사』는 소방공무원 채용시험 준비의 마무리 교재로서 최근의 출제경향을 면밀하게 분석하여 적중률 높은 12회분의 실전모의고사 문제를 수록하였습니다.

본서의 목적은 수험생 여러분께서 기본적인 문제는 물론 미출제된 영역의 문제, 신유형 및 고난도 문제에도 충분히 대비할 수 있도록 하는 데 있습니다. 문제를 풀어보면서 시험장에서 겪게 될 다양한 유형의 문제와 상황을 미리 체험하고, 자신의 취약점을 보완할 수 있는 기회가 될 것입니다.

시험을 앞두고 불안감을 느끼는 시기이지만, 본서를 통해 실전에서의 자신감을 쌓고 준비상태를 확실하게 점검하시기 바랍니다. 정답을 맞힐 수 있는 문제와 그렇지 않은 문제가 구별될 것이고, 설령 맞혔을지라도 불명확하게 이해하고 있는 부분을 알 수 있게 됨으로써 다시 확인학습을 하는 계기가 될 것입니다.

한편, 본서는 출제가 예상되는 중요 내용들이 누락되지 않도록 하여 최종적으로 전체를 정리하는 데에도 활용할 수 있도록 하였습니다.

최근의 기출문제들이 해를 거듭할수록 새롭고 창의적인 형식과 내용으로 진화되고 있음을 고려하여, 같은 소재일지라도 참신한 지문들을 대폭 추가하여 독창적이고 품질 높은 문제가 될 수 있도록 구성하였습니다.

그리고 해설 파트에서는 관련되는 법령의 원문 전부를 그대로 수록하여 문제를 완벽히 조망하고 이해할 수 있도록 하였으며, 문제 지문에서의 핵심 부분을 표시하여 효율적인 학습이 가능하도록 하였습니다.

이제 마무리 단계에서, 그 어느 때보다 집중력과 끈기가 필요한 시점입니다. 아무쪼록 본서가 여러분께서 소방관계법규 과목에서의 고득점에 힘입어 최종 관문을 성공적으로 통과하는 데 든든한 동반자가 되기를 바랍니다.

끝으로, 수험생 여러분 모두 원하는 자리에서 국민을 위해 일하게 되시기를 진심으로 응원합니다. 끝까지 포기하지 말고, 성공을 향해 나아가십시오.

2024년 10월
저자 일동

출제경향분석

1 영역별 분석

※ 현재의 법령 체계를 기준으로 재분석하였음

공개경쟁 채용시험

	소방기본법	화재조사법	시설공사업법	화재예방법	소방시설법	위험물안전관리법	계
2018	4		4	2	5	5	20
2019	4	2	5		4	5	20
2020	4		3	2	6	5	20
2021	4		5	3	3	5	20
2022	3		5	3	4	5	20
2023	3		5	5	6	6	25
2024	4	2	3	6	4	6	25
비중(%)	17.3	2.7	20.0	14.0	21.3	24.7	100.0

경력경쟁 채용시험

	소방기본법	화재조사법	시설공사업법	화재예방법	소방시설법	위험물안전관리법	계
2018	5.5	1		4.5	9		20
2019	8			4	8		20
2020	7			4	9		20
2021	7			5	8		20
2022	10			4	6		20
2023	6	4	7	7	7	9	40
2024	7	4	5	9	7	8	40
비중(%)	28.1	5.0	6.7	20.8	30.0	9.4	100.0

* 경력경쟁 채용시험의 경우 2023년 문항수가 증가하면서 종래의 패턴이 크게 달라졌음에 유의

2 법령의 단계(법률, 시행령, 시행규칙)별 분석

※ 중복되는 경우 최하위단계 법령으로 분류하였음

공개경쟁 채용시험 (2024년 시행)

	소방기본법	화재조사법	시설공사업법	화재예방법	소방시설법	위험물안전관리법	계(%)
법률	1						4.0
시행령	1	2	3	4	4	1	60.0
시행규칙	2			2		5	36.0
계	4	2	3	6	4	6	100.0

경력경쟁 채용시험 (2024년 시행)

	소방기본법	화재조사법	시설공사업법	화재예방법	소방시설법	위험물안전관리법	계(%)
법률	3		1	2			15.0
시행령	1	4	4	5	7	1	55.0
시행규칙	3			2		7	30.0
계	7	4	5	9	7	8	100.0

학습방법

「소방관계법규 최종모의고사」의 효율적인 학습방법

이 책에 수록된 12회의 모의고사 문제를 가장 효과적으로 사용하는 방법은, 단지 시험을 치르는 것뿐 아니라 이후의 분석과 복습을 통해 약점을 보완하는 것입니다. 다음은 모의고사를 활용하는 몇 가지 방법입니다.

1 실전처럼 시간 관리를 한다.

실제 시험 환경과 동일한 조건에서 긴장감을 느끼고 문제를 풀어봅니다. 어느 정도의 시간이 경과했을 때 몇 번째 문제를 보고 있는지, 주어진 시간 내에 25문제를 해결할 수 있는지를 점검합니다. 이를 통해 시험 당일에 긴장하지 않고 시간에 쫓기지 않게 됩니다.

2 '틀린' 문제가 '중요한' 문제이다.

단순히 답을 확인하는 것에 그치지 말고, 정답을 맞히지 못한 문제가 결국 나의 발목을 잡을 수도 있다는 절박한 심정으로 문제를 꼼꼼히 분석하는 것이 가장 중요합니다. 왜 틀렸는지, 어느 지점에서 실수가 있었는지를 파악하고 그 부분을 복습합니다. 또한 정답을 맞히긴 했으나 불명확하게 인식한 문제들도 기본교재에서 다시 찾아서 눈과 머리로 확인해서 각인합니다.

3 자주 틀리는 유형에 주의한다.

반복적으로 틀리는 주제나 특정 분야가 있다면, 해당 유형에 대한 특별한 대책과 집중적인 공부를 합니다. 필요하면 기초 개념을 다시 복습하거나 추가 자료를 활용하여 보완하고, 학습계획을 수정합니다. 이 작업을 통해 득점력이 점차 향상될 것입니다.

4 성적의 변동 추이를 관리한다.

여러분의 어린 시절에 학교가 성적통계를 내고 개인별 통지를 해주었던 일을 본인 스스로가 해야 합니다. 실제로 성적표를 만들어 기록해가면서 과목 간에, 법률 간에, 단원 간에 경쟁을 시키며 공부를 하면 동기부여도 되고 기존의 학습 방법이나 전략이 효과적인지 확인할 수 있습니다. 성적이 오르지 않는다면, 새로운 학습 방법을 시도해보는 것도 좋은 방법입니다.

5 실전에서의 전략을 세운다.

예컨대, 문제를 푸는 순서, 어려운 문제의 처리 방법, 몇 회독에서 정답을 확정할지, 마지막 10분을 어떻게 활용할지, 답안 마킹은 언제부터 할지 등을 실험해보고 가장 자신에게 맞는 전략을 찾아냅니다.

시험효과(Testing effect)라는 말이 있습니다. 시험 자체로도 성적이 향상되는 효과가 있다는 말인데, 시험을 잘 보려면 시험을 자주 봐야 합니다. 시험을 통한 인출(Out put) 연습이 기억을 더 오래가게 합니다. 시험문제를 풀어보면 두뇌에 저장된 많은 정보들이 활성화되고, 정보들의 통합과 재배치를 통해 지식이 정교화됩니다.

따라서 위와 같은 방법들을 활용하고 반복적인 모의고사를 경험하면 시험에 대한 자신감이 붙을 것이며, 부족한 부분을 보완하고, 실전 감각을 높일 수 있습니다.

좀 더 자세한 내용 및 수험정보 등은 당사 홈페이지(www.kfs119.co.kr) 참조

차·례

PART 01 최종모의고사 문제편

제1회 소방관계법규 최종모의고사 ································ 12

제2회 소방관계법규 최종모의고사 ································ 21

제3회 소방관계법규 최종모의고사 ································ 30

제4회 소방관계법규 최종모의고사 ································ 39

제5회 소방관계법규 최종모의고사 ································ 48

제6회 소방관계법규 최종모의고사 ································ 57

제7회 소방관계법규 최종모의고사 ································ 66

제8회 소방관계법규 최종모의고사 ································ 75

제9회 소방관계법규 최종모의고사 ································ 84

제10회 소방관계법규 최종모의고사 ······························ 93

제11회 소방관계법규 최종모의고사 ···························· 102

제12회 소방관계법규 최종모의고사 ···························· 111

PART 02 정답 및 해설

제1회 소방관계법규 최종모의고사 정답 및 해설 ·················· 122

제2회 소방관계법규 최종모의고사 정답 및 해설 ·················· 131

제3회 소방관계법규 최종모의고사 정답 및 해설 ·················· 140

제4회 소방관계법규 최종모의고사 정답 및 해설 ·················· 148

제5회 소방관계법규 최종모의고사 정답 및 해설 ·················· 156

제6회 소방관계법규 최종모의고사 정답 및 해설 ·················· 165

제7회 소방관계법규 최종모의고사 정답 및 해설 ·················· 174

제8회 소방관계법규 최종모의고사 정답 및 해설 ·················· 183

제9회 소방관계법규 최종모의고사 정답 및 해설 ·················· 192

제10회 소방관계법규 최종모의고사 정답 및 해설 ·················· 201

제11회 소방관계법규 최종모의고사 정답 및 해설 ·················· 209

제12회 소방관계법규 최종모의고사 정답 및 해설 ·················· 217

소방공무원은 이패스 소방사관
www.kfs119.co.kr

2025 합격완성
소방관계법규 최종모의고사

2025 합격완성
소방관계법규 최종 모의고사
[문제편]

소방관계법규 최종모의고사

01 「소방기본법」 및 같은 법 시행령상 손실보상심의위원회의 구성에 대한 설명으로 옳지 않은 것은?

① 보상위원회는 위원장 1명을 포함하여 5명 이상 7명 이하의 위원으로 구성한다.
② 위원장은 위원 중에서 소방청장 또는 시·지도사가 임명한다.
③ 위원은 소속 소방공무원, 판사·검사 또는 변호사로 5년 이상 근무한 사람, 법학 또는 행정학을 가르치는 부교수 이상으로 5년 이상 재직한 사람, 손해사정사, 소방안전 또는 의학 분야에 관한 학식과 경험이 풍부한 사람 중에서 소방청장 또는 시·지도사가 위촉하거나 임명한다.
④ 소방청장 또는 시·지도사는 손실보상심의위원회의 구성 목적을 달성하였다고 인정하는 경우에는 손실보상심의위원회를 해산할 수 있다.

02 「소방기본법 시행규칙」상 소방용수시설용 소방용수표지의 설치 기준으로 옳지 않은 것은?

① 시·도지사는 설치된 소방용수시설에 대하여 소방용수표지를 보기 쉬운 곳에 설치하여야 한다.
② 지상에 설치하는 소화전, 급수탑의 경우 소방용수표지는 안쪽 문자는 흰색, 바깥쪽 문자는 노란색으로 한다.
③ 지하에 설치하는 소화전 또는 저수조의 경우 맨홀 뚜껑에는 "소화전·주정차금지" 또는 "저수조·주정차금지"의 표시를 하여야 한다.
④ 지하에 설치하는 승하강식 소화전의 경우 맨홀뚜껑은 지름 648밀리미터 이상의 것으로 하여야 한다.

03 「소방기본법」상 화재 또는 구조·구급이 필요한 상황을 거짓으로 알린 사람에 대한 벌칙은?

① 100만원 이하의 벌금　　② 200만원 이하의 벌금
③ 200만원 이하의 과태료　④ 500만원 이하의 과태료

04 「소방의 화재조사에 관한 법률 시행규칙」상 화재조사전담부서에 갖추어야 할 장비와 시설에 대한 설명으로 옳지 않은 것은?

① 산업용실체현미경, 휴대용디지털현미경, 내시경현미경은 감식기기에 속한다.
② 화재조사 분석실은 30㎡ 이상의 실(室)을 갖추어야 하되, 청사 공간의 효율적 활용을 위하여 불가피한 경우 최소 기준 면적의 40% 이상에 해당하는 면적으로 조정할 수 있다.
③ 화재조사 차량은 탑승공간과 장비 적재공간이 구분되어 주요 장비의 적재·활용이 가능하고, 차량 내부에 기초 조사사무용 테이블을 설치할 수 있는 차량을 말한다.
④ 화재조사 전용 의복은 화재진압대원, 구조대원 및 구급대원의 의복과 구별이 가능하고, 화재조사 활동에 적합한 기능을 가진 것을 말한다.

05 「소방시설공사업법 시행령」상 소방시설별 하자보수 보증기간이 2년인 것을 바르게 묶은 것은?

① 유도표지, 비상조명등, 비상방송설비
② 피난기구, 유도등, 자동화재탐지설비
③ 옥내소화전설비, 스프링클러설비, 무선통신보조설비
④ 자동소화장치, 옥내소화전설비, 스프링클러설비

06 「소방시설공사업법 시행령」상 소화활동설비의 감리를 위하여 감리업자를 공사감리자로 지정하여야 하는 경우에 해당하지 않는 것은?

① 제연설비를 신설·개설하거나 제연구역을 증설할 때
② 비상콘센트설비를 신설·개설하거나 전용회로를 증설할 때
③ 비상조명등을 신설 또는 개설할 때
④ 무선통신보조설비를 신설 또는 개설할 때

07 「소방시설공사업법」상 감독에 대한 설명으로 옳지 않은 것은?

① 소방청장은 소방청장의 업무를 위탁받은 실무교육기관 또는 한국소방안전원, 협회, 법인 또는 단체에 필요한 보고나 자료 제출을 명할 수 있다.
② 소방청장은 소방시설업의 감독을 위하여 필요할 때에는 관계 공무원으로 하여금 소방시설업체나 특정소방대상물에 출입하여 관계 서류와 시설 등을 검사하거나 소방시설업자 및 관계인에게 질문하게 할 수 있다.
③ 출입·검사를 하는 관계 공무원은 그 권한을 표시하는 증표를 지니고 이를 관계인에게 보여주어야 한다.
④ 출입·검사업무를 수행하는 관계 공무원은 관계인의 정당한 업무를 방해하거나 출입·검사업무를 수행하면서 알게 된 비밀을 다른 자에게 누설하여서는 아니 된다.

08 「소방시설공사업법 시행령」상 하도급계약 자료의 공개에 관한 설명이다. ( )에 알맞은 것은?

> - 소방시설공사등의 하도급계약 자료의 공개는 하도급에 관한 사항을 통보받은 날부터 (ㄱ)일 이내에 해당 소방시설공사등을 발주한 기관의 인터넷 홈페이지에 게재하는 방법으로 하여야 한다.
> - 소방시설공사등의 하도급계약 자료의 공개대상 계약규모는 하도급계약금액이 (ㄴ) 이상인 경우로 한다.

	ㄱ	ㄴ		ㄱ	ㄴ
①	15	1천만원	②	30	1천만원
③	15	2천만원	④	30	2천만원

09 「소방시설공사업법」상 소방시설업자의 행위에 대하여 그 등록을 반드시 취소하여야 하는 경우가 아닌 것은?

① 영업정지 기간 중에 소방시설공사등을 한 경우
② 거짓이나 그 밖의 부정한 방법으로 등록한 경우
③ 법인의 대표자가 「화재의 예방 및 안전관리에 관한 법률」에 따른 금고 이상의 형의 집행유예를 선고받은 경우
④ 법인의 대표자가 피성년후견인이 된 후 법인이 3개월 이내에 그 사유를 해소한 경우

10 「화재의 예방 및 안전관리에 관한 법률 시행령」상 소방청장은 소방안전관리자 자격의 정지 및 취소에 관한 업무를 누구에게 위임하는가?

① 화재안전조사위원회 위원장 ② 소방본부장
③ 소방서장 ④ 시·도지사

11 「화재의 예방 및 안전관리에 관한 법률 시행령」상 소방안전관리대상물의 관계인이 관리업자로 하여금 소방안전관리업무를 대행하게 할 수 있는 경우이다. ( ) 안에 적절한 것은?

- 지상층의 층수가 (ㄱ)층 이상인 1급 소방안전관리대상물[연면적 (ㄴ) 제곱미터 이상인 특정소방대상물과 아파트는 제외한다]
- 2급 소방안전관리대상물
- 3급 소방안전관리대상물

	ㄱ	ㄴ
①	11	2만
②	11	1만5천
③	6	2만
④	6	1만5천

12 「화재의 예방 및 안전관리에 관한 법률 시행령」상 화재의 예방 및 안전관리에 관한 기본계획 등의 수립·시행에 관한 설명으로 옳지 않은 것은?

① 소방청장은 화재의 예방 및 안전관리에 관한 기본계획을 계획 시행 전년도 8월 31일까지 관계 중앙행정기관의 장과 협의한 후 계획 시행 전년도 9월 30일까지 수립해야 한다.
② 소방청장은 기본계획을 시행하기 위한 계획을 계획 시행 전년도 10월 31일까지 수립해야 한다.
③ 소방청장은 관계 중앙행정기관의 장과 특별시장·광역시장·특별자치시장·도지사 또는 특별자치도지사에게 기본계획 및 시행계획을 각각 계획 시행 전년도 11월 31일까지 통보해야 한다.
④ 관계 중앙행정기관의 장 및 시·도지사는 세부시행계획을 수립하여 계획 시행 전년도 12월 31일까지 소방청장에게 통보해야 한다.

13 「화재의 예방 및 안전관리에 관한 법률 시행령」상 이동식난로를 사용할 수 없는 장소에 해당하지 않는 것은? (난로가 쓰러지지 않도록 받침대를 두어 고정시키거나 쓰러지는 경우 즉시 소화되고 연료의 누출을 차단할 수 있는 장치가 부착된 경우는 제외)

① 한방병원　　　　　　　　② 독서실
③ 가설건축물　　　　　　　④ 교사(校舍)

14 「화재의 예방 및 안전관리에 관한 법률 시행령」상 소방안전 특별관리기본계획 등에 대한 설명으로 옳지 않은 것은?

① 소방청장은 소방안전 특별관리기본계획을 5년마다 수립하여 시·도에 통보해야 한다.
② 특별관리기본계획에는 화재예방을 위한 교육·홍보 및 점검·진단, 화재대응을 위한 훈련 사항이 포함되어야 한다.
③ 시·도지사는 매년 소방안전 특별관리시행계획을 수립·시행하고, 그 결과를 다음 연도 1월 20일까지 소방청장에게 통보해야 한다.
④ 시·도지사는 특별관리시행계획을 수립하는 경우 성별, 연령별, 화재안전취약자별 화재 피해현황 및 실태 등을 고려해야 한다.

15 「소방시설 설치 및 관리에 관한 법률」상 소방용품의 수집검사 결과 중대한 결함이 있다고 인정되는 소방용품에 대하여는 그 제조자 및 수입자에게 회수·교환·폐기 또는 판매중지를 명할 수 있는 사람은?

① 시·도지사　　　　　　　　② 소방청장
③ 소방청장 또는 소방본부장　④ 소방청장 또는 시·도지사

16 「소방시설 설치 및 관리에 관한 법률」 및 같은 법 시행규칙상 위반행위의 신고 및 신고포상금의 지급에 대한 설명으로 옳지 않은 것은?

① 누구든지 소방시설을 화재안전기준에 따라 설치·관리해야 할 의무를 위반한 특정소방대상물의 관계인을 소방본부장 또는 소방서장에게 신고할 수 있다.
② 소방본부장 또는 소방서장은 위반행위의 신고 내용을 확인하여 이를 처리한 경우에는 처리한 날부터 7일 이내에 위반행위 신고 내용 처리결과 통지서를 신고자에게 통지해야 한다.
③ 소방본부장 또는 소방서장은 신고를 한 사람에게 예산의 범위에서 포상금을 지급할 수 있다.
④ 신고포상금의 지급대상, 지급기준, 지급절차 등에 필요한 사항은 시·도의 조례로 정한다.

17 「소방시설 설치 및 관리에 관한 법률 시행령」상 피난구조설비 중 인명구조기구를 설치해야 하는 특정소방대상물에 관한 설명이다. ( ) 안에 알맞은 것은?

> • 방열복 또는 방화복(안전모, 보호장갑 및 안전화를 포함), 인공소생기 및 공기호흡기를 설치해야 하는 특정소방대상물 : 지하층을 포함하는 층수가 (ㄱ) 이상인 것 중 관광호텔 용도로 사용하는 층
> • 방열복 또는 방화복(안전모, 보호장갑 및 안전화를 포함) 및 공기호흡기를 설치해야 하는 특정소방대상물 : 지하층을 포함하는 층수가 (ㄴ) 이상인 것 중 (ㄷ) 용도로 사용하는 층

	ㄱ	ㄴ	ㄷ
①	5층	3층	영화상영관
②	3층	5층	영화상영관
③	7층	5층	병원
④	5층	7층	병원

18 「소방시설 설치 및 관리에 관한 법률」 및 같은 법 시행령상 다음의 주택 소유자가 설치하여야 하는 소방시설은?

> • 「건축법」 제2조 제2항 제1호의 단독주택
> • 「건축법」 제2조 제2항 제2호의 공동주택(아파트 및 기숙사는 제외)

① 소화기 및 단독경보형 감지기
② 소화기 및 주거용 주방자동소화장치
③ 비상벨 및 가스자동소화장치
④ 가스누설경보기 및 자동식 사이렌설비

19 「소방시설 설치 및 관리에 관한 법률」 시행령, 시행규칙상 자체점검 결과 공개 및 점검기록표 게시에 대한 설명으로 옳은 것은?

① 소방본부장 또는 소방서장은 자체점검 결과를 공개하는 경우 30일 이상 전산시스템(특정소방대상물의 체계적인 안전관리를 위하여 구축·운영하는 것) 또는 인터넷 홈페이지 등을 통해 공개해야 한다.
② 소방본부장 또는 소방서장은 자체점검 결과를 공개한 후 공개 기간, 공개 내용 및 공개 방법을 해당 특정소방대상물의 관계인에게 알려야 한다.
③ 특정소방대상물의 관계인은 공개 내용 등을 통보받은 날부터 7일 이내에 관할 소방본부장 또는 소방서장에게 이의신청을 할 수 있으며, 소방본부장 또는 소방서장은 이의신청을 받은 날부터 7일 이내에 심사·결정하여 그 결과를 지체 없이 신청인에게 알려야 한다.
④ 소방본부장 또는 소방서장에게 자체점검 결과 보고를 마친 관계인은 보고한 날부터 10일 이내에 소방시설등 자체점검기록표를 작성하여 특정소방대상물의 출입자가 쉽게 볼 수 있는 장소에 20일 이상 게시해야 한다.

20 「위험물안전관리법 시행령」상 위험물에 대한 설명으로 옳지 않은 것은?

① 황은 순도가 60중량퍼센트 이상인 것을 말하며, 순도측정을 하는 경우 불순물은 활석 등 불연성물질과 수분으로 한정한다.
② 인화성고체는 고형알코올 그 밖에 1기압에서 인화점이 섭씨 40도 미만인 고체를 말한다.
③ 제1석유류는 아세톤, 휘발유 그 밖에 1기압에서 인화점이 섭씨 21도 이상 70도 미만인 것을 말한다.
④ 제3석유류는 중유, 크레오소트유 그 밖에 1기압에서 인화점이 섭씨 70도 이상 섭씨 200도 미만인 것을 말한다.

21 「위험물안전관리법」 및 같은 법 시행규칙상 안전관리자의 대리자가 될 수 있는 자로서 규정되어 있지 않은 것은?

① 국가기술자격법에 따른 위험물의 취급에 관한 자격취득자로서 소방청장이 실시하는 안전교육을 받은 자
② 국가기술자격법에 따른 위험물의 취급에 관한 자격취득자로서 제조소등의 위험물 안전관리업무에 있어서 안전관리자를 지휘·감독하는 직위에 있는 자
③ 위험물안전에 관한 기본지식과 경험이 있는 자로서 제조소등의 위험물 안전관리업무에 있어서 안전관리자를 지휘·감독하는 직위에 있는 자
④ 위험물안전관리에 관한 업무에 1년 이상 종사한 경력이 있는 자로서 소방청장이 실시하는 안전교육을 받은 자

22 「위험물안전관리법 시행규칙」상 특수인화물, 제1석유류 및 알코올류를 저장 또는 취급하는 탱크의 용량이 1,000만리터 이상인 옥외탱크저장소에 설치해야 하는 경보설비로 옳은 것은?

① 자동화재탐지설비, 자동화재속보설비
② 자동화재탐지설비, 비상경보설비
③ 확성장치, 비상방송설비
④ 자동화재속보설비, 비상방송설비

23 「위험물안전관리법 시행규칙」상 제조소등에서의 위험물의 저장 및 취급에 관한 기준이다. ( )에 알맞은 것은?

> 옥외저장탱크·옥내저장탱크 또는 지하저장탱크 중 압력탱크 외의 탱크에 저장하는 다이에틸에터등 또는 아세트알데하이드등의 온도는 산화프로필렌과 이를 함유한 것 또는 다이에틸에터등에 있어서는 (ㄱ) 이하로, 아세트알데하이드 또는 이를 함유한 것에 있어서는 (ㄴ) 이하로 각각 유지할 것

	ㄱ	ㄴ		ㄱ	ㄴ
①	40℃	15℃	②	30℃	15℃
③	40℃	30℃	④	50℃	30℃

24 「위험물안전관리법 시행규칙」상 자체소방대에 대한 설명으로 옳지 않은 것은?

① 유압장치, 윤활유순환장치 그 밖에 이와 유사한 장치로 위험물을 취급하는 일반취급소에는 자체소방대를 두어야 한다.
② 2 이상의 사업소가 상호응원에 관한 협정을 체결하고 있는 경우에는 당해 모든 사업소를 하나의 사업소로 본다.
③ 2 이상의 사업소가 상호응원에 관한 협정을 체결하고 있는 경우 제조소 또는 취급소에서 취급하는 제4류 위험물을 합산한 양을 하나의 사업소에서 취급하는 제4류 위험물의 최대수량으로 간주하여 화학소방자동차의 대수 및 자체소방대원을 정할 수 있다.
④ 상호응원에 관한 협정을 체결하고 있는 각 사업소의 자체소방대에는 법령 규정에 의한 화학소방차 대수의 2분의 1 이상의 대수와 화학소방자동차마다 5인 이상의 자체소방대원을 두어야 한다.

25 「위험물안전관리법」 및 같은 법 시행령, 시행규칙상 위험물의 운송에 대한 설명으로 옳지 않은 것은?

① 알킬알루미늄 또는 알킬리튬의 운송에 있어서는 운송책임자의 감독 또는 지원을 받아 이를 운송하여야 한다.
② 이동탱크저장소에 의하여 위험물을 운송하는 자(운송책임자 및 이동탱크저장소운전자를 말한다)는 「국가기술자격법」에 따른 위험물 분야의 자격을 취득하거나 소방청장이 실시하는 안전교육을 수료해야 한다.
③ 운송책임자는 당해 위험물의 취급에 관한 국가기술자격을 취득하거나 위험물의 운송에 관한 안전교육을 수료하고, 관련 업무에 2년 이상 종사한 경력이 있는 자이어야 한다.
④ 위험물의 운송에 관하여 행정안전부령으로 정한 기준을 따르지 아니한 자에게는 500만원 이하의 과태료를 부과한다.

제2회 소방관계법규 최종모의고사

01 「소방기본법」 및 같은 법 시행규칙상 소방박물관 및 소방체험관에 대한 내용으로 옳지 않은 것은?

① 소방의 역사와 안전문화를 발전시키고 국민의 안전의식을 높이기 위하여 소방청장은 소방박물관을, 시·도지사는 소방체험관을 설립하여 운영할 수 있다.
② 소방박물관에는 그 운영에 관한 중요한 사항을 심의하기 위하여 7인 이내의 위원으로 구성된 운영위원회를 둔다.
③ 소방체험관의 설립과 운영에 필요한 사항은 행정안전부령으로 정하는 기준에 따라 시·도의 조례로 정한다.
④ 소방체험관에는 교통안전 분야로 보행안전 체험실, 자동차안전 체험실, 지하철안전 체험실을 모두 갖추어야 하고, 이 경우 체험실별 바닥면적은 100제곱미터 이상이어야 한다.

02 「소방기본법」상 피난 명령에 관한 설명으로 옳은 것은?

① 소방본부장, 소방서장 또는 소방대장이 피난 명령을 발동할 수 있다.
② 화재, 재난·재해, 그 밖의 위급한 상황이 발생하여 사람의 생명에 대한 침해가 발생한 때에 명령한다.
③ 화재, 재난·재해, 그 밖의 위급한 상황이 발생하여 재산상 침해 위험이 있을 것으로 인정할 때에는 일정한 구역을 지정하여 그 구역에 있는 사람에게 그 구역 밖으로 피난할 것을 명할 수 있다.
④ 피난 명령을 할 때 필요하면 관할 경찰서장 또는 자치경찰단장에게 협조를 요청해야 한다.

03 「소방기본법」상 한국소방안전원의 업무에 해당하는 것은?

① 화재 예방과 안전관리의식 고취를 위한 대국민 홍보
② 소방기술과 안전관리에 관한 인허가 업무
③ 소방산업의 발전 및 소방기술의 향상을 위한 지원
④ 소방장비의 품질 확보, 품질 인증 및 신기술·신제품에 관한 인증 업무

04 「소방의 화재조사에 관한 법률」 및 같은 법 시행령상 화재합동조사단에 대한 설명으로 옳지 않은 것은?

① 소방관서장은 사상자가 많거나 사회적 이목을 끄는 화재 등 대통령령으로 정하는 대형화재 등이 발생한 경우 종합적이고 정밀한 화재조사를 위하여 유관기관 및 관계 전문가를 포함한 화재합동조사단을 구성·운영할 수 있다.
② "사상자가 많거나 사회적 이목을 끄는 화재 등 대통령령으로 정하는 대형화재"란 사망자가 5명 이상 발생하고 화재로 인한 사회적·경제적 영향이 광범위하다고 소방관서장이 인정하는 화재를 말한다.
③ 화재합동조사단의 단장은 단원 중에서 소방관서장이 지명하거나 위촉하는 사람이 된다
④ 소방관서장은 화재합동조사단의 단장 또는 단원에게 예산의 범위에서 수당·여비와 그 밖에 필요한 경비를 지급할 수 있다. 다만, 공무원이 소관 업무와 직접적으로 관련되어 참여하는 경우에는 지급하지 않는다.

05 「소방시설공사업법」 및 같은 법 시행령상 하도급계약의 적정성 심사 등에 관한 내용이다. ( )에 적절한 것은?

> 발주자는 하도급계약금액이 다음 각 호의 어느 하나에 해당하는 경우에는 하수급인의 시공 및 수행능력, 하도급계약 내용의 적정성 등을 심사할 수 있다.
> 1. 하도급계약금액이 도급금액 중 하도급부분에 상당하는 금액의 (ㄱ)에 해당하는 금액에 미달하는 경우
> 2. 하도급계약금액이 소방시설공사등에 대한 발주자의 예정가격의 (ㄴ)에 해당하는 금액에 미달하는 경우

	ㄱ	ㄴ
①	100분의 60	100분의 82
②	100분의 62	100분의 80
③	100분의 80	100분의 62
④	100분의 82	100분의 60

06 「소방시설공사업법령」상 소방시설업의 등록에 관한 내용 중 대통령령으로 정하는 것을 모두 고르면?

> ㄱ. 업종별 등록기준 및 영업범위
> ㄴ. 등록신청 사항
> ㄷ. 등록의 결격사유
> ㄹ. 등록증·등록수첩의 재발급 신청 사항

① ㄱ
② ㄱ, ㄴ
③ ㄷ, ㄹ
④ ㄱ, ㄴ, ㄹ

07 「소방시설공사업법 시행규칙」상 소방공사감리의 대가 기준 산정방식은 산업통상자원부장관이 고시한 엔지니어링사업대가의 기준 중 어느 방식을 말하는가?

① 표준품셈 적용방식
② 실비정액 가산방식
③ 건설부문에 적용하는 공사비 요율에 따른 방식
④ 통신부문에 적용하는 공사비 요율에 따른 방식

08 「소방시설공사업법 시행령」상 소방시설공사 분리 도급의 예외에 해당하지 않는 것은?

① 「국가를 당사자로 하는 계약에 관한 법률 시행령」및 「지방자치단체를 당사자로 하는 계약에 관한 법률 시행령」에 따른 실시설계 기술제안입찰로 시행되는 공사인 경우
② 국가유산수리 및 재개발·재건축 등의 공사로서 공사의 성질상 분리하여 도급하는 것이 곤란하다고 소방청장이 인정하는 경우
③ 착공신고대상인 소방시설공사에 해당하는 경우
④ 연면적이 1천제곱미터 이하인 특정소방대상물에 비상경보설비를 설치하는 공사인 경우

09 「소방시설공사업법」 상 공사감리자의 지정 등에 대한 설명으로 옳지 않은 것은?

① 대통령령으로 정하는 특정소방대상물의 관계인이 특정소방대상물에 대하여 자동화재탐지설비, 옥내소화전설비 등 대통령령으로 정하는 소방시설을 시공할 때에는 소방시설공사의 감리를 위하여 감리업자를 공사감리자로 지정하여야 한다. 다만, 시·도지사가 감리업자를 선정한 경우에는 그 감리업자를 공사감리자로 지정한다.
② 관계인이 공사감리자를 변경하였을 때에는 새로 지정된 공사감리자와 종전의 공사감리자는 감리 업무 수행에 관한 사항과 관계 서류를 인수·인계하여야 한다.
③ 소방본부장 또는 소방서장은 공사감리자 지정신고 또는 변경신고를 받은 날부터 2일 이내에 신고수리 여부를 신고인에게 통지하여야 한다.
④ 소방본부장 또는 소방서장이 위 ③에서 정한 기간 내에 신고수리 여부 또는 민원 처리 관련 법령에 따른 처리기간의 연장을 신고인에게 통지하지 아니하면 그 기간(민원처리 관련 법령에 따라 처리기간이 연장 또는 재연장된 경우에는 해당 처리기간을 말한다)이 끝난 날에 신고를 수리한 것으로 본다.

10 「화재의 예방 및 안전관리에 관한 법률」상 관리의 권원이 분리된 특정소방대상물의 소방안전관리에 대한 설명으로 옳은 것은?

① 시·도지사는 관리의 권원이 많아 효율적인 소방안전관리가 이루어지지 아니한다고 판단되는 경우 대통령령으로 정하는 바에 따라 관리의 권원을 조정하여 소방안전관리자를 선임하도록 할 수 있다.
② 복합건축물(지하층을 제외한 층수가 6층 이상 또는 연면적 2만제곱미터 이상인 건축물)인 특정소방대상물로서 관리의 권원(權原)이 분리되어 있는 경우 관리의 권원에 따라 각각 소방안전관리자를 선임해야 한다
③ 관리의 권원별 관계인은 상호 협의하여, 특정소방대상물의 전체에 걸쳐 소방안전관리상 필요한 업무를 총괄하는 소방안전관리자("총괄소방안전관리자")를 선임된 소방안전관리자 중에서 선임하거나 별도로 선임하여야 한다.
④ 선임된 소방안전관리자 및 총괄소방안전관리자는 해당 특정소방대상물의 소방안전관리를 효율적으로 수행하기 위하여 공동소방안전관리협의회를 구성할 수 있다.

11 「화재의 예방 및 안전관리에 관한 법률」상 화재의 예방조치 등에 관한 설명으로 옳지 않은 것은?

① 시·도지사는 화재예방강화지구 안의 소방대상물의 화재안전성능 향상을 위하여 필요한 경우 시·도의 조례로 정하는 바에 따라 소방설비등의 설치에 필요한 비용을 지원할 수 있다.
② 소방관서장은 화재안전조사를 한 결과 화재의 예방강화를 위하여 필요하다고 인정할 때에는 관계인에게 소화기구, 소방용수시설 또는 그 밖에 소방에 필요한 설비의 설치(보수, 보강을 포함한다)를 명할 수 있다.
③ 소방청장은 위 ②에 따라 소방설비등의 설치를 명하는 경우 해당 관계인에게 소방설비등의 설치에 필요한 지원을 할 수 있다.
④ 시·도지사는 「기상법」에 따른 기상현상 및 기상영향에 대한 예보·특보·태풍예보에 따라 화재의 발생 위험이 높다고 분석·판단되는 경우에는 화재에 관한 위험경보를 발령하고 그에 따른 필요한 조치를 할 수 있다.

12 「화재의 예방 및 안전관리에 관한 법률」 및 같은 법 시행령상 화재안전조사 결과 공개에 대한 설명으로 옳은 것은?

① 소방관서장은 화재안전조사 결과를 공개하는 경우 20일 이상 해당 소방관서 인터넷 홈페이지나 전산시스템을 통해 공개해야 한다.
② 소방대상물의 관계인은 소방관서장으로부터 공개 내용 등을 통보받은 날부터 10일 이내에 소방관서장에게 이의신청을 할 수 있다.
③ 소방관서장은 이의신청을 받은 날부터 7일 이내에 심사·결정하여 그 결과를 지체 없이 신청인에게 알려야 한다.
④ 화재안전조사 결과의 공개가 제3자의 법익을 침해하는 경우에는 시·도지사의 승인을 받아 제3자와 관련된 사실을 공개할 수 있다.

13 「화재의 예방 및 안전관리에 관한 법률」 및 같은 법 시행규칙상 소방안전관리대상물의 관계인이 소방안전관리자 또는 소방안전관리보조자를 선임한 경우 소방안전관리대상물의 출입자가 쉽게 알 수 있도록 게시하여야 하는 사항에 해당하지 않는 것은?

① 소방안전관리대상물의 명칭 및 등급
② 소방안전관리대상물의 소유자 및 점유자
③ 소방안전관리자의 성명, 연락처
④ 소방안전관리자의 근무 위치(화재 수신기 또는 종합방재실을 말한다)

14 「소방시설 설치 및 관리에 관한 법률」상 소방시설관리업의 운영에 대한 설명으로 옳지 않은 것은?

① 관리업자는 폐업을 한 경우 「화재의 예방 및 안전관리에 관한 법률」에 따라 소방안전관리업무를 대행하게 하거나 소방시설등의 점검업무를 수행하게 한 특정소방대상물의 관계인에게 3일 이내에 그 사실을 알려야 한다.
② 관리업자는 자체점검을 하거나 「화재의 예방 및 안전관리에 관한 법률」에 따른 소방안전관리업무의 대행을 하는 때에는 행정안전부령으로 정하는 바에 따라 소속 기술인력을 참여시켜야 한다.
③ 등록취소 또는 영업정지 처분을 받은 관리업자는 그 날부터 소방안전관리업무를 대행하거나 소방시설등에 대한 점검을 하여서는 아니 된다. 다만, 영업정지처분의 경우 도급계약이 해지되지 아니한 때에는 대행 또는 점검 중에 있는 특정소방대상물의 소방안전관리업무 대행과 자체점검은 할 수 있다.
④ 관리업자가 관리업의 등록증이나 등록수첩을 다른 자에게 빌려준 경우 등록취소 대상이면서 아울러 형벌의 대상이 된다.

15 「소방시설 설치 및 관리에 관한 법률 시행령」상 자동화재탐지설비를 설치해야 하는 특정소방대상물 중 시각경보기를 설치해야 하는 특정소방대상물로 옳지 않은 것은?

① 문화 및 집회시설
② 발전시설
③ 교육연구시설 중 도서관
④ 지하가 중 터널

16 「소방시설 설치 및 관리에 관한 법률 시행령」상 수용인원 산정방법으로 옳은 것은?

① 강의실 용도로 쓰는 특정소방대상물은 해당 용도로 사용하는 바닥면적의 합계를 3㎡로 나누어 얻은 수로 한다.
② 침대가 없는 숙박시설은 해당 특정소방대상물의 종사자 수에 숙박시설 바닥면적의 합계를 1.9㎡로 나누어 얻은 수를 합한 수로 한다.
③ 침대가 있는 숙박시설은 해당 특정소방대상물의 종사자 수에 침대 수(2인용 침대는 2개로 산정)를 합한 수로 한다.
④ 바닥면적을 산정할 때에는 복도, 계단 및 화장실의 바닥면적을 포함한다.

17 「소방시설 설치 및 관리에 관한 법률 시행규칙」상 전기사업용전기설비의 공사계획에 대한 인가의 권한이 있는 행정기관이 건축허가등의 동의를 요구하는 경우에 첨부해야 하는 서류가 아닌 것은?

① 소방시설 설치계획표
② 건축물의 구조 설계에 따른 피난계획 및 피난 동선도
③ 소방시설을 설계한 기술인력의 기술자격증 사본
④ 임시소방시설 설치계획서

18 「소방시설 설치 및 관리에 관한 법률 시행령」상 특정소방대상물에 실내장식 등의 목적으로 설치 또는 부착하는 물품으로서 제조 또는 가공 공정에서 방염처리하여야 하는 물품으로 옳은 것은?

① 암막·무대막(영화상영관에 설치하는 스크린과 가상체험 체육시설업에 설치하는 스크린은 제외)
② 벽지류(두께가 2밀리미터 미만인 종이벽지는 제외)
③ 창문에 설치하는 커튼류(블라인드는 제외)
④ 섬유류 또는 합성수지류 등을 원료로 하여 제작된 소파·의자(단란주점영업, 유흥주점영업 및 노래연습장업의 영업장에 설치하는 것은 제외)

19 「소방시설 설치 및 관리에 관한 법률 시행령」상 다음 중 소방용품에 해당하는 것은 모두 몇 개인가?

ㄱ. 음향장치 중 경종	ㄴ. 구조대
ㄷ. 인공소생기	ㄹ. 분말소화설비용 소화약제
ㅁ. 스프링클러헤드	ㅂ. 누전경보기

① 3개
② 4개
③ 5개
④ 6개

20 「위험물안전관리법 시행규칙」상 제1종 판매취급소에서 위험물을 배합하는 실(室)의 구조 및 설비의 기준으로 옳지 않은 것은?

① 바닥면적은 6㎡ 이상 10㎡ 이하로 할 것
② 내화구조 또는 불연재료로 된 벽으로 구획할 것
③ 출입구 문턱의 높이는 바닥면으로부터 0.1m 이상으로 할 것
④ 출입구에는 수시로 열 수 있는 자동폐쇄식의 60분+방화문 또는 60분방화문을 설치할 것

21 「위험물안전관리법 시행규칙」상 특정·준특정옥외탱크저장소의 구조안전점검에 대한 설명으로 옳지 않은 것은?

① 옥외탱크저장소 중 저장 또는 취급하는 액체위험물의 최대수량이 50만리터 이상인 것에 대해서는 정기점검 외에 법정 기간 이내에 구조안전점검을 해야 한다.
② 특정·준특정옥외탱크저장소의 설치허가에 따른 완공검사합격확인증을 발급받은 날부터 12년 이내에 1회 이상 구조안전점검을 해야 한다.
③ 최근의 정밀정기검사를 받은 날부터 11년 이내에 1회 이상 구조안전점검을 해야 한다.
④ 법정 기간 이내에 특정·준특정옥외저장탱크의 사용 중지로 구조안전점검을 실시하기가 곤란한 경우에는 관할소방서장에게 구조안전점검의 실시기간 연장신청을 할 수 있으며, 소방서장은 1년의 범위에서 실시기간을 연장할 수 있다.

22 「위험물안전관리법 시행규칙」상 탱크안전성능검사의 신청시기로 옳지 않은 것은?

① 기초·지반검사 : 위험물탱크의 기초 및 지반에 관한 공사의 개시 후
② 용접부검사 : 탱크본체에 관한 공사의 개시 전
③ 암반탱크검사 : 암반탱크의 본체에 관한 공사의 개시 전
④ 충수·수압검사 : 탱크에 배관 그 밖의 부속설비를 부착하기 전

23. 「위험물안전관리법 시행령」상 위험물 운반용기의 외부에 주의사항을 표시하는 방법으로 옳지 않은 것은?

① 제1류 위험물 중 알칼리금속의 과산화물은 "화기·충격주의", "물기엄금" 및 "가연물접촉주의"를 표시한다.
② 제2류 위험물 중 인화성고체는 "화기주의" 및 "물기엄금"을 표시한다.
③ 제3류 위험물 중 자연발화성물질은 "화기엄금" 및 "공기접촉엄금"을 표시한다.
④ 제4류 위험물은 "화기엄금"을 표시한다.

24. 「위험물안전관리법 시행령」상 제조소등의 설치 및 변경의 허가를 위한 기준의 일부이다. ( )에 알맞은 것은?

> 다음의 제조소등은 해당 사항에 대하여 한국소방산업기술원의 기술검토를 받고 그 결과가 행정안전부령으로 정하는 기준에 적합한 것으로 인정될 것. 다만, 보수 등을 위한 부분적인 변경으로서 소방청장이 정하여 고시하는 사항에 대해서는 기술원의 기술검토를 받지 않을 수 있으나 행정안전부령으로 정하는 기준에는 적합해야 한다.
> - 지정수량의 (ㄱ) 이상의 위험물을 취급하는 제조소 또는 일반취급소 : 구조·설비에 관한 사항
> - 옥외탱크저장소(저장용량이 50만 리터 이상인 것만 해당한다) 또는 (ㄴ) : 위험물탱크의 기초·지반, 탱크본체 및 소화설비에 관한 사항

	ㄱ	ㄴ		ㄱ	ㄴ
①	1천배	지하탱크저장소	②	2천배	지하탱크저장소
③	1천배	암반탱크저장소	④	2천배	암반탱크저장소

25. 「위험물안전관리법 시행령」상 지정수량 이상의 위험물을 저장하기 위한 장소로서 옥외저장소에 저장하는 위험물의 설명으로 틀린 것은?

① 제2류 위험물중 황 또는 인화성고체(인화점이 섭씨 0도 이상인 것에 한함)
② 제4류 위험물중 제1석유류(인화점이 섭씨 0도 이상인 것에 한함)·알코올류·제2석유류·제3석유류·제4석유류 및 동식물유류
③ 제3류 위험물 중 특별시·광역시·특별자치시·도 또는 특별자치도의 조례로 정하는 위험물
④ 「국제해사기구에 관한 협약」에 의하여 설치된 국제해사기구가 채택한 「국제해상위험물규칙」(IMDG Code)에 적합한 용기에 수납된 위험물

제3회 소방관계법규 최종모의고사

01 「소방기본법」상 한국119청소년단에 대한 설명으로 옳지 않은 것은?

① 청소년에게 소방안전에 관한 올바른 이해와 안전의식을 함양시키기 위하여 한국119청소년단을 설립한다.
② 개인·법인 또는 단체는 한국119청소년단의 시설 및 운영 등을 지원하기 위하여 금전이나 그 밖의 재산을 기부할 수 있다.
③ 한국119청소년단에 관하여 이 법에서 규정한 것을 제외하고는 「민법」 중 재단법인에 관한 규정을 준용한다.
④ 한국119청소년단 또는 이와 유사한 명칭을 사용한 자에게는 200만원 이하의 과태료를 부과한다.

02 「소방기본법」상 소방력의 동원에 관한 설명으로 옳지 않은 것은?

① 소방청장은 해당 시·도의 소방력만으로는 소방활동을 효율적으로 수행하기 어려운 화재, 재난·재해, 그 밖의 구조·구급이 필요한 상황이 발생하거나 특별히 국가적 차원에서 소방활동을 수행할 필요가 인정될 때에는 각 시·도지사에게 소방력을 동원할 것을 요청할 수 있다.
② 소방청장은 시·도지사에게 동원된 소방력을 화재, 재난·재해 등이 발생한 지역에 지원·파견하여 줄 것을 요청하거나 필요한 경우 직접 소방대를 편성하여 화재진압 및 인명구조 등 소방에 필요한 활동을 하게 할 수 있다.
③ 동원된 소방대원이 다른 시·도에 파견·지원되어 소방활동을 수행할 때에는 특별한 사정이 없으면 소방청장의 지휘에 따라야 한다.
④ 소방활동을 수행하는 과정에서 발생하는 경비 부담에 관한 사항, 소방활동을 수행한 민간 소방인력이 사망하거나 부상을 입었을 경우의 보상주체·보상기준 등에 관한 사항, 그 밖에 동원된 소방력의 운용과 관련하여 필요한 사항은 대통령령으로 정한다.

03 「소방기본법 시행령」상 국고보조 대상사업의 범위에 속하는 것은?

> ㄱ. 소방자동차 ㄴ. 소방헬리콥터
> ㄷ. 소방용수시설 ㄹ. 소방관서용 청사의 대수선

① ㄱ, ㄴ
② ㄷ, ㄹ
③ ㄴ, ㄹ
④ ㄱ, ㄷ, ㄹ

04 「소방의 화재조사에 관한 법률 시행령」상 소방관서장이 화재조사를 하는 경우 조사의 대상에 해당하는 것은 다음 중 모두 몇 개인가?

> ㄱ. 대응활동에 관한 사항
> ㄴ. 화재로 인한 재산피해상황
> ㄷ. 화재발생건축물과 구조물, 화재유형별 화재위험성 등에 관한 사항
> ㄹ. 「화재의 예방 및 안전관리에 관한 법률」에 따른 화재안전조사의 실시 결과에 관한 사항
> ㅁ. 소방시설 등의 설치·관리 및 작동 여부에 관한 사항

① 2개
② 3개
③ 4개
④ 5개

05 「소방시설공사업법 시행령」상 소방기술자의 공사 현장 배치 원칙에 대한 예외로, 소방공사감리업자가 감리하는 소방시설공사인 경우로서 소방기술자를 현장에 배치하지 않을 수 있는 경우에 해당하지 않는 것은?

① 소방 외의 용도와 겸용되는 제연설비를 「건설산업기본법 시행령」[별표 1]에 따른 가스·난방공사업자가 공사하는 경우
② 상수도소화용수설비, 소화수조·저수조 또는 그 밖의 소화용수설비를 「건설산업기본법 시행령」[별표 1]에 따른 기계설비·가스공사업자 또는 상·하수도설비공사업자가 공사하는 경우
③ 소방시설의 비상전원을 「전기공사업법」에 따른 전기공사업자가 공사하는 경우
④ 소방 외의 용도와 겸용되는 비상방송설비 또는 무선통신보조설비를 「정보통신공사업법」에 따른 정보통신공사업자가 공사하는 경우

06 「소방시설공사업법」상 등록취소와 영업정지 등에 관한 다음의 내용에서 ( ) 안에 알맞은 것은?

> - 시·도지사는 소방시설업자가 법 제5조 각 호의 등록 결격사유에 해당하게 된 경우 그 등록을 취소하여야 한다. 다만, 소방시설업자의 지위를 승계한 상속인이 제5조 각 호의 어느 하나에 해당할 때에는 상속을 개시한 날부터 (ㄱ) 동안은 이를 적용하지 아니한다.
> - 시·도지사는 소방시설업자가 법 제5조 각 호의 등록 결격사유에 해당하게 된 경우 그 등록을 취소하여야 한다. 다만, 법인의 대표자가 피성년후견인에 해당하게 된 법인이 그 사유가 발생한 날부터 (ㄴ) 이내에 그 사유를 해소한 경우는 제외한다.

	ㄱ	ㄴ		ㄱ	ㄴ
①	3개월	3개월	②	6개월	6개월
③	3개월	6개월	④	6개월	3개월

07 「소방시설공사업법 시행령」상 완공검사를 위한 현장확인 대상 특정소방대상물의 범위로 옳지 않은 것은?

① 지상에 노출된 가연성가스탱크의 저장용량 합계가 500톤 이상인 시설
② 「다중이용업소의 안전관리에 관한 특별법」에 따른 다중이용업소
③ 물분무등소화설비(호스릴 방식의 소화설비는 제외)가 설치되는 특정소방대상물
④ 연면적 1만제곱미터 이상이거나 11층 이상인 특정소방대상물(아파트는 제외)

08 「소방시설공사업법」 및 같은 법 시행규칙상 공사업자가 착공신고한 사항 가운데 변경신고를 하여야 하는 중요한 사항에 해당하는 것은?

① 대표자
② 설치되는 소방시설의 종류
③ 상호(명칭) 또는 영업소 소재지
④ 기술인력

09 「소방시설공사업법」상 공사의 하자보수 등에 대한 설명으로 옳지 않은 것은?

① 공사업자는 소방시설공사 결과 자동화재탐지설비 등 대통령령으로 정하는 소방시설에 하자가 있을 때에는 대통령령으로 정하는 기간 동안 그 하자를 보수하여야 한다.
② 관계인은 하자보수 보증기간에 소방시설의 하자가 발생하였을 때에는 공사업자에게 그 사실을 알려야 하며, 통보를 받은 공사업자는 5일 이내에 하자를 보수하거나 보수 일정을 기록한 하자보수계획을 관계인에게 서면으로 알려야 한다.
③ 관계인은 공사업자의 하자보수계획이 불합리하다고 인정되는 경우 소방본부장이나 소방서장에게 그 사실을 알릴 수 있다.
④ 소방본부장이나 소방서장은 위 ③에 따른 통보를 받았을 때에는 필요하다고 인정하는 경우 지방소방기술심의위원회에 심의를 요청하여야 한다.

10 「화재의 예방 및 안전관리에 관한 법률 시행령」상 일반음식점 주방에서 조리를 위하여 불을 사용하는 설비를 설치하는 경우의 준수사항으로 옳지 않은 것은?

① 열을 발생하는 조리기구는 반자 또는 선반으로부터 0.6미터 이상 떨어지게 할 것
② 주방설비에 부속된 배출덕트(공기 배출통로)는 0.3밀리미터 이상의 아연도금강판 또는 이와 같거나 그 이상의 내식성 불연재료로 설치할 것
③ 열을 발생하는 조리기구로부터 0.15미터 이내의 거리에 있는 가연성 주요구조부는 단열성이 있는 불연재료로 덮어 씌울 것
④ 주방시설에는 동물 또는 식물의 기름을 제거할 수 있는 필터 등을 설치할 것

11 「화재의 예방 및 안전관리에 관한 법률 시행규칙」상 소방안전관리대상물의 관계인이 소방안전관리자를 30일 이내에 선임해야 하는 기준일로 옳지 않은 것은?

① 소방안전관리자의 해임, 퇴직 등으로 해당 소방안전관리자의 업무가 종료된 경우 : 소방안전관리자가 해임된 날, 퇴직한 날 등 근무를 종료한 날
② 「국세징수법」에 따른 압류재산의 매각에 따라 관계인의 권리를 취득한 경우 : 해당 권리를 취득한 날 또는 관할 소방서장으로부터 소방안전관리자 선임 안내를 받은 날(다만, 새로 권리를 취득한 관계인이 종전의 특정소방대상물의 관계인이 선임신고한 소방안전관리자를 해임하지 않는 경우는 제외)
③ 증축 또는 용도변경으로 인하여 특정소방대상물의 소방안전관리 등급이 변경된 경우 : 특정소방대상물의 완공일 또는 용도변경 사실을 건축물관리대장에 기재한 날
④ 용도변경으로 해당 특정소방대상물의 소방안전관리자를 신규로 선임해야 하는 경우 : 해당 특정소방대상물의 사용승인일

12 「화재의 예방 및 안전관리에 관한 법률」상 누구든지 화재예방강화지구 및 이에 준하는 대통령령으로 정하는 장소에서는 모닥불, 흡연 등 화기의 취급 등의 행위를 하여서는 아니된다. 이 경우 행정안전부령으로 정하는 바에 따라 예외가 인정되는 안전조치를 한 경우에 해당하지 않는 것은?

① 「산업안전보건기준에 관한 규칙」에 따른 화재감시자 등 안전요원이 배치된 장소에서 화기 등을 취급하는 경우
② 「국민건강증진법」에 따라 설치한 흡연실 등 법령에 따라 지정된 장소에서 화기 등을 취급하는 경우
③ 소화기 등 소방시설을 비치 또는 설치한 장소에서 화기 등을 취급하는 경우
④ 시·도지사와 사전 협의하여 안전조치를 한 경우

13 「화재의 예방 및 안전관리에 관한 법률」상 화재안전조사의 방법·절차 등에 대한 설명으로 옳은 것은?

① 소방관서장은 화재안전조사를 조사의 목적에 따라 화재안전조사의 항목 전체에 대하여 종합적으로 실시하거나 특정 항목에 한정하여 실시할 수 있다.
② 소방관서장은 화재안전조사를 실시하려는 경우 사전에 관계인에게 조사대상, 조사기간 및 조사사유 등을 우편, 전화, 전자메일, 문자전송 또는 인터넷 홈페이지를 통하여 통지하여야 한다.
③ 화재안전조사는 화재가 발생할 우려가 뚜렷하여 긴급하게 조사할 필요가 있는 경우에도 관계인의 승낙 없이 소방대상물의 공개시간 또는 근무시간 이외에는 할 수 없다.
④ 통지를 받은 관계인은 천재지변이나 그 밖에 대통령령으로 정하는 사유로 화재안전조사를 받기 곤란한 경우에는 화재안전조사를 통지한 소방관서장에게 대통령령으로 정하는 바에 따라 화재안전조사를 연기하여 줄 것을 신청할 수 있다. 이 경우 소방관서장은 연기신청 승인 여부를 결정하고 그 결과를 조사 시작 3일 전까지 관계인에게 알려 주어야 한다.

14 「소방시설 설치 및 관리에 관한 법률」 및 같은 법 시행령상 용어의 정의로 옳지 않은 것은?

① "화재안전성능" – 화재를 예방하고 화재발생 시 피해를 최소화하기 위하여 소방대상물의 재료, 공간 및 설비 등에 요구되는 안전성능
② "성능기준" – 화재안전기준을 충족하는 상세한 규격, 특정한 수치 및 시험방법 등에 관한 기준으로서 행정안전부령으로 정하는 절차에 따라 소방청장의 승인을 받은 기준
③ "소화활동설비" – 화재를 진압하거나 인명구조활동을 위하여 사용하는 설비
④ "소화설비" – 물 또는 그 밖의 소화약제를 사용하여 소화하는 기계·기구 또는 설비

15 「소방시설 설치 및 관리에 관한 법령」상 옥외소화전설비를 설치해야 하는 특정소방대상물에 있어서 같은 구(區) 내의 둘 이상의 특정소방대상물이 행정안전부령으로 정하는 연소(延燒) 우려가 있는 구조인 경우에는 이를 하나의 특정소방대상물로 본다. 이때 "연소우려가 있는 구조"에 대하여 다음의 ( )에 적절한 것은? (대지경계선 안에 둘 이상의 건축물이 있고, 개구부가 다른 건축물을 향하여 설치되어 있는 경우를 전제함)

> 각각의 건축물이 다른 건축물의 외벽으로부터 수평거리가 1층의 경우에는 (ㄱ)미터 이하, 2층 이상의 층의 경우에는 (ㄴ)미터 이하인 경우

	ㄱ	ㄴ
①	6	8
②	6	10
③	5	10
④	5	8

16 「소방시설 설치 및 관리에 관한 법률 시행령」상 건축허가 등의 동의 대상물에 해당하는 것은?

① 가스시설로서 지상에 노출된 탱크의 저장용량의 합계가 50톤 이상인 것
② 지하층 또는 무창층이 있는 건축물로서 바닥면적이 100제곱미터 이상인 층이 있는 것
③ 장애인 의료재활시설로서 연면적이 300제곱미터 이상인 것
④ 차고·주차장으로 사용되는 바닥면적이 150제곱미터 이상인 층이 있는 건축물이나 주차시설

17 「소방시설 설치 및 관리에 관한 법률 시행령」 제31조에서 소방청장의 고시에 위임한 방염성능기준의 범위로 옳은 것은?

① 불꽃에 의하여 완전히 녹을 때까지 불꽃의 접촉 횟수는 2회 이상일 것
② 탄화(炭化)한 면적은 50제곱센티미터 이내, 탄화한 길이는 20센티미터 이내일 것
③ 버너의 불꽃을 제거한 때부터 불꽃을 올리며 연소하는 상태가 그칠 때까지 시간은 30초 이내일 것
④ 발연량(發煙量)을 측정하는 경우 최대연기밀도는 300 이하일 것

18 「소방시설 설치 및 관리에 관한 법률 시행령」상 스프링클러설비를 설치해야 하는 특정소방대상물로서 옳은 것은?

① 창고시설(물류터미널은 제외)로서 바닥면적 합계가 3천㎡인 경우에 모든 층
② 복합건축물로서 연면적 3천㎡인 경우에 모든 층
③ 지하가(터널은 제외)로서 연면적 5백㎡인 것
④ 숙박이 가능한 수련시설의 용도로 사용되는 시설의 바닥면적의 합계가 600㎡ 이상인 것은 모든 층

19 「소방시설 설치 및 관리에 관한 법률」 및 같은 법 시행규칙상 등록사항의 변경신고에 대한 내용으로 옳지 않은 것은?

① 관리업자는 등록한 사항 중 행정안전부령으로 정하는 중요 사항이 변경되었을 때에는 시·도지사에게 변경사항을 신고하여야 한다.
② 등록사항의 변경신고 사항은 명칭·상호 또는 영업소 소재지, 대표자, 기술인력이다.
③ 관리업자는 변경일부터 30일 이내에 소방시설관리업 등록사항 변경신고서에 관련 서류를 첨부하여 시·도지사에게 제출해야 한다.
④ 시·도지사는 변경신고를 받은 경우 3일 이내에 소방시설관리업 등록증 및 등록수첩을 새로 발급하거나, 제출된 소방시설관리업 등록증 및 등록수첩과 기술인력의 기술자격증에 그 변경된 사항을 적은 후 내주어야 한다.

20 「위험물안전관리법」의 적용제외에 관한 내용이다. ( )에 들어갈 수 없는 것은?

> 위험물안전관리법은 ( )에 의한 위험물의 저장·취급 및 운반에 있어서는 이를 적용하지 아니한다.

① 차량
② 궤도
③ 항공기
④ 철도

21 「위험물안전관리법 시행령」상 정기검사 대상인 제조소등으로 옳은 것은?

① 액체위험물을 저장 또는 취급하는 50만리터 이상의 옥내저장소
② 액체위험물을 저장 또는 취급하는 50만리터 이상의 옥외탱크저장소
③ 고체위험물을 저장 또는 취급하는 100만리터 이상의 옥내저장소
④ 고체위험물을 저장 또는 취급하는 100만리터 이상의 옥외탱크저장소

22 「위험물안전관리법」상 저장소 또는 제조소등이 아닌 장소에서 지정수량 이상의 위험물을 저장 또는 취급한 자의 벌칙은?

① 1천500만원 이하의 벌금
② 1년 이하의 징역 또는 1천만원 이하의 벌금
③ 3년 이하의 징역 또는 3천만원 이하의 벌금
④ 5년 이하의 징역 또는 1억원 이하의 벌금

23 「위험물안전관리법 시행규칙」상 하이드록실아민등을 취급하는 제조소의 특례로서 담 또는 토제(土堤)에 대한 기준으로 옳지 않은 것은?

① 담 또는 토제는 당해 제조소의 외벽 또는 이에 상당하는 공작물의 외측으로부터 2m 이상 떨어진 장소에 설치할 것
② 담 또는 토제의 높이는 당해 제조소에 있어서 하이드록실아민등을 취급하는 부분의 높이 이상으로 할 것
③ 담은 두께 15㎝ 이상의 철근콘크리트조·철골철근콘크리트조 또는 두께 20㎝ 이상의 보강콘크리트블록조로 할 것
④ 토제의 경사면의 경사도는 55도 미만으로 할 것

24 「위험물안전관리법」상 위험물시설의 설치 및 변경 등에 관한 설명으로 옳지 않은 것은?

① 제조소등을 설치하고자 하는 자는 대통령령이 정하는 바에 따라 그 설치장소를 관할하는 시·도지사의 허가를 받아야 한다.
② 제조소등의 위치·구조 또는 설비의 변경없이 당해 제조소등에서 저장하거나 취급하는 위험물의 품명·수량 또는 지정수량의 배수를 변경하고자 하는 자는 변경하고자 하는 날의 1일 전까지 행정안전부령이 정하는 바에 따라 시·도지사에게 신고하여야 한다.
③ 주택의 난방시설(공동주택의 중앙난방시설을 제외한다)을 위한 저장소 또는 취급소는 위험물의 품명·수량 또는 지정수량의 배수를 변경하고자 하는 경우에 시·도지사에게 신고하여야 한다.
④ 축산용으로 필요한 난방시설 또는 건조시설을 위한 지정수량 20배 이하의 저장소는 신고를 하지 아니하고 위험물의 품명·수량 또는 지정수량의 배수를 변경할 수 있다.

25 「위험물안전관리법 시행규칙」상 옥외탱크저장소의 방유제에 관한 설명으로 옳지 않은 것은?

① 방유제내의 면적은 8만㎡ 이하로 할 것
② 방유제의 높이는 0.5m 이상 2.5m 이하로 할 것
③ 방유제 외면의 2분의 1 이상은 자동차 등이 통행할 수 있는 3m 이상의 노면폭을 확보한 구내도로(옥외저장탱크가 있는 부지내의 도로)에 직접 접하도록 할 것.
④ 방유제내의 설치하는 옥외저장탱크의 수는 10(방유제내에 설치하는 모든 옥외저장탱크의 용량이 20만ℓ 이하이고, 당해 옥외저장탱크에 저장 또는 취급하는 위험물의 인화점이 70℃ 이상 200℃ 미만인 경우에는 20) 이하로 할 것

제4회 소방관계법규 최종모의고사

01 「소방기본법」상 용어의 정의에 대한 설명으로 적합하지 않은 것은?

① 소방본부장이란 특별시·광역시·특별자치시·도 또는 특별자치도에서 화재의 예방·경계·진압·조사 및 구조·구급 등의 업무를 담당하는 부서의 장을 말한다.
② 소방대장이란 소방본부장 또는 소방서장 등 화재, 재난·재해, 그 밖의 위급한 상황이 발생한 현장에서 소방대를 지휘하는 사람을 말한다.
③ 특정소방대상물이란 건축물, 차량, 항구에 매어둔 선박, 선박 건조 구조물, 산림, 그 밖의 인공구조물 또는 물건을 말한다.
④ 관계지역이란 소방대상물이 있는 장소 및 그 이웃 지역으로서 화재의 예방·경계·진압, 구조·구급 등의 활동에 필요한 지역을 말한다.

02 「소방기본법」의 내용이다. 다음의 ( )에 들어갈 사람으로 가장 적절한 것은?

> ( )은/는 소방공무원이 소방활동, 소방지원활동, 생활안전활동으로 인하여 민·형사상 책임과 관련된 소송을 수행할 경우 변호인 선임 등 소송수행에 필요한 지원을 할 수 있다.

① 소방청장
② 시·도지사
③ 소방청장, 시·도지사
④ 소방청장, 소방본부장 또는 소방서장

03 「소방기본법」상 소방안전교육사의 결격사유로 옳지 않은 것은?

① 피한정후견인
② 금고 이상의 형의 집행유예를 선고받고 그 유예기간 중에 있는 사람
③ 법원의 판결 또는 다른 법률에 따라 자격이 정지되거나 상실된 사람
④ 금고 이상의 실형을 선고받고 그 집행이 끝나거나(집행이 끝난 것으로 보는 경우를 포함한다) 집행이 면제된 날부터 2년이 지나지 아니한 사람

04 다음 중 「소방기본법」상 소방대의 긴급통행에 관한 설명인 것은?

① 우선 통행에 관하여는 「도로교통법」에서 정하는 바에 따른다.
② 모든 차와 사람은 소방자동차가 화재진압 및 구조·구급 활동을 위하여 사이렌을 사용하여 출동하는 경우에는 앞에 끼어들거나 가로막는 행위를 하여서는 아니 된다.
③ 모든 차와 사람은 소방자동차(지휘를 위한 자동차와 구조·구급차를 포함한다)가 화재진압 및 구조·구급 활동을 위하여 출동을 할 때에는 이를 방해하여서는 아니 된다.
④ 화재, 재난·재해, 그 밖의 위급한 상황이 발생한 현장에 신속하게 출동하기 위하여 긴급할 때에는 일반적인 통행에 쓰이지 아니하는 도로·빈터 또는 물 위로 통행할 수 있다.

05 「소방의 화재조사에 관한 법률 시행규칙」상 화재조사에 관한 교육훈련의 내용이다. ( )에 알맞은 것은?

> 전담부서에 배치된 화재조사관은 의무 보수교육을 (ㄱ)마다 받아야 한다. 다만, 전담부서에 배치된 후 처음 받는 의무 보수교육은 배치 후 (ㄴ) 이내에 받아야 한다.

	ㄱ	ㄴ		ㄱ	ㄴ
①	2년	1년	②	1년	6개월
③	2년	6개월	④	1년	1년

06 다음은 「소방시설공사업법 시행규칙」상 일반 공사감리 대상인 경우 감리원의 세부적인 배치 기준이다. ( )에 들어갈 적절한 내용은?

> 1명의 감리원이 담당하는 소방공사감리현장은 5개 이하[자동화재탐지설비 또는 옥내소화전설비 중 어느 하나만 설치하는 2개의 소방공사감리현장이 최단 차량주행거리로 (ㄱ)킬로미터 이내에 있는 경우에는 1개의 소방공사감리현장으로 본다]로서 감리현장 연면적의 총 합계가 (ㄴ)제곱미터 이하일 것. 다만, 일반 공사감리 대상인 아파트의 경우에는 연면적의 합계에 관계없이 1명의 감리원이 5개 이내의 공사현장을 감리할 수 있다.

	ㄱ	ㄴ		ㄱ	ㄴ
①	30	20	②	20	20
③	30	10	④	20	10

07 「소방시설공사업법 시행규칙」상 소방시설업 등록증 및 등록수첩의 발급과 재발급에 대한 내용이다. ( )에 알맞은 것은?

> - 소방시설업 등록증 및 등록수첩의 발급 : 시·도지사는 접수일부터 (ㄱ)일 이내에 협회를 경유하여 소방시설업 등록증 및 소방시설업 등록수첩을 신청인에게 발급해 주어야 한다.
> - 소방시설업 등록증 또는 등록수첩의 재발급 : 시·도지사는 재발급신청서를 제출받은 경우에는 (ㄴ)일 이내에 협회를 경유하여 소방시설업 등록증 또는 등록수첩을 재발급하여야 한다.

	ㄱ	ㄴ		ㄱ	ㄴ
①	15	2	②	15	3
③	10	2	④	10	3

08 「소방시설공사업법」 및 같은 법 시행령상 시공의 경우에는 대통령령으로 정하는 바에 따라 도급받은 소방시설공사의 일부를 다른 공사업자에게 하도급할 수 있다. 이에 해당하지 않는 경우는?

① 소방시설공사업과 정보통신공사업을 함께 하는 공사자가 소방시설공사와 해당 사업의 공사를 함께 도급받은 경우
② 소방시설공사업과 국가유산수리업을 함께 하는 공사자가 소방시설공사와 해당 사업의 공사를 함께 도급받은 경우
③ 소방시설공사업과 주택건설사업을 함께 하는 공사자가 소방시설공사와 해당 사업의 공사를 함께 도급받은 경우
④ 소방시설공사업과 전기공사업을 함께 하는 공사자가 소방시설공사와 해당 사업의 공사를 함께 도급받은 경우

09 「소방시설공사업법 시행령」상 중급기술자 이상의 소방기술자(기계분야 및 전기분야)를 배치하는 소방시설공사 현장의 기준으로 옳지 않은 것은?

① 물분무등소화설비(호스릴 방식의 소화설비는 제외)가 설치되는 특정소방대상물의 공사 현장
② 제연설비가 설치되는 특정소방대상물의 공사 현장
③ 연면적 5천제곱미터 이상 3만제곱미터 미만인 특정소방대상물(아파트는 제외)의 공사 현장
④ 연면적 1만제곱미터 이상 30만제곱미터 미만인 아파트의 공사 현장

10 「소방시설공사업법」상 소방서장은 소방시설업의 감독을 위하여 필요할 때에는 관계 공무원으로 하여금 소방시설업체에 출입하여 관계 서류와 시설 등을 검사하거나 소방시설업자 및 관계인에게 질문하게 할 수 있다. 이때 정당한 사유 없이 관계 공무원의 출입 또는 검사·조사를 거부·방해 또는 기피한 자에 대한 벌칙은?

① 300만원 이하의 벌금
② 100만원 이하의 벌금
③ 3년 이하의 징역 또는 3천만원 이하의 벌금
④ 1년 이하의 징역 또는 1천만원 이하의 벌금

11 「소방시설공사업법」상 소방시설업자가 소방시설공사등을 맡긴 특정소방대상물의 관계인에게 지체 없이 그 사실을 알려야 하는 경우에 해당하지 않는 것은?

① 소방시설업자가 과징금부과처분을 받은 경우
② 소방시설업의 등록취소처분을 받은 경우
③ 소방시설업자의 지위를 승계한 경우
④ 휴업하거나 폐업한 경우

12 「화재의 예방 및 안전관리에 관한 법률 시행령」상 옮긴 물건 등의 보관기간 및 보관기간 경과 후 처리에 관한 내용으로 옳은 것은?

① 소방관서장은 옮긴 물건 등을 보관하는 경우에는 그날부터 14일 동안 해당 소방관서의 인터넷 홈페이지에 그 사실을 공고해야 한다.
② 옮긴 물건 등의 보관기간은 공고기간의 종료일 다음 날부터 10일까지로 한다.
③ 소방관서장은 보관기간이 종료된 때에는 보관하고 있는 옮긴 물건 등을 매각할 수 있다.
④ 보관하고 있는 옮긴 물건 등이 부패·파손 또는 이와 유사한 사유로 정해진 용도로 계속 사용할 수 없는 경우에는 폐기하여야 한다.

13 「화재의 예방 및 안전관리에 관한 법률 시행령」 제28조에 따른 소방안전관리 업무의 대행 대상 및 업무에 대하여 옳지 않은 것은?

① 피난시설, 방화구획 및 방화시설의 관리는 대행 업무가 될 수 있다.
② 소방시설이나 그 밖의 소방 관련 시설의 관리는 대행 업무가 될 수 있다.
③ 3급 소방안전관리대상물은 대행 대상이 될 수 있다.
④ 지상층의 층수가 10층 이상인 1급 소방안전관리대상물(연면적 1만5천제곱미터 이상인 특정소방대상물과 아파트는 제외)은 대행 대상이 될 수 있다.

14 「화재의 예방 및 안전관리에 관한 법률」 및 같은 법 시행령, 시행규칙상 통계의 작성 및 관리에 대한 설명으로 옳지 않은 것은?

① 소방청장은 화재의 예방 및 안전관리에 관한 통계를 2년마다 작성·관리하여야 한다.
② 소방청장은 통계자료를 작성·관리하기 위하여 관계 중앙행정기관의 장, 지방자치단체의 장, 공공기관의 장 또는 관계인 등에게 필요한 자료와 정보의 제공을 요청할 수 있다.
③ 소방청장은 한국소방안전원으로 하여금 통계자료의 작성·관리에 관한 업무를 수행하게 할 수 있다.
④ 소방청장은 통계를 체계적으로 작성·관리하고 분석하기 위하여 전산시스템을 구축·운영할 수 있으며, 빅데이터를 활용하여 화재발생 동향 분석 및 전망 등을 할 수 있다.

15 「화재의 예방 및 안전관리에 관한 법률 시행령」상 소방안전 특별관리시설물에 해당하지 않는 것은?

① 전력용 및 통신용 지하구
② 천연가스 인수기지 및 공급망
③ 연면적 5만제곱미터 이상인 물류창고
④ 수용인원 1천명 이상인 영화상영관

16 「소방시설 설치 및 관리에 관한 법률 시행령」상 건축허가등을 할 때 규모와 관계없이 소방본부장 또는 소방서장의 동의를 받아야 하는 시설은?

① 노유자 시설
② 주차시설
③ 산후조리원
④ 학교시설

17 「소방시설 설치 및 관리에 관한 법률 시행령」상 소방시설의 분류로 옳은 것은 몇 개인가?

> ㄱ. 소화용수설비 : 상수도소화용수설비, 연결살수설비
> ㄴ. 경보설비 : 무선통신보조설비, 자동화재속보설비
> ㄷ. 소화활동설비 : 제연설비, 비상콘센트설비
> ㄹ. 피난구조설비 : 완강기, 휴대용비상조명등
> ㅁ. 소화설비 : 소화수조·저수조, 가스자동소화장치

① 1개
② 2개
③ 3개
④ 4개

18 「소방시설 설치 및 관리에 관한 법률 시행령」상 임시소방시설을 설치해야 하는 공사의 종류와 규모에 관한 설명으로 옳지 않은 것은?

① 간이피난유도선은 바닥면적이 150㎡ 이상인 지하층 또는 무창층의 화재위험작업현장에 설치한다.
② 비상경보장치는 연면적 400㎡ 이상인 공사의 화재위험작업현장에 설치한다.
③ 가스누설경보기는 바닥면적이 200㎡ 이상인 지하층 또는 무창층의 화재위험작업현장에 설치한다.
④ 간이소화장치는 연면적 3천㎡ 이상인 공사의 화재위험작업현장에 설치한다.

19 「소방시설 설치 및 관리에 관한 법률 시행령」상 비상조명등을 설치해야 하는 특정소방대상물에 해당하지 않은 것은? (창고시설 중 창고 및 하역장, 위험물 저장 및 처리 시설 중 가스시설 및 사람이 거주하지 않거나 벽이 없는 축사 등 동물 및 식물 관련 시설은 제외)

① 수용인원 100명 이상의 판매시설 중 대규모점포
② 지하층을 포함하는 층수가 5층 이상인 건축물로서 연면적 3천㎡ 이상인 경우에는 모든 층
③ 그 지하층 또는 무창층의 바닥면적이 450㎡ 이상인 경우에는 해당 층
④ 지하가 중 터널로서 그 길이가 500m 이상인 것

20 「위험물안전관리법 시행령」상 이송취급소는 배관 및 이에 부속된 설비에 의하여 위험물을 이송하는 장소이다. 여기에서 제외되는 것으로 옳지 않은 것은?

① 「농어촌 전기공급사업 촉진법」에 따라 설치된 자가발전시설에 사용되는 위험물을 이송하는 경우
② 사업소와 사업소 사이의 이송배관이 제3자(당해 사업소와 관련이 있거나 유사한 사업을 하는 자에 한함)의 토지만을 통과하는 경우로서 당해 배관의 길이가 100미터 이하인 경우
③ 제조소등에 관계된 시설(배관을 제외) 및 그 부지가 같은 사업소안에 있고 당해 사업소안에서만 위험물을 이송하는 경우
④ 해상구조물에 설치된 배관(이송되는 위험물이 제4류 위험물중 제1석유류인 경우에는 배관의 안지름이 30센티미터 미만인 것에 한함)으로서 해당 해상구조물에 설치된 배관이 길이가 50미터 이하인 경우

21 「위험물안전관리법」상 위험물의 저장 및 취급의 제한에 대한 설명으로 가장 적절하지 않은 것은?

① 시·도의 조례가 정하는 바에 따라 관할소방서장의 승인을 받아 지정수량 이상의 위험물을 90일 이내의 기간 동안 임시로 저장 또는 취급하는 경우 제조소등이 아닌 장소에서 지정수량 이상의 위험물을 취급할 수 있다.
② 군부대가 지정수량 이상의 위험물을 90일 이내의 기간 동안 군사목적으로 임시로 저장 또는 취급하는 경우 제조소등이 아닌 장소에서 지정수량 이상의 위험물을 취급할 수 있다.
③ 제조소등에서의 위험물의 저장 또는 취급에 관한 중요기준과 세부기준은 행정안전부령이 정한다.
④ 둘 이상의 위험물을 같은 장소에서 저장 또는 취급하는 경우에 있어서 당해 장소에서 저장 또는 취급하는 각 위험물의 수량을 그 위험물의 지정수량으로 각각 나누어 얻은 수의 합계가 1 이상인 경우 당해 위험물은 지정수량 이상의 위험물로 본다.

22 「위험물안전관리법 시행령」상 과태료의 부과 일반기준에서 개별기준에 따른 과태료 금액의 2분의 1까지 그 금액을 줄일 수 있는 경우를 모두 고르시오. (다만, 과태료를 체납하고 있는 위반행위자는 제외)

ㄱ. 위반행위자가 위법행위로 인한 결과를 시정하거나 해소한 경우
ㄴ. 위반행위자의 현실적인 부담능력을 고려한 경우
ㄷ. 위반행위자가 같은 위반행위로 다른 법률에 따라 과태료·벌금·영업정지 등의 처분을 받은 경우
ㄹ. 위반행위가 사소한 부주의나 오류 등 과실로 인한 것으로 인정되는 경우
ㅁ. 위반행위자가 처음 위반행위를 한 경우로서 2년 이상 해당 업종을 모범적으로 경영한 사실이 인정되는 경우
ㅂ. 경제위기 등으로 위반행위자가 속한 시장·산업 여건이 현저하게 변동되거나 지속적으로 악화된 상태인 경우

① ㄱ, ㄷ, ㄹ
② ㄱ, ㄹ, ㅁ
③ ㄴ, ㄹ, ㅁ, ㅂ
④ ㄱ, ㄴ, ㄹ, ㅁ, ㅂ

23 「위험물안전관리법 시행규칙」상 소화설비 중 옥내소화전설비의 설치기준으로 옳지 않은 것은?

① 옥내소화전설비에는 비상전원을 설치할 것
② 옥내소화전은 제조소등의 건축물의 층마다 당해 층의 각 부분에서 하나의 호스접속구까지의 수평거리가 20m 이하가 되도록 설치할 것
③ 수원의 수량은 옥내소화전이 가장 많이 설치된 층의 옥내소화전 설치개수(설치개수가 5개 이상인 경우는 5개)에 7.8㎥를 곱한 양 이상이 되도록 설치할 것
④ 옥내소화전설비는 각층을 기준으로 하여 당해 층의 모든 옥내소화전(설치개수가 5개 이상인 경우는 5개의 옥내소화전)을 동시에 사용할 경우에 각 노즐 끝부분의 방수압력이 350㎪ 이상이고 방수량이 1분당 260ℓ 이상의 성능이 되도록 할 것

24 「위험물안전관리법 시행규칙」상 다음의 명령권자를 바르게 나열한 것은?

- 무허가장소의 위험물에 대한 조치명령 : (ㄱ)은 위험물에 의한 재해를 방지하기 위하여 허가를 받지 아니하고 지정수량 이상의 위험물을 저장 또는 취급하는 자에 대하여 그 위험물 및 시설의 제거 등 필요한 조치를 명할 수 있다.
- 제조소등에 대한 긴급 사용정지명령 등 : (ㄴ)은 공공의 안전을 유지하거나 재해의 발생을 방지하기 위하여 긴급한 필요가 있다고 인정하는 때에는 제조소등의 관계인에 대하여 당해 제조소등의 사용을 일시정지하거나 그 사용을 제한할 것을 명할 수 있다.

	ㄱ	ㄴ
①	소방본부장 또는 소방서장	시·도지사, 소방본부장 또는 소방서장
②	소방본부장 또는 소방서장	소방본부장 또는 소방서장
③	시·도지사, 소방본부장 또는 소방서장	소방본부장 또는 소방서장
④	시·도지사, 소방본부장 또는 소방서장	시·도지사, 소방본부장 또는 소방서장

25 「위험물안전관리법 시행령」상 위험물시설의 설치 및 변경에 대한 내용이다. ( ) 안에 적절한 것은?

위험물탱크가 있는 제조소등의 설치 또는 그 위치·구조 또는 설비의 변경에 관하여 허가를 받은 자가 위험물탱크의 설치 또는 그 위치·구조 또는 설비의 변경공사를 하는 때에는 (ㄱ)에 기술기준에 적합한지의 여부를 확인하기 위하여 (ㄴ)가/이 실시하는 탱크안전성능검사를 받아야 한다.
이 경우 (ㄴ)은/는 허가를 받은 자가 탱크안전성능시험자 또는 (ㄷ)으로부터 탱크안전성능시험을 받은 경우에는 대통령령이 정하는 바에 따라 당해 탱크안전성능검사의 전부 또는 일부를 면제할 수 있다.

	ㄱ	ㄴ	ㄷ
①	착공신고를 하기 전	시·도지사	한국소방안전원
②	착공신고를 하기 전	소방청장	한국소방안전원
③	완공검사를 받기 전	시·도지사	한국소방산업기술원
④	완공검사를 받기 전	소방청장	한국소방산업기술원

소방관계법규 최종모의고사

01 「소방기본법」상 다음 중 소방활동을 위하여 필요할 때 행하는 긴급조치의 내용은 모두 몇 개인가?

ㄱ. 방화시설의 조작
ㄴ. 저수지의 물 사용
ㄷ. 토지의 사용 제한
ㄹ. 수도(水道)의 개폐장치 조작
ㅁ. 유류 시설에 대한 위험물질의 공급 차단
ㅂ. 가스 시설에 대한 위험물질의 공급 차단

① 3개 ② 4개
③ 5개 ④ 6개

02 「소방기본법」 및 같은 법 시행령상 소방기술민원센터의 설치·운영에 관한 내용으로 옳지 않은 것은?

① 소방청장 또는 소방본부장은 소방시설, 소방공사 및 위험물 안전관리 등과 관련된 법령해석 등의 민원을 종합적으로 접수하여 처리할 수 있는 소방기술민원센터를 설치·운영할 수 있다.
② 소방청장 또는 소방본부장은 소방기술민원센터를 소방청 또는 소방본부에 각각 설치·운영한다.
③ 소방기술민원센터는 센터장을 포함하여 18명 이내로 구성한다.
④ 소방기술민원센터의 설치·운영에 필요한 사항은 소방청에 설치하는 경우에는 소방청장이 정하고, 소방본부에 설치하는 경우에는 해당 특별시·광역시·특별자치시·도 또는 특별자치도의 조례로 정한다.

03 「소방기본법 시행령」상 소방안전교육사의 배치대상별 배치기준이다. 다음 중 잘못 표시된 곳은?

배치대상	배치기준(단위 : 명)
소방청	2 이상
소방본부	㉠ 2 이상
소방서	㉡ 2 이상
한국소방안전원	본회 : ㉢ 2 이상, 시·도지부 : 1 이상
한국소방산업기술원	㉣ 2 이상

① ㉠
② ㉡
③ ㉢
④ ㉣

04 「소방기본법 시행규칙」상 소방용수시설의 설치기준으로 옳은 것은?

① 주거지역·상업지역 및 공업지역에 설치하는 경우 소방대상물과의 수평거리를 100미터 이상이 되도록 할 것
② 소화전은 상수도와 연결하여 지상식의 구조로 하고, 소방용호스와 연결하는 소화전의 연결금속구의 구경은 65밀리미터로 할 것
③ 급수탑의 급수배관의 구경은 100밀리미터 이상으로 하고, 개폐밸브는 지상에서 1.7미터 이하의 위치에 설치할 것
④ 저수조의 흡수부분의 수심이 0.5미터 이상으로 설치할 것

05 「소방의 화재조사에 관한 법률」및 같은 법 시행령, 시행규칙상 화재조사전담부서에 관한 설명으로 옳지 않은 것은?

① 소방관서장은 전문성에 기반하는 화재조사를 위하여 화재조사전담부서를 설치·운영하여야 한다.
② 화재조사전담부서에 갖추어야 할 장비와 시설 가운데 금속현미경, 주사전자현미경은 감식기기에 속한다.
③ 소방관서장은 화재조사관으로 하여금 화재조사 업무를 수행하게 하여야 하는바, 화재조사전담부서에 화재조사관을 2명 이상 배치해야 한다.
④ 화재조사관은 소방청장이 실시하는 '화재조사에 관한 시험'에 합격한 소방공무원 또는 「국가기술자격법」에 따른 국가기술자격의 직무분야 중 화재감식평가 분야의 기사 또는 산업기사 자격을 취득한 소방공무원으로 한다.

06 「소방시설공사업법」 및 같은 법 시행규칙상 소방기술 경력 등의 인정 등에 관한 설명으로 옳지 않은 것은?

① 소방청장은 소방기술의 효율적인 활용과 소방기술의 향상을 위하여 소방기술과 관련된 자격·학력 및 경력을 가진 사람을 소방기술자로 인정할 수 있다.
② '소방기술과 관련된 자격'에는 건축사, 공조냉동기계기술사, 가스기술사, 화공기술사도 포함된다.
③ 소방청장은 자격수첩 또는 경력수첩을 발급받은 사람이 소방시설공사업법을 위반한 경우 그 자격을 취소하거나 6개월 이상 3년 이하의 기간을 정하여 그 자격을 정지시킬 수 있다.
④ 소방시설공사업법을 위반하여 자격이 취소된 사람은 취소된 날부터 2년간 자격수첩 또는 경력수첩을 발급받을 수 없다.

07 「소방시설공사업법」 및 같은 법 시행령상 공사업자는 소방기술자를 소방시설공사의 착공일부터 소방시설 완공검사증명서 발급일까지 배치해야 한다. 다만 공사업자는 시공관리, 품질 및 안전에 지장이 없는 경우로서 발주자가 서면으로 승낙하는 경우에는 예외가 인정되는데 이에 해당하지 않는 것은?

① 민원 또는 계절적 요인 등으로 해당 공정의 공사가 일정 기간 중단된 경우
② 예산의 부족 등 발주자의 책임 있는 사유로 공사가 일정기간 중단된 경우
③ 소방공사감리원이 공사의 중단을 요청하는 경우
④ 천재지변 등 불가항력으로 공사가 일정기간 중단된 경우

08 「소방시설공사업법」상 국가, 지방자치단체가 발주한 소방시설공사등의 업체 선정에 심사위원으로 참여한 사람은 그 직무와 관련하여 부정한 청탁을 받고 재물 또는 재산상의 이익을 취득하여서는 아니 된다. 이에 위반한 자의 벌칙은?

① 3년 이하의 징역 또는 1천5백만원 이하의 벌금
② 3년 이하의 징역 또는 3천만원 이하의 벌금
③ 1년 이하의 징역 또는 1천5백만원 이하의 벌금
④ 1년 이하의 징역 또는 3천만원 이하의 벌금

09 「소방시설공사업법 시행령」상 소방시설을 시공할 때 감리업자를 공사감리자로 지정하여야 하는 경우로 옳지 않은 것은?

① 스프링클러설비등(캐비닛형 간이스프링클러설비는 제외)을 신설·개설하거나 방호·방수 구역을 증설할 때
② 물분무등소화설비(호스릴 방식의 소화설비는 제외)를 신설·개설하거나 방호·방수 구역을 증설할 때
③ 비상방송설비를 신설 또는 개설할 때
④ 통합감시시설을 신설 또는 증설할 때

10 「소방시설공사업법 시행령」상 소방시설업 등록기준의 일부에 관한 내용이다. ( )에 적절한 것은?

> 소방시설공사업의 등록을 하려는 자는 시행령이 정한 기준을 갖추어 (ㄱ)이/가 지정하는 금융회사 또는 「소방산업의 진흥에 관한 법률」 제23조에 따른 소방산업공제조합이 자본금 기준금액의 (ㄴ) 이상에 해당하는 금액의 담보를 제공받거나 현금의 예치 또는 출자를 받은 사실을 증명하여 발행하는 확인서를 (ㄷ)에게 제출하여야 한다.

	ㄱ	ㄴ	ㄷ
①	소방청장	100분의 20	소방청장
②	소방청장	100분의 20	시·도지사
③	시·도지사	100분의 10	소방청장
④	시·도지사	100분의 10	시·도지사

11 「화재의 예방 및 안전관리에 관한 법률 시행령」상 소방안전관리대상물의 소방안전관리자가 작성하는 소방계획서의 내용으로 옳지 않은 것은?

① 방화구획, 제연구획, 건축물의 내부 마감재료 및 방염대상물품의 사용 현황과 그 밖의 방화구조 및 설비의 유지·관리계획
② 소방안전관리대상물의 근무자 및 거주자의 자위소방대 조직과 대원의 임무(화재안전취약자의 피난 보조 임무를 포함한다)에 관한 사항
③ 관리의 권원이 분리된 특정소방대상물의 소방안전관리에 관한 사항
④ 위험물의 저장·취급에 관한 사항(「위험물안전관리법」 제17조에 따라 예방규정을 정하는 제조소 등을 포함한다)

12 「화재의 예방 및 안전관리에 관한 법률 시행규칙」상 한국소방안전원이 갖추어야 하는 시설기준이다. ( )에 적절한 것은?

- 사무실 : 바닥면적 60제곱미터 이상일 것
- 실습실 : 바닥면적 (ㄱ)제곱미터 이상이고, 교육과정별 실습·평가를 위한 교육기자재 등을 갖출 것
- 강의실 : 바닥면적 (ㄱ)제곱미터 이상이고 책상·의자, 음향시설, 컴퓨터 및 빔프로젝터 등 교육에 필요한 비품을 갖출 것

	ㄱ	ㄴ		ㄱ	ㄴ
①	60	60	②	100	100
③	60	100	④	100	60

13 「화재의 예방 및 안전관리에 관한 법률」 및 같은 법 시행령과 시행규칙상 소방안전관리자 등 종합정보망의 구축·운영에 대한 설명으로 옳지 않은 것은?

① 소방청장은 소방안전관리자 및 소방안전관리보조자에 대한 정보를 효율적으로 관리하기 위하여 종합정보망을 구축·운영할 수 있다.
② 종합정보망으로 관리할 수 있는 정보에 건설현장 소방안전관리자 선임신고 현황이 포함된다.
③ 소방청장은 종합정보망의 효율적인 운영을 위해 필요한 경우 종합정보망과 유관 정보시스템의 연계·운영 업무를 수행할 수 있다.
④ 소방본부장 또는 소방서장은 소방안전관리자의 선임신고를 접수하거나 해임 사실을 확인한 경우에는 시·도지사를 경유하여 종합정보망에 입력해야 한다.

14 「화재의 예방 및 안전관리에 관한 법률」 및 같은 법 시행규칙상 실태조사에 대한 설명으로 옳은 것은?

① 소방청장은 기본계획 및 시행계획의 수립·시행에 필요한 기초자료를 확보하기 위하여 실태조사를 할 수 있다. 이 경우 관계 중앙행정기관의 장의 요청이 있는 때에는 합동으로 실태조사를 할 수 있다.
② 실태조사는 통계조사, 문헌조사 또는 현장조사의 방법으로 하며, 특별한 사정이 없는 한 전자적인 방식을 사용할 수 없다.
③ 실태조사를 실시하려는 경우 실태조사 시작 10일 전까지 조사 일시, 조사 사유 및 조사 내용 등을 포함한 조사계획을 조사대상자에게 서면 또는 전자우편 등의 방법으로 미리 알려야 한다.
④ 실태조사를 전문연구기관·단체나 관계 전문가에게 의뢰하여 실시하여야 하며, 그 결과를 인터넷 홈페이지 등에 공표하여야 한다.

15 「소방시설 설치 및 관리에 관한 법률 시행규칙」상 작동점검의 실시 횟수와 종합점검(특급 소방안전관리대상물 제외)의 실시 횟수를 순서대로 바르게 나열한 것은?

① 반기별 1회 이상, 반기별 1회 이상
② 반기별 1회 이상, 연 1회 이상
③ 연 1회 이상, 반기별 1회 이상
④ 연 1회 이상, 연 1회 이상

16 「소방시설 설치 및 관리에 관한 법률 시행령」상 방염성능기준 이상의 실내장식물 등을 설치해야 하는 특정소방대상물을 모두 고른 것은?

> ㄱ. 숙박이 가능한 수련시설
> ㄴ. 근린생활시설 중 치과의원, 한의원
> ㄷ. 교육연구시설 중 계량계측소
> ㄹ. 건축물의 옥내에 있는 문화 및 집회시설
> ㅁ. 건축물의 옥외에 있는 종교시설
> ㅂ. 신문사 용도로 사용되는 층수가 11층인 업무시설

① ㄱ, ㄹ, ㅂ
② ㄴ, ㄷ, ㅁ
③ ㄴ, ㄷ, ㄹ, ㅁ
④ ㄱ, ㄴ, ㄷ, ㅂ

17 「소방시설 설치 및 관리에 관한 법률 시행령」상 임시소방시설과 기능 및 성능이 유사한 소방시설로서 임시소방시설을 설치한 것으로 보는 소방시설에 대한 내용이다. ( )에 적절한 것은?

> • 비상경보장치를 설치한 것으로 보는 소방시설 : (ㄱ) 또는 자동화재탐지설비
> • 간이피난유도선을 설치한 것으로 보는 소방시설 : 피난유도선, 피난구유도등, 통로유도등 또는 (ㄴ)

	ㄱ	ㄴ		ㄱ	ㄴ
①	비상방송설비	유도표지	②	비상방송설비	비상조명등
③	화재알림설비	유도표지	④	화재알림설비	비상조명등

18 「소방시설 설치 및 관리에 관한 법률 시행령」상 물분무등소화설비를 설치해야 하는 특정소방대상물에 대한 설명으로 옳지 않은 것은? (위험물 저장 및 처리 시설 중 가스시설 및 지하구는 제외)

① 기계장치에 의한 주차시설을 이용하여 20대 이상의 차량을 주차할 수 있는 시설에 설치한다.
② 문화재 중「문화재보호법」상 지정문화재로서 소방청장이 문화재청장과 협의하여 정하는 것에 설치한다.
③ 지하가 중 예상 교통량, 경사도 등 터널의 특성을 고려하여 행정안전부령으로 정하는 터널에 설치해야 하되, 이 시설에는 물분무소화설비 외의 물분무등소화설비를 설치한다.
④ 특정소방대상물에 설치된 전기실·발전실·변전실·축전지실·통신기기실 또는 전산실, 그 밖에 이와 비슷한 것으로서 바닥면적이 300㎡ 이상인 것에 설치한다.

19 「소방시설 설치 및 관리에 관한 법률 시행령」제12조에 소방시설정보관리시스템 구축·운영 대상으로 명시되어 있지 않은 것은?

① 지하가(地下街) ② 운수시설
③ 문화 및 집회시설 ④ 업무시설

20 「소방시설 설치 및 관리에 관한 법률」시행령 및 시행규칙상 성능위주설계에 대한 설명으로 옳은 것은?

① 연면적·높이·층수 등이 일정 규모 이상인 대통령령으로 정하는 특정소방대상물(신축과 증축하는 경우)에 소방시설을 설치하려는 자는 성능위주설계를 하여야 한다.
② 소방시설을 설치하려는 자가 성능위주설계를 한 경우에는 건축허가를 신청한 후에 해당 특정소방대상물의 시공지 또는 소재지를 관할하는 소방서장에게 신고하여야 한다.
③ 성능위주설계의 신고 또는 변경신고를 하려는 자는 해당 특정소방대상물이 건축위원회의 심의를 받아야 하는 건축물인 경우에는 그 심의를 신청하기 전에 성능위주설계의 기본설계도서 등에 대해서 해당 특정소방대상물의 시공지 또는 소재지를 관할하는 소방서장 또는 소방본부장의 사전검토를 받아야 한다.
④ 소방서장은 성능위주설계 신고서를 받은 경우 성능위주설계 대상 및 자격 여부 등을 확인하고, 첨부서류의 보완이 필요한 경우에는 7일 이내의 기간을 정하여 성능위주설계를 한 자에게 보완을 요청할 수 있다.

21 「위험물안전관리법 시행령」상 고체로서 화염에 의한 발화의 위험성 또는 인화의 위험성을 판단하기 위하여 고시로 정하는 시험에서 고시로 정하는 성질과 상태를 나타내는 것에 해당하지 않는 것은?

① 황화인
② 황린
③ 철분
④ 마그네슘

22 「위험물안전관리법」상 저장소 또는 제조소등이 아닌 장소에서 지정수량 이상의 위험물을 저장 또는 취급한 자는에 대한 벌칙은?

① 3년 이하의 징역 또는 3천만원 이하의 벌금
② 5년 이하의 징역 또는 5천만원 이하의 벌금
③ 5년 이하의 징역 또는 1억원 이하의 벌금
④ 7년 이하의 징역 또는 1억원 이하의 벌금

23 「위험물안전관리법 시행규칙」상 정기점검의 실시자에 설명으로 옳지 않은 것은?

① 제조소등의 관계인은 당해 제조소등의 정기점검을 안전관리자(특정·준특정옥외탱크저장소의 정기점검에 있어서는 소방청장이 정하여 고시하는 점검방법에 관한 지식 및 기능이 있는 자에 한한다) 또는 위험물운송자(이동탱크저장소의 경우에 한한다)로 하여금 실시하도록 하여야 한다.
② 옥외탱크저장소에 대한 구조안전점검을 위험물안전관리자가 직접 실시하는 경우에는 점검에 필요한 인력 및 장비를 갖춘 후 이를 실시하여야 한다.
③ 제조소등의 관계인은 안전관리대행기관(특정·준특정옥외탱크저장소의 정기점검을 포함한다) 또는 탱크시험자에게 정기점검을 의뢰하여 실시할 수 있다.
④ 안전관리대행기관 또는 탱크시험자에게 정기점검을 의뢰하여 실시하는 경우 제조소등의 안전관리자는 안전관리대행기관 또는 탱크시험자의 점검현장에 참관해야 한다.

24 「위험물안전관리법」 및 같은 법 시행령상 제조소등에서의 흡연 금지에 관한 내용으로 옳지 않은 것은?

① 누구든지 제조소등에서는 지정된 장소가 아닌 곳에서 흡연을 하여서는 아니 되며, 이를 위반하여 흡연을 한 자에게는 500만원 이하의 과태료를 부과한다.
② 제조소등의 관계인은 해당 제조소등이 금연구역임을 알리는 표지를 설치하여야 한다.
③ 흡연장소는 옥외로 지정하여야 하며 건축물 내에 지정할 수 없다.
④ 제조소등의 관계인은 흡연장소를 지정하는 경우에 소형수동식소화기(이에 준하는 소화설비를 포함한다)를 1개 이상 비치하여야 한다.

25 「위험물안전관리법」상 제조소등의 사용 중지에 대한 내용이다. ( ) 안에 알맞은 것은?

> 제조소등의 관계인은 제조소등의 사용을 중지[경영상 형편, 대규모 공사 등의 사유로 (ㄱ) 이상 위험물을 저장하지 아니하거나 취급하지 아니하는 것을 말한다]하려는 경우에는 (ㄴ) 및 제조소등에의 출입통제 등 행정안전부령으로 정하는 안전조치를 하여야 한다. 다만, 제조소등의 사용을 중지하는 기간에도 위험물안전관리자가 계속하여 직무를 수행하는 경우에는 안전조치를 아니할 수 있다.

	ㄱ	ㄴ
①	3개월	설비의 관리
②	3개월	위험물의 제거
③	6개월	설비의 관리
④	6개월	위험물의 제거

제6회 소방관계법규 최종모의고사

01 「소방기본법 시행규칙」 제3조에 소방서의 119종합상황실장이 소방본부의 119종합상황실에 지체 없이 보고해야 하는 상황으로 규정된 것은?

① 사상자가 5인 이상 발생한 화재
② 이재민이 50인 이상 발생한 화재
③ 연면적 1만제곱미터 이상인 공장에서 발생한 화재
④ 층수가 5층 이상이거나 객실이 30실 이상인 숙박시설

02 「소방기본법」 및 같은 법 시행령상 손실보상의 내용으로 옳지 않은 것은?

① 강제처분에 따른 처분으로 인하여 손실을 입은 자도 손실보상의 대상이 된다.
② 적법한 소방활동으로 인한 물건의 멸실·훼손으로 인한 손실보상을 하는 때에는 손실을 입은 물건을 수리할 수 있는 경우 손실을 입은 당시의 해당 물건의 교환가액으로 보상한다.
③ 손실보상을 청구할 수 있는 권리는 손실이 있음을 안 날부터 3년, 손실이 발생한 날부터 5년간 행사하지 아니하면 시효의 완성으로 소멸한다.
④ 사망자의 보상금액 기준은 「의사상자 등 예우 및 지원에 관한 법률 시행령」에 따라 보건복지부장관이 결정하여 고시하는 보상금에 따른다.

03 「소방기본법」상 5년 이하의 징역 또는 5천만원 이하의 벌금에 처하는 경우에 해당하지 않는 것은?

① 소방활동을 위하여 긴급하게 출동할 때 소방활동에 방해가 되는 물건을 제거하거나 이동시키는 것을 방해한 사람
② 위력을 사용하여 출동한 소방대의 화재진압·인명구조 또는 구급활동을 방해하는 행위를 한 사람
③ 소방대가 화재진압·인명구조 또는 구급활동을 위하여 현장에 출동하거나 현장에 출입하는 것을 고의로 방해하는 행위를 한 사람
④ 정당한 사유 없이 소방용수시설 또는 비상소화장치를 사용하거나 소방용수시설 또는 비상소화장치의 효용을 해치거나 그 정당한 사용을 방해한 사람

04 「소방기본법」상 위험시설 등에 대한 긴급조치를 할 수 있는 사람을 모두 열거한 것으로 옳은 것은?

① 소방대장
② 소방서장, 소방대장
③ 소방본부장, 소방서장 또는 소방대장
④ 소방청장, 소방본부장, 소방서장 또는 소방대장

05 「소방의 화재조사에 관한 법률 시행규칙」상 화재조사에 관한 시험에 대한 설명으로 옳지 않은 것은?

① 소방청장이 화재조사에 관한 시험을 실시하는 경우에는 시험의 과목·일시·장소 및 응시 자격·절차 등을 시험 실시 20일 전까지 소방청의 인터넷 홈페이지에 공고해야 한다.
② 소방관서장이 실시하는 화재조사관 양성을 위한 전문교육을 이수한 사람은 시험에 응시할 수 있다.
③ 국립과학수사연구원 또는 소방청장이 인정하는 외국의 화재조사 관련 기관에서 8주 이상 화재조사에 관한 전문교육을 이수한 사람은 시험에 응시할 수 있다.
④ 소방청장은 자격시험에서 부정한 행위를 한 사람에 대해서는 그 시험을 정지 또는 무효로 하거나 합격을 취소한다.

06 「소방시설공사업법」 및 같은 법 시행규칙상 소방시설업의 휴업·폐업 신고 등에 대한 설명으로 옳지 않은 것은?

① 소방시설업자는 소방시설업을 휴업·폐업 또는 재개업하는 때에는 시·도지사에게 신고하여야 한다.
② 소방시설업자는 휴업·폐업일부터 30일 이내에 신고서에 등록증 및 등록수첩을 첨부하여 협회를 경유하여 시·도지사에게 제출하여야 한다.
③ 소방시설업자는 휴업하는 경우 휴업 신고서에 기술인력에 관한 사항을 확인할 수 있는 서류를 첨부하여 제출하여야 한다.
④ 폐업신고를 한 자가 소방시설업 등록이 말소된 후 6개월 이내에 같은 업종의 소방시설업을 다시 등록한 경우 해당 소방시설업자는 폐업신고 전 소방시설업자의 지위를 승계하며, 폐업신고 전의 소방시설업자에 대한 행정처분의 효과가 승계된다.

07 「소방시설공사업법 시행규칙」상 소방시설업에 대한 행정처분기준으로 옳지 않은 것은?

① 위반행위가 동시에 둘 이상 발생한 경우에는 그 중 중한 처분기준에 따르되, 둘 이상의 처분기준이 동일한 영업정지인 경우에는 중한 처분의 2배까지 가중하여 처분할 수 있다.
② 영업정지 등에 해당하는 위반사항으로서 위반행위의 동기·내용·횟수·사유 또는 그 결과를 고려하여 그 처분을 가중하거나 감경할 수 있다. 이 경우 그 처분이 영업정지일 때에는 그 처분기준의 2분의 1의 범위에서 가중하거나 감경할 수 있다.
③ 위반행위의 차수에 따른 행정처분기준은 최근 1년간 같은 위반행위로 행정처분을 받은 경우에 적용한다. 이 경우 기준 적용일은 위반사항에 대한 행정처분일과 그 처분 후 다시 적발한 날을 기준으로 한다.
④ 영업정지 처분기간 중 영업정지에 해당하는 위반사항이 있는 경우에는 종전의 처분기간 만료일의 다음날부터 새로운 위반사항에 대한 영업정지의 행정처분을 한다.

08 「소방시설공사업법 시행령」상 일반소방시설설계업(전기분야)의 등록기준인 기술인력으로 옳은 것은?

	주된 기술인력	보조기술인력
①	소방기술사 또는 전기분야 소방설비기사 1명 이상	1명 이상
②	소방기술사 또는 전기분야 소방설비기사 1명 이상	2명 이상
③	소방기술사 또는 전기분야 소방설비기사 2명 이상	1명 이상
④	소방기술사 또는 전기분야 소방설비기사 2명 이상	2명 이상

09 「소방시설공사업법」상 소방기술자에 대한 정의이다. 밑줄 친 부분에 해당하지 않는 사람은?

> "소방기술자"란 소방청장으로부터 소방기술 경력 등을 인정받은 사람과 <u>다음</u>의 어느 하나에 해당하는 사람으로서 소방시설업과 「소방시설 설치 및 관리에 관한 법률」에 따른 소방시설관리업의 기술인력으로 등록된 사람을 말한다.

① 소방시설관리사 ② 건설안전산업기사
③ 위험물산업기사 ④ 위험물기능사

10 「소방시설공사업법 시행령」상 상주 공사감리의 방법으로 옳지 않은 것은?

① 감리원이 행정안전부령으로 정하는 기간 중 부득이한 사유로 1일 이상 현장을 이탈하는 경우에는 감리일지 등에 기록하여 발주청 또는 발주자의 확인을 받아야 한다.
② 감리원이 행정안전부령으로 정하는 기간 중 부득이한 사유로 1일 이상 현장을 이탈하는 경우 감리업자는 감리원의 업무를 대행할 사람을 감리현장에 배치하여 감리업무에 지장이 없도록 해야 한다.
③ 감리업자는 감리원이 행정안전부령으로 정하는 기간 중「근로기준법」에 따른 유급휴가로 현장을 이탈하게 되는 경우, 시공관리와 품질 및 안전에 지장이 없는 경우에는 감리원을 공사현장에 배치하지 않을 수 있다.
④ 감리원은 행정안전부령으로 정하는 기간 동안 공사 현장에 상주하여 감리업무를 수행하고 감리일지에 기록해야 한다.

11 「화재의 예방 및 안전관리에 관한 법률」 및 같은 법 시행규칙상 피난계획의 수립 및 시행에 대한 설명으로 옳지 않은 것은?

① 소방안전관리대상물의 관계인은 해당 소방안전관리대상물의 구조·위치, 소방시설 등을 고려하여 피난계획을 수립해야 한다.
② 소방안전관리대상물의 관계인은 피난시설의 위치, 피난경로 또는 대피요령이 포함된 피난유도 안내정보를 소방본부장에게 정기적으로 제공하여야 한다.
③ 피난계획에는 층별, 구역별 피난대상 인원의 연령별·성별 현황이 포함되어야 한다.
④ 소방안전관리대상물의 관계인은 해당 소방안전관리대상물의 피난시설이 변경된 경우에는 그 변경사항을 반영하여 피난계획을 정비해야 한다.

12 「화재의 예방 및 안전관리에 관한 법률」 및 같은 법 시행령상 공동소방안전관리협의회는 소방안전관리자 및 총괄소방안전관리자("총괄소방안전관리자등")로 구성한다. 이 경우 총괄소방안전관리자등이 공동소방안전관리협의회의 협의를 거쳐 공동으로 수행하는 업무에 해당하지 않는 것은?

① 공용 부분의 소방시설의 유지·관리에 관한 사항
② 권원별 피난·방화시설의 유지·관리에 관한 사항
③ 특정소방대상물 전체의 소방훈련·교육의 실시에 관한 사항
④ 특정소방대상물 전체의 소방계획 수립 및 시행에 관한 사항

13 「화재의 예방 및 안전관리에 관한 법률 시행령」상 화재예방안전진단기관으로부터 정기적으로 화재예방안전진단을 받아야 하는 소방안전 특별관리시설물로 옳지 않은 것은?

① 공항시설 중 여객터미널의 연면적이 1천제곱미터 이상인 공항시설
② 발전소 중 연면적이 5천제곱미터 이상인 발전소
③ 가연성 가스 탱크의 저장용량의 합계가 50톤 이상인 가스공급시설
④ 철도시설 중 역 시설의 연면적이 5천제곱미터 이상인 철도시설

14 「화재의 예방 및 안전관리에 관한 법률 시행령」 상 화재예방강화지구 관리대장에 작성하고 관리해야 하는 사항으로 옳지 않은 것은?

① 화재안전조사의 결과
② 소방안전관리자 선임 현황
③ 소방훈련 및 교육의 실시 현황
④ 소방설비등의 설치(보수, 보강을 포함) 명령 현황

15 「화재의 예방 및 안전관리에 관한 법률」 및 같은 법 시행령상 공사시공자가 화재발생 및 화재피해의 우려가 커서 신축·증축·개축·재축·이전·용도변경 또는 대수선 하는 경우에 소방안전관리자를 선임하고 소방본부장 또는 소방서장에게 신고하여야 하는 특정소방대상물(건설현장 소방안전관리대상물)에 대한 내용이다. ( ) 안에 알맞은 것은?

> ○ 신축·증축·개축·재축·이전·용도변경 또는 대수선을 하려는 부분의 연면적의 합계가 (ㄱ) 이상인 것
> ○ 신축·증축·개축·재축·이전·용도변경 또는 대수선을 하려는 부분의 연면적이 (ㄴ) 이상인 것으로서 다음 각 목의 어느 하나에 해당하는 것
> • 지하층의 층수가 (ㄷ) 층 이상인 것
> • 지상층의 층수가 11층 이상인 것
> • 냉동창고, 냉장창고 또는 냉동·냉장창고

	ㄱ	ㄴ	ㄷ
①	1만㎡	5천㎡	2개
②	1만㎡	1만㎡	1개
③	1만5천㎡	5천㎡	2개
④	1만5천㎡	1만㎡	1개

16 「소방시설 설치 및 관리에 관한 법률 시행령」상 소방본부장 또는 소방서장이 건축물 내부의 천장 또는 벽에 부착하거나 설치하는 것으로서 방염처리된 물품을 사용하도록 권장할 수 있는 물품은?

① 가구류
② 의자류
③ 침구류
④ 소파류

17 「소방시설 설치 및 관리에 관한 법률 시행령」상 운동시설인 특정소방대상물에 대한 내용이다. ( )에 알맞은 것은?

- 운동장 : 육상장, 구기장, 볼링장, 수영장, 스케이트장, 롤러스케이트장, 승마장, 사격장, 궁도장, 골프장 등과 이에 딸린 건축물로서 관람석이 없거나 관람석의 바닥면적이 (ㄱ)인 것
- 체육관으로서 관람석이 없거나 관람석의 바닥면적이 (ㄴ)인 것

	ㄱ	ㄴ
①	300㎡ 미만	500㎡ 미만
②	1천㎡ 미만	1천㎡ 미만
③	500㎡ 미만	1천㎡ 미만
④	500㎡ 미만	500㎡ 미만

18 「소방시설 설치 및 관리에 관한 법률 시행령」상 건축허가등을 할 때 미리 소방본부장 또는 소방서장의 동의를 받아야 하는 건축물 등의 범위로 옳지 않은 것은?

① 「장애인복지법」 제58조 제1항 제4호에 따른 장애인 의료재활시설로서 연면적 300제곱미터 이상인 것
② 「정신건강증진 및 정신질환자 복지서비스 지원에 관한 법률」 제3조 제5호에 따른 정신의료기관(입원실이 없는 정신건강의학과 의원은 제외)으로서 연면적 200제곱미터 이상인 것
③ 특정소방대상물 중 의원(입원실이 있는 것으로 한정)·조산원·산후조리원
④ 특정소방대상물 중 공장 또는 창고시설로서 「화재의 예방 및 안전관리에 관한 법률 시행령」 별표 2에서 정하는 수량의 750배 이상의 특수가연물을 저장·취급하는 것

19 「소방시설 설치 및 관리에 관한 법률」상 소방청장이 소방기술과 관련된 법인 또는 단체에 위탁할 수 있는 업무가 아닌 것은?

① 성능인증의 변경인증
② 점검능력 평가 및 공시
③ 표준자체점검비의 산정 및 공표
④ 관리업자의 점검능력을 평가하기 위한 데이터베이스 구축·운영

20 「소방시설 설치 및 관리에 관한 법률 시행규칙」상 종합점검 실시 대상이 아닌 것은?

① 제연설비가 설치된 터널
② 다중이용업의 영업장이 설치된 특정소방대상물로서 연면적이 1,000㎡인 것
③ 공공기관 중 연면적(터널·지하구의 경우 그 길이와 평균 폭을 곱하여 계산된 값)이 1,000㎡인 것으로서 옥내소화전설비 또는 자동화재탐지설비가 설치된 것
④ 물분무등소화설비[호스릴(hose reel) 방식의 물분무등소화설비만을 설치한 경우는 제외]가 설치된 연면적 5,000㎡인 특정소방대상물(제조소등은 제외)

21 「위험물안전관리법 시행규칙」상 화학소방자동차에 갖추어야 하는 소화능력 및 설비의 기준으로 옳은 것은?

① 할로젠화합물 방사차 : 할로젠화합물의 방사능력이 매초 35㎏ 이상일 것
② 분말 방사차 : 분말의 방사능력이 매초 35㎏ 이상일 것
③ 포수용액 방사차 : 포수용액의 방사능력이 매분 1,000ℓ 이상일 것
④ 이산화탄소 방사차 : 이산화탄소의 방사능력이 매초 30㎏ 이상일 것

22 「위험물안전관리법 시행령」상 알코올류에서 제외되는 것에 대한 설명이다. ( )에 공통으로 들어갈 것은?

> - 1분자를 구성하는 탄소원자의 수가 1개 내지 3개의 포화1가 알코올의 함유량이 ( ) 미만인 수용액
> - 가연성액체량이 ( ) 미만이고 인화점 및 연소점(태그개방식인화점측정기에 의한 연소점을 말한다. 이하 같다)이 에틸알코올 ( ) 수용액의 인화점 및 연소점을 초과하는 것

① 60중량퍼센트 ② 50중량퍼센트
③ 40중량퍼센트 ④ 36중량퍼센트

23 「위험물안전관리법 시행령」상 제조소등의 폐지에 대한 내용이다. ( )에 적절한 것은?

> 제조소등의 관계인(소유자·점유자 또는 관리자를 말한다)은 당해 제조소등의 용도를 폐지(장래에 대하여 위험물시설로서의 기능을 완전히 상실시키는 것을 말한다)한 때에는 행정안전부령이 정하는 바에 따라 제조소등의 용도를 폐지한 날부터 (ㄱ) 이내에 (ㄴ)에게 신고하여야 한다.

	ㄱ	ㄴ		ㄱ	ㄴ
①	14일	소방서장	②	20일	소방서장
③	14일	시·도지사	④	20일	시·도지사

24 「위험물안전관리법」상 예방규정에 대한 내용으로 옳지 않은 것은?

① 대통령령으로 정하는 제조소등의 관계인은 예방규정을 정하여 해당 제조소등의 사용을 시작한 후 지체 없이 시·도지사에게 제출하여야 한다.
② 대통령령으로 정하는 제조소등의 관계인은 예방규정을 변경한 때에도 시·도지사에게 제출하여야 한다.
③ 시·도지사는 예방규정이 위험물의 저장·취급 기준에 적합하지 아니하거나 화재예방이나 재해발생시의 비상조치를 위하여 필요하다고 인정하는 때에는 이를 반려하거나 그 변경을 명할 수 있다.
④ 제조소등의 관계인과 그 종업원은 예방규정을 충분히 잘 익히고 준수하여야 한다.

25 「위험물안전관리법 시행규칙」상 이동탱크저장소에 의한 위험물의 운송시에 준수하여야 하는 기준에 관한 내용이다. ( ) 안에 알맞은 것은?

> 위험물운송자는 장거리[고속국도에 있어서는 (ㄱ) 이상, 그 밖의 도로에 있어서는 200km 이상]에 걸치는 운송을 하는 때에는 2명 이상의 운전자로 할 것. 다만, 다음의 각 경우에는 그러하지 아니하다.
> - 운송책임자를 동승시킨 경우
> - 운송하는 위험물이 제2류 위험물·제3류 위험물(칼슘 또는 알루미늄의 탄화물과 이것만을 함유한 것에 한함)또는 제4류 위험물(특수인화물을 제외)인 경우
> - 운송도중에 (ㄴ)씩 휴식하는 경우

	ㄱ	ㄴ
①	300km	1시간 이내마다 10분 이상
②	300km	2시간 이내마다 20분 이상
③	340km	1시간 이내마다 10분 이상
④	340km	2시간 이내마다 20분 이상

제7회 소방관계법규 최종모의고사

01 「소방기본법 시행규칙」상 소방용수시설 및 비상소화장치의 설치기준으로 옳지 않은 것은?

① 특별시장·광역시장·특별자치시장·도지사 또는 특별자치도지사는 설치된 소방용수시설에 대하여 소방용수표지를 보기 쉬운 곳에 설치하여야 한다.
② 비상소화장치는 비상소화장치함, 소화전, 소방호스, 관창을 포함하여 구성한다.
③ 소방호스 및 관창은 소방청장이 정하여 고시하는 형식승인 및 제품검사의 기술기준에 적합한 것으로 설치한다.
④ 비상소화장치의 설치기준에 관한 세부 사항은 행정안전부장관이 정한다.

02 「소방기본법 시행규칙」상 소방차 전용구역의 설치 방법으로 옳지 않은 것은?

① 전용구역 노면표지의 외곽선은 빗금무늬로 표시한다.
② 빗금은 두께를 20센티미터로 하여 30센티미터 간격으로 표시한다.
③ 전용구역 노면표지 도료의 색채는 황색을 기본으로 한다.
④ 문자(P, 소방차 전용)는 백색으로 표시한다.

03 「소방기본법 시행규칙」상 원활한 소방활동을 위하여 실시하는 소방용수시설 및 지리조사에 대한 설명으로 옳지 않은 것은?

① 소방본부장 또는 소방서장은 원활한 소방활동을 위하여 소방용수시설 및 지리조사를 월 1회 이상 실시하여야 한다.
② 소방대상물에 인접한 도로의 폭·교통상황, 도로주변의 토지의 고저·건축물의 개황에 대한 조사를 포함한다.
③ 조사결과는 전자적 처리가 불가능한 특별한 사유가 없으면 전자적 처리가 가능한 방법으로 작성·관리하여야 한다.
④ 지리조사의 결과를 3년간 보관하여야 한다.

04 「소방기본법」상 공장·창고가 밀집한 지역에서 화재로 오인할 만한 우려가 있는 불을 피우거나 연막소독을 하려는 자는 신고하여야 한다. 이 경우 신고를 하지 아니하여 소방자동차를 출동하게 한 자에게 부과하는 과태료의 부과·징수권자 및 과태료 금액으로 옳은 것은?

	부과·징수권자	금액
①	시·도지사	20만원 이하
②	소방본부장 또는 소방서장	20만원 이하
③	시·도지사	50만원 이하
④	소방본부장 또는 소방서장	50만원 이하

05 「소방의 화재조사에 관한 법률」 및 같은 법 시행령상 화재현장 보존 등의 내용으로 옳지 않은 것은?

① 소방관서장은 방화 또는 실화의 혐의로 수사의 대상이 된 경우에 관할 경찰서장의 협조를 받아 화재조사를 위하여 필요한 범위에서 화재현장 보존조치를 하거나 화재현장과 그 인근 지역을 통제구역으로 설정할 수 있다.
② 누구든지 소방관서장 또는 경찰서장의 허가 없이 설정된 통제구역에 출입하여서는 아니 된다.
③ 화재현장 보존조치를 하거나 통제구역을 설정한 경우 누구든지 소방관서장 또는 경찰서장의 허가 없이 화재현장에 있는 물건 등을 이동시키거나 변경·훼손하여서는 아니 된다. 다만, 공공의 이익에 중대한 영향을 미친다고 판단되거나 인명구조 등 긴급한 사유가 있는 경우에는 그러하지 아니하나.
④ 소방관서장이나 경찰서장은 화재현장 보존조치를 하거나 통제구역을 설정하는 경우 그 이유 및 주체 등을 화재가 발생한 소방대상물의 관계인에게 알리고 해당 사항이 포함된 표지를 설치해야 한다.

06 「소방시설공사업법」 및 같은 법 시행령상 하도급계약과 관련된 내용으로서 다음의 ( )에 적절한 것은?

- 발주자는 하도급계약 내용의 적정성 등을 심사한 결과 하수급인의 시공 및 수행능력 또는 하도급계약 내용이 적정하지 아니한 경우에는 그 사유를 분명하게 밝혀 수급인에게 하수급인 또는 하도급계약 내용의 변경을 요구할 수 있다
- 발주자는 하수급인 또는 하도급계약 내용의 변경을 요구하려는 경우에는 하도급에 관한 사항을 통보받은 날 또는 그 사유가 있음을 안 날부터 ( ) 이내에 서면으로 하여야 한다.

① 7일
② 10일
③ 20일
④ 30일

07 「소방시설공사업법 시행령」상 합성수지류 방염업의 방염처리시설에 해당하지 않는 것은?

① 제조설비
② 감압설비
③ 가공설비
④ 성형설비

08 「소방시설공사업법 시행규칙」상 소방청장이 자격수첩 또는 경력수첩을 발급받은 사람의 그 자격을 취소하여야 하는 경우는?

ㄱ. 소방시설공사업법에 따른 명령을 위반한 경우
ㄴ. 자격수첩 또는 경력수첩을 다른 사람에게 빌려준 경우
ㄷ. 동시에 둘 이상의 업체에 취업한 경우
ㄹ. 거짓이나 그 밖의 부정한 방법으로 자격수첩 또는 경력수첩을 발급받은 경우

① ㄱ, ㄷ
② ㄴ, ㄹ
③ ㄴ, ㄷ, ㄹ
④ ㄱ, ㄴ, ㄹ

09 「소방시설공사업법」 및 같은 법 시행령상 소방시설공사업의 시공에 대한 설명으로 옳지 않은 것은?

① 공사업자는 소방시설공사업법이나 소방시설공사업법에 따른 명령과 화재안전기준에 맞게 시공하여야 한다.
② 중앙소방기술심의위원회의 심의를 거쳐 소방시설의 구조와 원리 등에서 공법이 특수한 시공으로 인정된 경우는 화재안전기준을 따르지 아니할 수 있다.
③ 지하층을 제외한 층수가 40층 이상인 특정소방대상물의 공사 현장에는 특급기술자인 소방기술자를 배치하여야 한다.
④ 연면적 3만제곱미터 이상 20만제곱미터 미만인 특정소방대상물(아파트는 제외)의 공사 현장에는 고급기술자 이상의 소방기술자를 배치하여야 한다.

10 「소방시설공사업법 시행규칙」상 소방시설업자의 대표자가 변경된 경우 변경신고서에 첨부해야 하는 서류가 아닌 것은?

① 기술인력 증빙서류
② 소방시설업 등록증 및 등록수첩
③ 변경된 대표자의 성명, 주민등록번호 및 주소지 등의 인적사항이 적힌 서류
④ 대표자가 외국인인 경우 해당 국가의 정부나 공증인, 그 밖의 권한이 있는 기관이 발행한 서류로서 해당 국가에 주재하는 우리나라 영사가 확인한 서류

11 「화재의 예방 및 안전관리에 관한 법률 시행령」상 화재안전취약자 지원 대상으로 가장 적절하지 않은 것은?

① 「다문화가족지원법」 제2조 제1호에 따른 다문화가족의 구성원
② 「장애인복지법」 제6조에 따른 장애인
③ 「노인복지법」 제27조의2에 따른 홀로 사는 노인
④ 「국민기초생활 보장법」 제2조 제2호에 따른 수급자

12 「화재의 예방 및 안전관리에 관한 법률 시행령」상 특급 소방안전관리대상물의 범위에 대한 설명이다. ( )에 적절한 것은?

- (ㄱ)층 이상(지하층은 제외)이거나 지상으로부터 높이가 (ㄴ)미터 이상인 아파트
- (ㄷ)층 이상(지하층을 포함)이거나 지상으로부터 높이가 (ㄹ)미터 이상인 특정소방대상물(아파트는 제외)

	ㄱ	ㄴ	ㄷ	ㄹ
①	50	200	30	120
②	50	100	50	120
③	30	100	30	150
④	30	200	50	150

13 「화재의 예방 및 안전관리에 관한 법률 시행령」상 특정소방대상물의 근무자등에게 불시에 소방훈련과 교육을 실시할 수 있는 경우로 규정되어 있지 아니한 것은?

① 의료시설
② 교육연구시설
③ 위락시설
④ 노유자 시설

14 「화재의 예방 및 안전관리에 관한 법률 시행령」상 특수가연물의 품명과 수량의 기준으로 옳지 않은 것은?

① 면화류 – 200킬로그램 이상
② 석탄·목탄류 – 10,000킬로그램 이상
③ 목재가공품 및 나무부스러기 – 20세제곱미터 이상
④ 나무껍질 및 대팻밥 – 400킬로그램 이상

15 「화재의 예방 및 안전관리에 관한 법률 시행령」상 1급 소방안전관리자 자격시험의 응시자격으로 옳지 않은 것은?

① 5년 이상 2급 소방안전관리대상물의 소방안전관리자로 근무한 실무경력이 있는 사람
② 대학 또는 고등학교에서 소방안전 관련 교과목을 12학점 이상 이수하고 졸업한 후 3년 이상 2급 소방안전관리대상물 또는 3급 소방안전관리대상물의 소방안전관리자로 근무한 실무경력이 있는 사람
③ 대학 또는 고등학교에서 소방안전관리학과를 전공하고 졸업한 사람으로서 해당 학과를 졸업한 후 2년 이상 2급 소방안전관리대상물 또는 3급 소방안전관리대상물의 소방안전관리자로 근무한 실무경력이 있는 사람
④ 1급 소방안전관리대상물의 소방안전관리자가 되려는 사람을 대상으로 하는 실무교육을 수료한 사람

16 「소방시설 설치 및 관리에 관한 법률」상 소방용품의 형식승인과 성능인증에 대한 설명으로 옳지 않은 것은?

① 형식승인을 받으려는 자는 행정안전부령으로 정하는 기준에 따라 형식승인을 위한 시험시설을 갖추고 소방청장의 심사를 받아야 한다.
② 연구개발 목적으로 소방용품을 제조하거나 수입하려는 자는 소방청장의 형식승인을 받지 않아도 된다.
③ 성능인증을 받은 자는 그 소방용품에 대하여 소방청장의 제품검사를 받아야 한다.
④ 하나의 소방용품에 성능인증 사항이 두 가지 이상 결합된 경우에는 해당 성능인증 시험을 모두 실시하고 두 개의 성능인증을 하여야 한다.

17 「소방시설 설치 및 관리에 관한 법률 시행령」상 비상콘센트설비를 설치해야 하는 특정소방대상물에 대한 설명이다. ( )에 알맞은 것은? (위험물 저장 및 처리 시설 중 가스시설 및 지하구는 제외)

- 층수가 (ㄱ) 이상인 특정소방대상물의 경우에는 (ㄱ) 이상의 층
- 지하가 중 터널로서 길이가 (ㄷ) 이상인 것
- 지하층의 층수가 3층 이상이고 지하층의 바닥면적의 합계가 (ㄴ) 이상인 것은 지하층의 모든 층

	ㄱ	ㄴ	ㄷ
①	6층	1천m	500㎡
②	6층	500m	1천㎡
③	11층	1천m	500㎡
④	11층	500m	1천㎡

18 「소방시설 설치 및 관리에 관한 법률」 및 같은 법 시행령상 공사현장에서 설치 및 철거가 쉬운 화재대비시설을 설치하고 관리하여야 하는 화재위험작업으로 옳지 않는 것은?

① 전열기구, 가열전선 등 열을 발생시키는 기구를 취급하는 작업
② 용접·용단 등 불꽃을 발생시키거나 화기를 취급하는 작업
③ 휘발성 물질을 취급하거나 가연성 가스를 발생시키는 작업
④ 알루미늄, 마그네슘 등을 취급하여 폭발성 부유분진을 발생시킬 수 있는 작업

19 「소방시설 설치 및 관리에 관한 법률 시행령」상 특정소방대상물인 공동주택에 관한 설명으로 옳은 것은?

① 아파트등 : 주택으로 쓰는 층수가 6층 이상인 주택
② 연립주택 : 주택으로 쓰는 1개 동의 바닥면적(2개 이상의 동을 지하주차장으로 연결하는 경우에는 각각의 동으로 본다) 합계가 660㎡를 초과하고, 층수가 4개 층 이하인 주택
③ 다세대주택 : 주택으로 쓰는 1개 동의 바닥면적(2개 이상의 동을 지하주차장으로 연결하는 경우에는 각각의 동으로 본다) 합계가 660㎡ 미만이고, 층수가 4개 층 이하인 주택
④ 기숙사 : 학교 또는 공장 등의 학생 또는 종업원 등을 위하여 쓰는 것으로서 1개 동의 공동취사시설 이용 세대 수가 전체의 60퍼센트 이상인 것

20 「소방시설 설치 및 관리에 관한 법률」 및 같은 법 시행규칙상 성능위주설계평가단의 구성 및 운영에 관한 내용으로 옳지 않은 것은?

① 평가단장은 소방청장 또는 소방본부장이 임명하는 화재예방 업무 담당부서의 장이 된다.
② 평가단장이 부득이한 사유로 직무를 수행할 수 없을 때에는 평가단장이 미리 지정한 평가단원이 그 직무를 대리한다.
③ 평가단의 회의는 평가단장과 평가단장이 회의마다 지명하는 6명 이상 8명 이하의 평가단원으로 구성·운영한다. 다만, 성능위주설계의 변경신고에 대한 심의·의결을 하는 경우에는 건축물의 성능위주설계를 검토·평가한 평가단원 중 5명 이상으로 평가단을 구성·운영할 수 있다.
④ 평가단의 회의는 과반수의 출석으로 개의하고 출석 평가단원 과반수의 찬성으로 의결한다.

21 「위험물안전관리법 시행령」 상 사고조사위원회의 구성 등에 대한 설명으로 옳은 것은?

① 사고조사위원회는 위원장 1명을 포함하여 9명 이내의 위원으로 구성한다.
② 한국소방안전원의 임직원 중 위험물 안전관리 관련 업무에 3년 이상 종사한 사람은 위원으로 위촉될 수 있다.
③ 위원장은 위원 중에서 소방청장, 소방본부장 또는 소방서장이 임명하거나 위촉한다.
④ 위원회에 출석한 위원에게는 예산의 범위에서 수당, 여비, 그 밖에 필요한 경비를 지급할 수 있다. 다만, 공무원인 위원에게는 지급하지 않는다.

22 「위험물안전관리법 시행규칙」상 위험물의 운반에 관한 기준 중 적재방법에 대한 내용으로 옳지 않은 것은? (덩어리 상태의 황을 운반하기 위하여 적재하는 경우 또는 위험물을 동일구내에 있는 제조소등의 상호간에 운반하기 위하여 적재하는 경우는 제외)

① 고체 위험물은 운반용기 내용적의 95% 이하의 수납율로 수납할 것
② 액체 위험물은 운반용기 내용적의 98% 이하의 수납율로 수납하되, 50℃의 온도에서 누설되지 아니하도록 충분한 공간용적을 유지하도록 할 것
③ 자연발화성물질외의 물품에 있어서는 파라핀·경유·등유 등의 보호액으로 채워 밀봉하거나 불활성 기체를 봉입하여 밀봉하는 등 수분과 접하지 아니하도록 할 것
④ 하나의 외장용기에는 다른 종류의 위험물을 수납하지 아니할 것

23 「위험물안전관리법 시행규칙」상 복합용도 건축물의 옥내저장소의 기준으로 옳지 않은 것은? (옥내저장소중 지정수량의 20배 이하의 것으로서 옥내저장소외의 용도로 사용하는 부분이 있는 건축물에 설치하는 것에 한함)

① 옥내저장소는 벽·기둥·바닥 및 보가 내화구조인 건축물의 1층에 설치하여야 한다.
② 옥내저장소의 용도에 사용되는 부분의 바닥면적은 75㎡ 이하로 하여야 한다.
③ 옥내저장소의 용도에 사용되는 부분은 벽·기둥·바닥·보 및 지붕(상층이 있는 경우에는 상층의 바닥)을 내화구조로 하고, 출입구외의 개구부가 없는 두께 70㎜ 이상의 철근콘크리트조 또는 이와 동등 이상의 강도가 있는 구조의 바닥 또는 벽으로 당해 건축물의 다른 부분과 구획되도록 하여야 한다.
④ 옥내저장소의 용도에 사용되는 부분의 출입구에는 수시로 열 수 있는 자동폐쇄방식의 60분+방화문 또는 60분방화문을 설치하여야 한다.

24 「위험물안전관리법 시행규칙」상 고객이 직접 주유하는 주유취급소의 주유에 대한 내용이다. ( )에 알맞은 것은?

> • 셀프용고정주유설비는 1회의 연속주유량 및 주유시간의 상한을 미리 설정할 수 있는 구조일 것. 휘발유의 경우 연속주유량의 상한은 (ㄱ) 이하, 주유시간의 상한은 4분 이하로 한다.
> • 셀프용고정급유설비는 1회의 연속급유량 및 급유시간의 상한을 미리 설정할 수 있는 구조일 것. 이 경우 급유량의 상한은 (ㄴ) 이하, 급유시간의 상한은 (ㄷ) 이하로 한다.

	ㄱ	ㄴ	ㄷ
①	100ℓ	100ℓ	6분
②	100ℓ	200ℓ	5분
③	100ℓ	150ℓ	5분
④	150ℓ	200ℓ	6분

25 「위험물안전관리법 시행규칙」상 "도로"의 정의로 옳지 않은 것은?

① 일반교통에 이용되는 너비 2미터 이상의 도로로서 자동차의 통행이 가능한 것
② 「항만법」 제2조 제5호에 따른 항만시설 중 임항교통시설에 해당하는 도로
③ 「사도법」 제2조의 규정에 의한 사도
④ 「도로법」 제10조 제1호에 따른 고속국도

제8회 소방관계법규 최종모의고사

01 「소방기본법 시행규칙」상 소방신호의 종류 및 방법에 대한 설명으로 옳은 것은?

① 소방신호의 종류로 경계신호, 화재신호, 해제신호, 훈련신호가 있다.
② 경계신호는 1타와 연2타를 반복하는 타종신고, 5초 간격을 두고 30초씩 3회의 사이렌신고 방법으로 한다.
③ 해제신호는 상당한 간격을 두고 1타씩 반복하는 타종신고, 30초간 1회의 사이렌신고 방법으로 한다.
④ 소방대의 비상소집을 하는 경우에는 훈련신호를 사용할 수 없다.

02 「소방기본법」상 과태료 부과대상인 것은?

① 소방대장이 정한 소방활동구역을 출입한 사람
② 강제처분을 방해한 자 또는 정당한 사유 없이 그 처분에 따르지 아니한 사람
③ 정당한 사유 없이 소방대의 생활안전활동을 방해한 사람
④ 정당한 사유 없이 소방대가 현장에 도착할 때까지 사람을 구출하는 조치 또는 불을 끄거나 불이 번지지 아니하도록 하는 조치를 하지 아니한 사람

03 「소방기본법」상 소방지원활동에 대한 설명으로 옳지 않은 것은?

① 소방지원활동은 소방활동 수행에 지장을 주지 아니하는 범위에서 할 수 있다.
② 끼임, 고립 등에 따른 위험제거 및 구출 활동을 포함한다.
③ 자연재해에 따른 급수·배수 및 제설 등 지원활동을 포함한다.
④ 유관기관·단체 등의 요청에 따른 소방지원활동에 드는 비용은 지원요청을 한 유관기관·단체 등에게 부담하게 할 수 있다.

04 「소방의 화재조사에 관한 법률」에 관한 내용으로 옳지 않은 것은?

① 소방공무원과 경찰공무원은 화재현장의 출입·보존 및 통제에 관한 사항, 관계인등에 대한 진술 확보에 관한 사항에 대하여 서로 협력하여야 한다.
② 화재조사관이란 화재조사에 전문성을 인정받아 화재조사를 수행하는 소방공무원을 말한다.
③ 화재조사관은 관계인의 정당한 업무를 방해하거나 화재조사를 수행하면서 알게 된 비밀을 다른 용도로 사용하거나 다른 사람들에게 누설하여서는 아니 된다.
④ 소방관서장은 누구든지 화재를 증명하는 서류 발급을 신청하는 때에는 화재증명원을 발급하여야 한다.

05 「소방시설공사업법」 및 같은 법 시행규칙상 소방시설업의 등록에 대한 설명으로 옳지 않은 것은?

① 특정소방대상물의 소방시설공사등을 하려는 자는 업종별로 자본금(개인인 경우에는 자산 평가액을 말한다), 기술인력 등 대통령령으로 정하는 요건을 갖추어 시·도지사에게 소방시설업을 등록하여야 한다.
② 협회는 소방시설업의 등록신청서에 기재되어야 할 내용이 기재되어 있지 아니하거나 명확하지 아니한 경우에는 10일 이내의 기간을 정하여 이를 보완하게 할 수 있다.
③ 협회는 등록기준에 맞는지 검토·확인을 마쳤을 때에는 소방시설업 등록신청 서류에 그 결과를 기재한 소방시설업 등록신청서 서면심사 및 확인 결과를 첨부하여 접수일(신청서류의 보완을 요구한 경우에는 그 보완이 완료된 날을 말한다)부터 7일 이내에 신청인의 주된 영업소 소재지를 관할하는 시·도지사에게 보내야 한다.
④ 시·도지사는 접수일부터 10일 이내에 협회를 경유하여 소방시설업 등록증 및 소방시설업 등록수첩을 신청인에게 발급해 주어야 한다.

06 「소방시설공사업법 시행규칙」상 소방기술자 양성·인정 교육훈련기관의 지정 요건으로 옳지 않은 것은?

① 전국 4개 이상의 시·도에 이론교육과 실습교육이 가능한 교육·훈련장을 갖출 것
② 교육훈련의 신청·수료, 성과측정, 경력관리 등에 필요한 교육훈련 관리시스템을 구축·운영할 것
③ 실습실·강의실의 각 바닥면적이 $100m^2$ 이상일 것
④ 소방기술자 양성·인정 교육훈련을 실시할 수 있는 전담인력을 6명 이상 갖출 것

07 「소방시설공사업법」 및 같은 법 시행령상 공사대금의 지급보증에 대한 설명으로 옳지 않은 것은?

① 수급인이 국가, 지방자치단체 또는 대통령령으로 정하는 공공기관 외의 자가 발주하는 공사를 도급받은 경우로서 수급인이 발주자에게 계약의 이행을 보증하는 때에는 발주자도 수급인에게 공사대금의 지급을 보증하거나 담보를 제공하여야 한다.
② 발주자는 공사대금의 지급보증 또는 담보 제공을 하기 곤란한 경우에는 수급인이 그에 상응하는 보험 또는 공제에 가입할 수 있도록 계약의 이행보증을 받은 날부터 30일 이내에 보험료 또는 공제료를 지급하여야 한다.
③ 발주자 및 수급인은 공사기간이 5개월 이내인 단기의 소방시설공사의 경우 계약이행의 보증이나 공사대금의 지급보증, 담보의 제공 또는 보험료등의 지급을 아니할 수 있다.
④ 발주자가 공사대금의 지급보증, 담보의 제공 또는 보험료등의 지급을 하지 아니한 때에는 수급인은 10일 이내 기간을 정하여 발주자에게 그 이행을 촉구하고 공사를 중지할 수 있다.

08 「소방시설공사업법」상 착공신고에 대한 설명으로 옳지 않은 것은?

① 공사업자는 대통령령으로 정하는 소방시설공사를 하려면 행정안전부령으로 정하는 바에 따라 그 공사의 내용, 시공 장소, 그 밖에 필요한 사항을 소방본부장이나 소방서장에게 신고하여야 한다.
② 행정안전부령으로 정하는 중요한 사항에 해당하는 변경 사항은 완공검사 또는 부분완공검사를 신청하는 서류에 포함하거나 공사감리 결과보고서에 포함하여 소방본부장이나 소방서장에게 보고하여야 한다.
③ 소방본부장 또는 소방서장은 착공신고 또는 변경신고를 받은 날부터 2일 이내에 신고수리 여부를 신고인에게 통지하여야 한다.
④ 소방본부장 또는 소방서장이 위 ③에서 정한 기간 내에 신고수리 여부 또는 민원 처리 관련 법령에 따른 처리기간의 연장을 신고인에게 통지하지 아니하면 그 기간(민원처리 관련 법령에 따라 처리기간이 연장 또는 재연장된 경우에는 해당 처리기간을 말한다)이 끝난 날의 다음 날에 신고를 수리한 것으로 본다.

09 「소방시설공사업법 시행령」상 소방공사 감리원의 배치기준에 관하여 ( )에 알맞은 것은?

소방시설공사 현장의 연면적 합계가 (ㄱ)㎡ 이상인 경우에는 (ㄱ)㎡를 초과하는 연면적에 대하여 (ㄴ)㎡마다 보조감리원 1명 이상을 추가로 배치해야 한다.

	ㄱ	ㄴ		ㄱ	ㄴ
①	20만	5만	②	20만	10만
③	30만	10만	④	30만	20만

10 「소방시설공사업법 시행규칙」상 설계업자의 사업수행능력 평가기준에서 배점범위가 가장 큰 평가항목은?

① 참여소방기술자
② 유사용역 수행 실적
③ 신용도
④ 기술개발 및 투자 실적 등

11 「화재의 예방 및 안전관리에 관한 법률」 및 같은 법 시행령상 특정소방대상물의 관계인 등의 의무에 대한 설명으로 옳지 않은 것은?

① 특정소방대상물의 관계인은 그 특정소방대상물에 대하여 소방안전관리업무를 수행하여야 하며, 소방안전관리대상물의 관계인은 소방안전관리자가 소방안전관리업무를 성실하게 수행할 수 있도록 지도·감독하여야 한다.
② 소방안전관리자는 인명과 재산을 보호하기 위하여 소방시설·피난시설·방화시설 및 방화구획 등이 법령에 위반된 것을 발견한 때에는 지체 없이 소방안전관리대상물의 관계인에게 소방대상물의 개수·이전·제거·수리 등 필요한 조치를 할 것을 요구하여야 하며, 관계인이 시정하지 아니하는 경우 소방청장에게 그 사실을 알려야 한다.
③ 소방안전관리자로부터 조치요구 등을 받은 소방안전관리대상물의 관계인은 지체 없이 이에 따라야 하며, 이를 이유로 소방안전관리자를 해임하거나 보수의 지급을 거부하는 등 불이익한 처우를 하여서는 아니 된다.
④ 소방청장, 소방본부장 또는 소방서장은 관계인 등의 소방안전관리 업무 수행에 관한 사항에 대하여 화재안전조사를 실시한다.

12 「화재의 예방 및 안전관리에 관한 법률 시행령」 상 특수가연물의 저장·취급 기준에 관한 설명이다. ( ) 안에 적절한 것은? (석탄·목탄류를 발전용으로 저장하는 경우는 제외)

> 살수설비를 설치하거나 방사능력 범위에 해당 특수가연물이 포함되도록 대형수동식소화기를 설치하는 경우, 쌓는 높이는 (ㄱ)미터 이하, 쌓는 부분의 바닥면적은 (ㄴ)제곱미터[석탄·목탄류의 경우에는 (ㄷ)제곱미터] 이하가 되도록 할 것

	ㄱ	ㄴ	ㄷ
①	15	150	200
②	10	150	200
③	15	200	300
④	10	200	300

13 「화재의 예방 및 안전관리에 관한 법률」 및 같은 법 시행령상 화재예방강화지구 화재안전조사에 설명으로 옳지 않은 것은?

① 시·도지사는 화재예방 강화를 위하여 필요한 사항 등을 행정안전부령으로 정하는 화재예방강화지구 관리대장에 작성하고 관리해야 한다.
② 소방관서장은 화재예방강화지구 안의 관계인에 대하여 대통령령으로 정하는 바에 따라 소방에 필요한 훈련 및 교육을 실시할 수 있다.
③ 소방관서장은 소방에 필요한 훈련 및 교육을 실시하려는 경우에는 화재예방강화지구 안의 관계인에게 훈련 또는 교육 7일 전까지 그 사실을 통보해야 한다.
④ 소방관서장은 대통령령으로 정하는 바에 따라 화재예방강화지구 안의 소방대상물의 위치·구조 및 설비 등에 대하여 화재안전조사를 연 1회 이상 실시해야 한다.

14 「화재의 예방 및 안전관리에 관한 법률 시행령」 상 기체연료를 사용하는 보일러의 경우 준수사항으로 적절하지 않은 것은?

① 연료를 공급하는 배관은 금속관으로 할 것
② 보일러가 설치된 장소에는 가스누설경보기를 설치할 것
③ 연통의 배출구는 보일러 본체보다 2미터 이상 높게 설치할 것
④ 화재 등 긴급 시 연료를 차단할 수 있는 개폐밸브를 연료용기 등으로부터 0.5미터 이내에 설치할 것

15 「화재의 예방 및 안전관리에 관한 법률」 및 같은 법 시행령상 화재안전영향평가심의회에 관한 설명으로 옳지 않은 것은?

① 심의회는 위원장 1명을 포함한 12명 이내의 위원으로 구성하며, 위원장은 위원 중에서 호선한다.
② 위원은 화재안전과 관련되는 법령이나 정책을 담당하는 관계 기관의 소속 직원으로서 대통령령으로 정하는 사람 및 소방기술사 등 대통령령으로 정하는 화재안전과 관련된 분야의 학식과 경험이 풍부한 전문가로서 소방청장이 위촉한 사람으로 한다.
③ 심의회의 업무를 효율적으로 수행하기 위하여 심의회에 분야별로 전문위원회를 둘 수 있다.
④ 시행령에서 규정한 사항 외에 심의회의 운영 등에 필요한 사항은 행정안전부령으로 정한다.

16 「소방시설 설치 및 관리에 관한 법률 시행규칙」상 화재안전기준 중 기술기준에 대한 설명으로 옳지 않은 것은?

① 국립소방연구원장은 화재안전기준 중 기술기준을 제정·개정하려는 경우 제정안·개정안을 작성하여 중앙소방기술심의위원회의 심의·의결을 거쳐야 한다. 이 경우 제정안·개정안의 작성을 위해 소방 관련 기관·단체 및 개인 등의 의견을 수렴할 수 있다.
② 국립소방연구원장은 중앙소방기술심의위원회의 심의·의결을 거쳐 기술기준의 심의 경과 및 결과 등이 포함된 승인신청서를 소방청장에게 제출해야 한다.
③ 승인신청서를 제출받은 소방청장은 제정안 또는 개정안이 화재안전기준 중 성능기준 등을 충족하는지를 검토하여 승인 여부를 결정하고 국립소방연구원장에게 통보해야 한다.
④ 소방청장은 기술기준을 관보에 게재하고, 소방청 인터넷 홈페이지를 통해 공개해야 한다.

17 「소방시설 설치 및 관리에 관한 법률 시행령」상 소방시설관리사 시험의 시행방법으로 옳은 것은?

① 관리사시험은 제1차시험, 제2차시험 및 제3차 시험으로 구분하여 시행한다. 이 경우 제1차시험과 제2차시험을 같은 날에 시행할 수 있다.
② 제1차시험은 선택형을 원칙으로 하고, 제2차시험은 논문형을 원칙으로 하되, 제2차시험에는 기입형을 포함할 수 있다.
③ 제1차시험에 합격한 사람에 대해서는 다음 회 관리사시험의 제1차시험을 면제하며, 면제받으려는 시험의 응시자격을 갖춘 경우로 한정하지 아니한다.
④ 제1차시험과 제2차시험을 병행하여 시행하는 경우에 제2차시험에 불합격한 사람의 제1차시험 응시는 무효로 한다.

18 「소방시설 설치 및 관리에 관한 법률 시행령」상 단독경보형 감지기를 설치해야 하는 특정소방대상물에 관한 내용이다. ( ) 안에 적절한 것은?

- 연면적 (ㄱ) 미만의 유치원
- 교육연구시설 내에 있는 기숙사 또는 합숙소로서 연면적 (ㄴ) 미만인 것

	ㄱ	ㄴ		ㄱ	ㄴ
①	600㎡	3천㎡	②	400㎡	3천㎡
③	600㎡	2천㎡	④	400㎡	2천㎡

19 「소방시설 설치 및 관리에 관한 법률 시행규칙」상 성능위주설계의 기준으로 적절하지 않은 것은?

① 소방자동차 진입(통로) 동선 및 소방관 진입 경로 확보
② 에너지관리, 장애인 고려를 포함한 녹색건축 설계기준 마련
③ 소화수 공급시스템 최적화를 통한 화재피해 최소화 방안 마련
④ 화재·피난 모의실험을 통한 화재위험성 및 피난안전성 검증

20 「소방시설 설치 및 관리에 관한 법률 시행령」상 특정소방대상물의 증축 또는 용도변경 시의 소방시설 기준 적용의 특례로 옳지 않은 것은?

① 소방본부장 또는 소방서장은 특정소방대상물이 증축되는 경우에는 원칙적으로 기존 부분을 포함한 특정소방대상물의 전체에 대하여 증축 당시의 소방시설의 설치에 관한 대통령령 또는 화재안전기준을 적용해야 한다.
② 용도변경으로 인하여 천장·바닥·벽 등에 고정되어 있는 가연성 물질의 양이 줄어드는 경우에는 특정소방대상물 전체에 대하여 용도변경 전에 해당 특정소방대상물에 적용되던 소방시설의 설치에 관한 대통령령 또는 화재안전기준을 적용한다.
③ 소방본부장 또는 소방서장은 특정소방대상물이 용도변경되는 경우에는 원칙적으로 용도변경되는 부분에 대해서만 용도변경 당시의 소방시설의 설치에 관한 대통령령 또는 화재안전기준을 적용한다.
④ 자동차 생산공장 등 화재 위험이 낮은 특정소방대상물 내부에 연면적 50제곱미터 이하의 직원 휴게실을 증축하는 경우에는 기존 부분에 대해서는 증축 당시의 소방시설의 설치에 관한 대통령령 또는 화재안전기준을 적용하지 않는다.

21 「위험물안전관리법 시행령」상 1인의 안전관리자를 중복하여 선임할 수 있는 경우로 옳지 않은 것은?

① 동일구내에 있거나 상호 100미터 이내의 거리에 있는 저장소로서 저장소의 규모, 저장하는 위험물의 종류 등을 고려하여 행정안전부령이 정하는 저장소를 동일인이 설치한 경우
② 위험물을 차량에 고정된 탱크 또는 운반용기에 옮겨 담기 위한 5개 이하의 일반취급소와 그 일반취급소에 공급하기 위한 위험물을 저장하는 저장소를 동일인이 설치한 경우
③ 5개 이하의 제조소등이 동일구내에 위치하거나 상호 100미터 이내의 거리에 있는 경우
④ 보일러·버너 또는 이와 비슷한 것으로서 위험물을 소비하는 장치로 이루어진 7개 이하의 일반취급소와 그 일반취급소에 공급하기 위한 위험물을 저장하는 저장소를 동일인이 설치한 경우

22 「위험물안전관리법 시행령」상 탱크안전성능검사의 대상이 되는 탱크 등에 대한 설명으로 옳지 않은 것은?

① 기초·지반검사 : 옥외탱크저장소의 액체위험물탱크 중 그 용량이 100만리터 이상인 탱크
② 충수(充水)·수압검사 : 액체위험물을 저장 또는 취급하는 탱크
③ 용접부검사 : 옥외탱크저장소의 액체위험물탱크 중 그 용량이 50만리터 이상인 탱크
④ 암반탱크검사 : 액체위험물을 저장 또는 취급하는 암반내의 공간을 이용한 탱크

23 「위험물안전관리법 시행규칙」상 예방규정의 이행 실태 평가의 실시에 관한 내용이다. ( )에 알맞은 기간은?

- 최초평가: 법 제17조 제1항 전단에 따라 예방규정을 최초로 제출한 날부터 (ㄱ)이 되는 날이 속하는 연도에 실시
- 정기평가: 최초평가 또는 직전 정기평가를 실시한 날을 기준으로 (ㄴ)마다 실시. 다만, 수시평가를 실시한 경우에는 수시평가를 실시한 날을 기준으로 (ㄴ)마다 실시한다.

	ㄱ	ㄴ		ㄱ	ㄴ
①	1년	2년	②	2년	3년
③	3년	4년	④	4년	5년

24 「위험물안전관리법 시행규칙」 주유취급소에 설치하는 전기자동차용 충전설비의 적합기준으로 옳지 않은 것은?

① 충전설비의 전원공급을 긴급히 차단할 수 있는 장치를 사무소 내부 또는 충전기기 주변에 설치하고 충전기기를 폭발위험장소 외의 장소에 설치하는 경우에 충전기기는 방폭성능을 갖추어야 한다.
② 인터페이스란 충전기기에서 전기자동차에 전기를 공급하기 위하여 연결하는 커넥터(connector), 케이블 등을 말한다.
③ 인터페이스의 구성 부품은 「전기용품안전 관리법」에 따른 기준에 적합해야 한다.
④ 충전작업에 필요한 주차장을 설치하는 경우에는 지면에 직접 주차하는 구조로 해야 한다.

25 「위험물안전관리법」상 제조소의 위치·구조 및 설비의 기준에 관할 설명이다. ( )에 들어갈 숫자의 합은?

- 지정수량의 ( )배 이상의 위험물을 취급하는 제조소(제6류 위험물을 취급하는 위험물제조소를 제외)에는 피뢰침을 설치하여야 한다
- 취급하는 위험물의 최대수량이 지정수량의 10배를 초과하는 경우 주위에 ( )m 이상 너비의 공지를 보유하여야 한다.

① 8
② 13
③ 15
④ 20

제9회 소방관계법규 최종모의고사

01 「소방기본법」상 소방자동차의 보험 가입 등에 관한 내용이다. ( ) 안에 적절한 것은?

- (ㄱ)은/는 소방자동차의 공무상 운행 중 교통사고가 발생한 경우 그 운전자의 법률상 분쟁에 소요되는 비용을 지원할 수 있는 보험에 가입하여야 한다.
- (ㄴ)은/는 위에 따른 보험 가입비용의 일부를 지원할 수 있다.

	ㄱ	ㄴ
①	소방본부장 또는 소방서장	시·도지사
②	시·도지사	소방청장
③	시·도지사	국가
④	소방청장	국가

02 「소방기본법」 및 같은 법 시행규칙상 소방안전교육훈련에 관한 설명으로 옳지 않은 것은?

① 소방청장, 소방본부장 또는 소방서장은 노인복지시설의 노인을 대상으로 소방안전교육훈련을 실시할 수 있다.
② 소방안전교육훈련은 이론교육과 실습(체험)교육을 병행하여 실시하되, 실습(체험)교육이 전체 교육시간의 100분의 30 이상이 되어야 한다.
③ 실습(체험)교육 인원은 특별한 경우가 아니면 강사 1명당 30명을 넘지 않아야 한다.
④ 소방청장, 소방본부장 또는 소방서장은 소방안전교육훈련의 실시결과, 만족도 조사결과 등을 기록하고 이를 3년간 보관하여야 한다.

03 「소방기본법」상 강제처분에 대한 내용으로 옳지 않은 것은?

① 소방본부장은 소방활동을 위하여 긴급하게 출동할 때에는 소방자동차의 통행과 소방활동에 방해가 되는 주차 또는 정차된 차량 및 물건 등을 제거하거나 이동시킬 수 있다.
② 소방서장은 사람을 구출하거나 불이 번지는 것을 막기 위하여 긴급하다고 인정할 때에는 소방대상물과 토지에 대하여 그 사용의 제한 또는 소방활동에 필요한 처분을 할 수 있다.
③ 소방대장은 사람을 구출하거나 불이 번지는 것을 막기 위하여 필요할 때에는 화재가 발생하거나 불이 번질 우려가 있는 소방대상물 및 토지를 일시적으로 사용할 수 있다.
④ 소방본부장은 소방활동에 방해가 되는 주차 또는 정차된 차량의 제거나 이동을 위하여 관할 지방자치단체 등 관련 기관에 견인차량과 인력 등에 대한 지원을 요청할 수 있고, 소방청장은 견인차량과 인력 등을 지원한 자에게 비용을 지급할 수 있다.

04 「소방기본법」상 화재 등의 통지에 대한 설명으로 옳지 않은 것은?

① 화재 현장 또는 구조·구급이 필요한 사고 현장을 발견한 사람은 그 현장의 상황을 소방본부, 소방서 또는 관계 행정기관에 지체 없이 알려야 한다.
② 목조건물이 밀집한 지역에서 화재로 오인할 만한 우려가 있는 불을 피우려는 자는 관할 소방본부장 또는 소방서장에게 신고하여야 한다.
③ 위험물의 저장 및 처리시설이 있는 지역에서 연막 소독을 하려는 자는 관할 소방본부장 또는 소방서장에게 신고하여야 한다.
④ 석유화학제품을 생산하는 공장이 있는 지역에서 연막 소독을 하려는 자가 신고를 하지 아니하여 소방자동차를 출동하게 한 경우 20만원 이하의 과태료를 부과한다.

05 「소방의 화재조사에 관한 법률」 및 같은 법 시행규칙상 소방관서장은 화재조사가 필요한 경우 관계인 등을 소방관서에 출석하게 하여 질문할 수 있다. 이에 대한 내용으로 옳지 않은 것은?

① 관계인등의 출석을 요구하려면 출석일 5일 전까지 사전통지하여야 한다.
② 출석 요구 시 관계인등에게 출석 일시와 장소, 출석 요구 사유, 그 밖에 화재조사와 관련하여 필요한 사항을 알려야 한다.
③ 관계인등은 지정된 출석 일시에 출석하는 경우 업무 또는 생활에 지장이 있을 때에는 소방관서장에게 출석 일시를 변경하여 줄 것을 신청할 수 있다.
④ 정당한 사유 없이 출석을 거부하거나 질문에 대하여 거짓으로 진술한 사람에게는 벌칙규정이 있다.

06 「소방시설공사업법 시행령」상 소방시설공사의 착공신고 대상에 해당하지 않는 것은?

① 특정소방대상물에 연소방지설비를 신설하는 공사
② 특정소방대상물에 무선통신보조설비를 증설하는 공사
③ 특정소방대상물에 자동화재탐지설비의 경계구역를 증설하는 공사
④ 특정소방대상물에 설치된 소방시설을 구성하는 소화펌프를 이전하는 공사

07 「소방시설공사업법」상 소방시설업의 등록에 관한 내용으로 옳은 것은?

> 특정소방대상물의 소방시설공사등을 하려는 자는 (ㄱ)로 자본금(개인인 경우에는 자산평가액을 말한다), 기술인력 등 (ㄴ)으로/가/이 정하는 요건을 갖추어 특별시장·광역시장·특별자치시장·도지사 또는 특별자치도지사에게 소방시설업을 등록하여야 한다.

	ㄱ	ㄴ
①	업종별	대통령령
②	업종별	행정안전부장관
③	등급별	소방청장
④	등급별	시·도지사

08 「소방시설공사업법 시행령」상 소방시설설계업에서 전기분야의 대상이 되는 소방시설은 다음 중 몇 개인가?

> ㄱ. 화재알림설비   ㄴ. 제연설비
> ㄷ. 통합감시시설   ㄹ. 시각경보기
> ㅁ. 휴대용비상조명등

① 2개   ② 3개
③ 4개   ④ 5개

09 「소방시설공사업법 시행규칙」상 소방시설공사업자가 하자보수 보증기간 동안 보관하여야 하는 관계서류로 옳은 것은?

① 소방공사 감리기록부, 소방시설의 완공 당시 설계도서
② 소방시설의 완공 당시 설계도서, 소방시설공사 기록부
③ 소방공사 감리기록부, 소방시설 설계도서
④ 소방시설공사 기록부

10 「화재의 예방 및 안전관리에 관한 법률」상 청문을 하도록 규정된 것을 모두 고르면?

> ㄱ. 소방용품의 형식승인 취소 및 제품검사 중지
> ㄴ. 관리업의 등록취소 및 영업정지
> ㄷ. 우수품질인증의 취소
> ㄹ. 화재예방안전진단기관의 지정 취소
> ㅁ. 소방안전관리자의 자격 취소
> ㅂ. 소방기술 인정 자격취소처분

① ㄱ, ㄹ
② ㄹ, ㅁ
③ ㄴ, ㄷ, ㅁ
④ ㄱ, ㄴ, ㄷ, ㅂ

11 「화재의 예방 및 안전관리에 관한 법률」 및 같은 법 시행규칙상 소방안전관리자 자격 및 자격증의 발급 등에 대한 내용으로 옳지 않은 것은?

① 소방청장은 특급, 1급, 2급 또는 3급 소방안전관리자 자격시험을 실시하려는 경우에는 응시자격·시험과목·일시·장소 및 응시절차를 모든 응시 희망자가 알 수 있도록 시험 시행일 30일 전에 인터넷 홈페이지에 공고해야 한다.
② 소방안전관리자 자격증을 발급받은 사람이 그 자격증을 잃어버렸거나 자격증이 못 쓰게 된 경우에는 소방청장에게 자격증의 재발급을 신청할 수 있다. 이 경우 소방청장은 신청자에게 자격증을 5일 이내에 재발급한다.
③ 소방청장은 소방안전관리자 자격증 (재)발급대장을 종합정보망에서 전자적 처리가 가능한 방법으로 작성·관리해야 한다.
④ 거짓이나 그 밖의 부정한 방법으로 자격증을 발급받은 경우에 해당하여 소방안전관리자 자격이 취소된 사람은 취소된 날부터 2년간 소방안전관리자 자격증을 발급받을 수 없다.

12 「화재의 예방 및 안전관리에 관한 법률 시행규칙」상 소방안전관리대상물의 관계인이 근무자 또는 거주자에게 정기적으로 제공하여야 하는 피난유도 안내정보 제공방법의 일부이다. ( )에 적절한 것은?

- (ㄱ) 피난안내 교육을 실시하는 방법
- (ㄴ) 이상 피난안내방송을 실시하는 방법
- 피난안내도를 층마다 보기 쉬운 위치에 게시하는 방법
- 엘리베이터, 출입구 등 시청이 용이한 장소에 피난안내영상을 제공하는 방법

	ㄱ	ㄴ
①	연 1회	분기별 1회
②	연 2회	분기별 1회
③	연 1회	분기별 2회
④	연 2회	분기별 2회

13 「화재의 예방 및 안전관리에 관한 법률」 및 같은 법 시행령상 화재예방강화지구 및 이에 준하는 대통령령으로 정하는 장소에서 하여서는 아니 되며 이를 위반하는 경우 300만원 이하의 과태료를 부과하는 행위로 옳지 않은 것은?

① 용접·용단 등 불꽃을 발생시키는 행위
② 「위험물안전관리법」에 따른 위험물을 방치하는 행위
③ 풍등 등 소형열기구 날리기
④ 금지되는 장소에서 안전조치 없이 이동식 난로를 사용하는 행위

14 「화재의 예방 및 안전관리에 관한 법률 시행규칙」상 특정소방대상물(소방안전관리대상물은 제외)의 관계인과 소방안전관리대상물의 소방안전관리자는 소방안전관리 업무를 수행한다. 다음 중 소방안전관리대상물의 경우에만 해당하는 업무는?

① 피난시설, 방화구획 및 방화시설의 관리
② 소방계획서의 작성 및 시행
③ 화기(火氣) 취급의 감독
④ 소방시설이나 그 밖의 소방 관련 시설의 관리

15 「소방시설 설치 및 관리에 관한 법률 시행령」상 원자력발전소, 중·저준위방사성폐기물의 저장시설과 같이 화재안전기준을 달리 적용해야 하는 특수한 용도 또는 구조를 가진 특정소방대상물에 대하여 설치하지 않을 수 있는 소방시설은?

① 연결송수관설비 및 연결살수설비
② 옥외소화전 및 연결살수설비
③ 옥내소화전설비, 소화용수설비, 연결살수설비 및 연결송수관설비
④ 자동화재탐지설비, 상수도소화용수설비 및 연결살수설비

16 「소방시설 설치 및 관리에 관한 법률 시행령」상 성능위주설계를 해야 하는 특정소방대상물의 범위로 옳지 않은 것은?

① 30층 이상(지하층은 제외)이거나 지상으로부터 높이가 200미터 이상인 아파트의 신축
② 「초고층 및 지하연계 복합건축물 재난관리에 관한 특별법」에 따른 지하연계 복합건축물에 해당하는 특정소방대상물
③ 하나의 건축물에 영화상영관이 10개 이상인 특정소방대상물의 신축
④ 터널 중 수저(水底)터널 또는 길이가 5천미터 이상인 것의 신축

17 「소방시설 설치 및 관리에 관한 법률 시행령」상 피난층 및 무창층에 대한 설명으로 옳지 않은 것은?

① "피난층"이란 곧바로 지상으로 갈 수 있는 출입구가 있는 층을 말한다.
② "무창층"이란 지상층 중 개구부(건축물에서 채광·환기·통풍 또는 출입 등을 위하여 만든 창·출입구, 그 밖에 이와 비슷한 것을 말한다)의 면적의 합계가 해당 층의 바닥면적의 30분의 1 이하가 되는 층을 말한다.
③ 무창층의 개구부는 해당 층의 바닥면으로부터 개구부 밑부분까지의 높이가 1.5미터 이내이어야 한다.
④ 무창층의 개구부는 내부 또는 외부에서 쉽게 부수거나 열 수 있어야 한다.

18 「소방시설 설치 및 관리에 관한 법률」상 특정소방대상물별로 설치하여야 하는 소방시설의 정비 등에 관한 내용이다. ( ) 안에 알맞은 것은?

> 소방청장은 건축 환경 및 화재위험특성 변화사항을 효과적으로 반영할 수 있도록 소방시설 규정을 ( )에 1회 이상 정비하여야 한다.

① 6개월 ② 1년
③ 2년   ④ 3년

19 「소방시설 설치 및 관리에 관한 법률 시행령」상 화재안전기준에 따라 옥내소화전설비를 설치하여야 하는 특정소방대상물에 대한 설명이다. ( ) 안에 옳은 것은? (위험물 저장 및 처리 시설 중 가스시설, 지하구 및 업무시설 중 무인변전소은 제외)

> 다음의 어느 하나에 해당하는 경우에는 모든 층
> • 연면적 (ㄱ)㎡ 이상인 것(지하가 중 터널은 제외)
> • 지하층·무창층(축사는 제외)으로서 바닥면적이 (ㄴ)㎡ 이상인 층이 있는 것
> • 층수가 4층 이상인 것 중 바닥면적이 (ㄷ)㎡ 이상인 층이 있는 것

	ㄱ	ㄴ	ㄷ
①	3천	600	500
②	1천5백	600	600
③	3천	600	600
④	1천5백	600	500

20 「위험물안전관리법 시행령」상 소방청장이 실시하는 안전교육을 받아야 하는 자를 모두 고르면?

> ㄱ. 안전관리자로 선임된 자
> ㄴ. 위험물안전관리 대리자
> ㄷ. 위험물운송자로 종사하는 자
> ㄹ. 위험물운반자로 종사하는 자
> ㅁ. 탱크시험자의 기술인력으로 종사하는 자

① ㄱ, ㄹ, ㅁ   ② ㄴ, ㄷ, ㄹ
③ ㄱ, ㄴ, ㄷ, ㅁ   ④ ㄱ, ㄷ, ㄹ, ㅁ

21 「위험물안전관리법 시행규칙」상 주유취급소 중 옥내에 설치하는 탱크의 변경 중 시·도지사의 허가를 받아야 하는 경우가 아닌 것은?

① 탱크의 위치를 이전하는 경우
② 특수누설방지구조를 보수하는 경우
③ 탱크를 보수(탱크본체를 절개하는 경우에 한함)하는 경우
④ 탱크의 노즐 또는 맨홀을 신설하는 경우(노즐 또는 맨홀의 지름이 250㎜를 초과하는 경우에 한함)

22 「위험물안전관리법 시행규칙」상 제조소에는 보기 쉬운 곳에 방화에 관하여 필요한 사항을 게시한 게시판을 설치하여야 한다. 다음 중 기재사항이 아닌 것은?

① 저장최대수량 또는 취급최대수량
② 위험물의 유별·품명
③ 금연구역
④ 안전관리자의 성명 또는 직명

23 「위험물안전관리법 시행규칙」상 제조소의 안전거리로 옳은 것은?

① 주거용으로 사용되는 것(제조소가 설치된 부지내에 있는 것을 제외)에 있어서는 20m 이상
② 「문화재보호법」의 규정에 의한 유형문화재와 기념물 중 지정문화재에 있어서는 30m 이상
③ 「고압가스 안전관리법」의 규정에 의하여 허가를 받거나 신고를 하여야 하는 고압가스저장시설에 있어서는 20m 이상
④ 「의료법」에 따른 병원급 의료기관에 있어서는 20m 이상

24 「위험물안전관리법 시행규칙」상 옥외저장소에 관한 설명으로 옳지 않은 것은?

① 과산화수소 또는 과염소산을 저장하는 옥외저장소에는 불연성 또는 난연성의 천막 등을 설치하여 햇빛을 가린다.
② 선반은 불연재료로 만들며 높이는 5m를 초과하지 아니한다.
③ 지정수량의 10배 초과 20배 이하를 저장 또는 취급하는 경우 5m 이상 너비의 공지를 보유한다.
④ 덩어리 상태의 황만을 지반면에 설치한 경계표시의 안쪽에서 저장 또는 취급하는 경우 하나의 경계표시의 내부의 면적은 100㎡ 이하이어야 한다.

25 「위험물안전관리법 시행규칙」상 위험물의 운반에 관한 기준에 있어서 위험등급 II에 해당하는 것은?

① 아이오딘산염류
② 알킬알루미늄
③ 과염소산염류
④ 황린

제10회 소방관계법규 최종모의고사

01 「소방기본법」상 소방자동차의 우선 통행에 대한 설명으로 옳지 않은 것은?

① 소방자동차가 화재진압 및 구조·구급 활동을 위하여 출동하거나 훈련을 위하여 필요할 때에는 사이렌을 사용할 수 있다.
② 모든 차와 사람은 소방자동차(지휘를 위한 자동차와 구조·구급차를 포함한다)가 화재진압 및 구조·구급 활동을 위하여 출동을 할 때에는 이를 방해하여서는 아니 된다.
③ 소방자동차가 화재진압 및 구조·구급 활동을 위하여 출동을 할 때에 이를 방해한 사람은 5년 이하의 징역 또는 5천만원 이하의 벌금에 처한다.
④ 소방자동차가 화재진압 및 구조·구급 활동을 위하여 사이렌을 사용하여 출동하는 경우 소방자동차 앞에 끼어들거나 소방자동차를 가로막는 행위를 하여 소방자동차의 출동에 지장을 준 자에게는 100만원 이하의 과태료를 부과한다.

02 「소방기본법」 및 같은 법 시행규칙상 자체소방대에 대한 설명으로 옳지 않은 것은?

① 관계인은 화재를 진압하거나 구조·구급 활동을 하기 위하여 상설 조직체(「위험물안전관리법」 및 그 밖의 다른 법령에 따라 설치된 자체소방대를 포함)를 설치·운영할 수 있다.
② 자체소방대는 소방대가 현장에 도착한 경우 소방대장의 지휘·통제에 따라야 한다.
③ 소방청장, 소방본부장 또는 소방서장은 자체소방대의 역량 향상을 위하여 필요한 교육·훈련 등을 실시하여야 한다.
④ 소방청장, 소방본부장 또는 소방서장은 자체소방대의 역량 향상을 위하여 소방기관과 자체소방대와의 합동 소방훈련을 지원할 수 있다.

03 「소방기본법 시행령」상 소방자동차 전용구역 방해행위에 해당하지 않는 것은?

① 전용구역의 앞면, 뒷면 또는 양 측면에 물건 등을 쌓거나 주차하는 행위
② 전용구역 노면표지를 지우거나 훼손하는 행위
③ 부설주차장의 주차구획 내에 주차하는 행위
④ 소방자동차가 전용구역에 주차하는 것을 방해하거나 전용구역으로 진입하는 것을 방해하는 행위

04 「소방의 화재조사에 관한 법률 시행령」상 화재조사의 절차 가운데 정밀조사에 해당하는 것을 모두 고르면?

ㄱ. 화재상황 파악	ㄴ. 화재원인 판정
ㄷ. 연소상황 조사	ㄹ. 발화원인 조사
ㅁ. 감식·감정	

① ㄱ, ㅁ
② ㄴ, ㅁ
③ ㄴ, ㄷ, ㄹ
④ ㄱ, ㄴ, ㄷ, ㅁ

05 「소방시설공사업법 시행령」상 상주 공사감리 대상으로 옳은 것은?
① 연면적 2만제곱미터 이상의 특정소방대상물(아파트는 제외)에 대한 소방시설의 공사
② 연면적 3만제곱미터 이상의 특정소방대상물(아파트는 제외)에 대한 소방시설의 공사
③ 지하층을 제외한 층수가 16층 이상으로서 500세대 이상인 아파트에 대한 소방시설의 공사
④ 지하층을 포함한 층수가 11층 이상으로서 300세대 이상인 아파트에 대한 소방시설의 공사

06 「소방시설공사업법」 및 같은 법 시행령상 도급에 관한 내용으로 옳지 않은 것은?
① 발주자가 공사대금의 지급보증, 담보의 제공 또는 보험료등의 지급을 하지 아니한 때에는 수급인은 10일 이내 기간을 정하여 발주자에게 그 이행을 촉구하고 공사를 중지할 수 있다.
② 소방시설공사는 다른 업종의 공사와 분리하여 도급할 수 없다. 다만, 공사의 성질상 또는 기술관리상 분리하여 도급하는 것이 용이한 경우로서 대통령령으로 정하는 경우에는 다른 업종의 공사와 분리하여 도급할 수 있다.
③ 공사업자가 도급받은 소방시설공사의 도급금액 중 그 공사의 근로자에게 지급하여야 할 임금에 해당하는 금액은 압류할 수 없다. 이 경우 압류할 수 없는 금액은 해당 소방시설공사의 도급 또는 하도급 금액 중 설계도서에 기재된 노임을 합산하여 산정한다.
④ 도급을 받은 자는 소방시설의 설계, 시공, 감리를 제3자에게 하도급할 수 없다. 다만, 시공의 경우에는 대통령령으로 정하는 바에 따라 도급받은 소방시설공사의 일부를 다른 공사업자에게 하도급할 수 있다.

07 「소방시설공사업법 시행령」상 소방시설설계업의 보조 기술인력에 해당하지 않는 사람은?

① 위험물산업기사 자격을 취득한 사람
② 소방설비기사 자격을 취득한 사람
③ 소방공무원으로 재직한 경력이 3년 이상인 사람으로서 자격수첩을 발급받은 사람
④ 행정안전부령으로 정하는 소방기술과 관련된 자격·경력 및 학력을 갖춘 사람으로서 자격수첩을 발급받은 사람

08 「소방시설공사업법 시행규칙」상 지위승계 신고 등의 내용이다. ( )에 들어갈 숫자의 합은?

- 소방시설업자 지위 승계를 신고하려는 자는 그 상속일, 양수일, 합병일 또는 인수일부터 ( )일 이내에 법령이 정한 서류(전자문서를 포함한다)를 협회에 제출해야 한다.
- 지위승계 신고 서류를 제출받은 협회는 접수일부터 ( )일 이내에 지위를 승계한 사실을 확인한 후 그 결과를 시·도지사에게 보고하여야 한다.
- 시·도지사는 소방시설업의 지위승계 신고의 확인 사실을 보고받은 날부터 ( )일 이내에 협회를 경유하여 지위승계인에게 등록증 및 등록수첩을 발급하여야 한다.

① 28
② 32
③ 37
④ 40

09 「소방시설공사업법 시행령」상 전문 소방시설공사업의 등록기준으로서 자본금(개인의 경우 자산평가액)은 얼마인가?

	법인	개인
①	5천만원 이상	5천만원 이상
②	1억원 이상	5천만원 이상
③	1억원 이상	1억원 이상
④	2억원 이상	1억원 이상

10 「화재의 예방 및 안전관리에 관한 법률 시행규칙」상 소방안전관리대상물의 관계인이 그 장소에 근무하거나 거주 또는 출입하는 사람들이 화재가 발생한 경우에 안전하게 피난할 수 있도록 수립·시행하여야 하는 피난계획에 포함되어야 하는 사항은 다음 중 모두 몇 개인가?

> ㄱ. 피난약자 및 피난약자를 동반한 사람의 피난동선과 피난방법
> ㄴ. 소방시설의 변경 전후 현황
> ㄷ. 화재경보의 수단 및 방식
> ㄹ. 소방안전관리업무 수행의 기록
> ㅁ. 피난시설, 방화구획, 그 밖에 피난에 영향을 줄 수 있는 제반 사항

① 1개 ② 2개
③ 3개 ④ 4개

11 「화재의 예방 및 안전관리에 관한 법률」 및 같은 법 시행령상, 다른 법령에 따라 전기·가스·위험물 등의 안전관리 업무에 종사하는 자는 소방안전관리업무의 전담이 필요한 소방안전관리대상물의 소방안전관리자를 겸할 수 없다. 이에 해당하는 소방안전관리대상물이 아닌 것은?

① 연면적 2만제곱미터인 판매시설
② 가연성 가스를 1천톤 저장·취급하는 시설
③ 50층(지하층은 제외)인 아파트
④ 지상층의 층수가 10층인 복합건축물

12 「화재의 예방 및 안전관리에 관한 법률」상 화재안전조사의 정의이다. ( ) 안에 적절한 것은?

> "화재안전조사"란 (ㄱ)이 소방대상물, 관계지역 또는 관계인에 대하여 소방시설등이 소방 관계 법령에 적합하게 설치·관리되고 있는지, 소방대상물에 화재의 발생 위험이 있는지 등을 확인하기 위하여 실시하는 (ㄴ) 등을 하는 활동을 말한다.

	ㄱ	ㄴ
①	소방청장, 소방본부장	현장조사, 문서열람, 보고요구
②	소방청장, 소방본부장 또는 소방서장	현장조사, 문서열람, 보고요구
③	소방청장, 소방본부장 또는 소방서장	현장조사, 감식 및 감정, 문서열람
④	소방본부장 또는 소방서장	현장조사, 감식 및 감정, 문서열람

13 「화재의 예방 및 안전관리에 관한 법률」상 시·도지사가 화재예방강화지구로 지정하여 관리할 수 있는 지역은 다음 중 몇 개인가?

> ㄱ. 목조건물이 밀집한 지역
> ㄴ. 공장·창고가 있는 지역
> ㄷ. 소방시설·소방용수시설 또는 소방출동로가 없는 지역
> ㄹ. 석유화학제품을 생산하는 공장이 있는 지역
> ㅁ. 「물류시설의 개발 및 운영에 관한 법률」에 따른 물류단지

① 2개   ② 3개
③ 4개   ④ 5개

14 「화재의 예방 및 안전관리에 관한 법률 시행규칙」상 소방안전관리자 등에 대한 실무교육의 설명으로 옳은 것은?

① 시·도지사는 실무교육의 대상·일정·횟수 등을 포함한 실무교육의 실시 계획을 매년 수립·시행해야 한다.
② 실무교육을 실시하려는 경우에는 실무교육 실시 30일 전까지 일시·장소, 그 밖에 실무교육 실시에 필요한 사항을 인터넷 홈페이지에 공고하고 교육대상자에게 통보해야 한다.
③ 소방안전관리자는 소방안전관리자로 선임된 날부터 6개월 이내에 실무교육을 받아야 하며, 그 이후에는 1년마다 1회 이상 실무교육을 받아야 한다.
④ 소방안전관리자 강습교육 또는 실무교육이나 소방안전관리보조자 실무교육을 받은 후 2년 이내에 소방안전관리보조자로 선임된 사람은 해당 강습교육을 수료하거나 실무교육을 이수한 날에 실무교육을 이수한 것으로 본다.

15 「소방시설 설치 및 관리에 관한 법률」상 소방시설관리사에 대한 설명으로 옳지 않은 것은?

① 소방시설관리사가 되려는 사람은 소방청장이 실시하는 관리사시험에 합격하여야 한다.
② 관리사시험의 최종 합격자 발표일을 기준으로 결격사유에 해당하는 사람은 관리사 시험에 응시할 수 없다.
③ 소방시설관리사는 소방청장의 허가가 있으면 동시에 둘 이상의 업체에 취업할 수 있다.
④ 소방시설관리사증을 발급받은 사람이 소방시설관리사증을 잃어버렸거나 못 쓰게 된 경우에는 행정안전부령으로 정하는 바에 따라 소방시설관리사증을 재발급받을 수 있다.

16 「소방시설 설치 및 관리에 관한 법률」 및 같은 법 시행령상 특정소방대상물의 관계인은 내용연수가 경과한 소방용품을 교체하여야 한다. 다음의 ( )에 알맞은 것은?

> • 내용연수를 설정해야 하는 소방용품은 (ㄱ)형태의 소화약제를 사용하는 소화기로 한다.
> • 소방용품의 내용연수는 (ㄴ)으로 한다.

	ㄱ	ㄴ
①	액체	5년
②	액체	10년
③	분말	5년
④	분말	10년

17 「소방시설 설치 및 관리에 관한 법률 시행령」상 내진설계기준에 맞게 설치하여야 하는 소방시설에 해당하지 않는 것은?

① 스프링클러설비 ② 미분무소화설비
③ 옥내소화전설비 ④ 연결송수관설비

18 「소방시설 설치 및 관리에 관한 법률 시행령」상 둘 이상의 특정소방대상물이 복도 또는 통로로 연결된 경우에 이를 하나의 특정소방대상물로 보지 않는 것은?

① 컨베이어로 연결되거나 플랜트설비의 배관 등으로 연결되어 있는 경우
② 내화구조로 된 연결통로가 벽이 없는 구조로서 그 길이가 10m 이하인 경우
③ 내화구조가 아닌 연결통로로 연결된 경우
④ 자동방화셔터 또는 60분+ 방화문이 설치되지 않은 피트로 연결된 경우

19 「소방시설 설치 및 관리에 관한 법률 시행령」상 스프링클러설비를 설치해야 하는 특정소방대상물에 대한 설명이다. ( ) 안에 적절한 것은?

> 판매시설, 운수시설 및 창고시설(물류터미널로 한정)로서 바닥면적의 합계가 (ㄱ) 이상이거나 수용인원이 (ㄴ) 이상인 경우에는 모든 층

	ㄱ	ㄴ
①	3천㎡	500명
②	5천㎡	500명
③	3천㎡	300명
④	5천㎡	300명

20 「위험물안전관리법 시행령」상 위험물에 대한 설명이다. ( ) 안에 적절한 것은?

> - "금속분"이라 함은 알칼리금속·알칼리토류금속·철 및 마그네슘 외의 금속의 분말을 말하고, 구리분·니켈분 및 (ㄱ)마이크로미터의 체를 통과하는 것이 50중량퍼센트 미만인 것은 제외한다.
> - "철분"이라 함은 철의 분말로서 (ㄴ)마이크로미터의 표준체를 통과하는 것이 50중량퍼센트 미만인 것은 제외한다.

	ㄱ	ㄴ		ㄱ	ㄴ
①	150	53	②	40	170
③	170	40	④	53	150

21 「위험물안전관리법」상 탱크시험자로 등록하거나 탱크시험자의 업무에 종사할 수 있는 자는?

① 피성년후견인
② 탱크시험자의 등록이 취소된 날부터 1년이 지난 자
③ 「소방시설 설치 및 관리에 관한 법률」에 따른 금고 이상의 형의 집행유예 선고를 받고 그 유예기간 중에 있는 자
④ 법인으로서 그 대표자가 「소방시설공사업법」에 따른 금고 이상의 실형의 선고를 받고 그 집행이 종료된 날부터 2년이 지난 자

22 「위험물안전관리법 시행규칙」상 이동탱크저장소에 의한 위험물의 운송시 다음 중 위험물운송자가 위험물안전카드를 휴대하고 위험물을 운송해야 하는 것은?

① 제2석유류
② 알코올류
③ 제3류 위험물
④ 제4석유류

23 「위험물안전관리법」상 위험물안전관리자에 대한 설명으로 옳지 않은 것은?

① 안전관리자를 선임한 제조소등의 관계인은 그 안전관리자를 해임하거나 안전관리자가 퇴직한 때에는 해임하거나 퇴직한 날부터 30일 이내에 다시 안전관리자를 선임하여야 한다.
② 제조소등의 관계인은 안전관리자를 선임한 경우에는 선임한 날부터 10일 이내에 행정안전부령으로 정하는 바에 따라 소방본부장 또는 소방서장에게 신고하여야 한다.
③ 제조소등의 관계인이 안전관리자를 해임하거나 안전관리자가 퇴직한 경우 그 관계인 또는 안전관리자는 소방본부장이나 소방서장에게 그 사실을 알려 해임되거나 퇴직한 사실을 확인받을 수 있다.
④ 안전관리자를 선임한 제조소등의 관계인은 안전관리자가 여행·질병 그 밖의 사유로 인하여 일시적으로 직무를 수행할 수 없는 경우 행정안전부령이 정하는 자를 대리자로 지정하여 그 직무를 대행하게 하여야 한다. 이 경우 대리자가 안전관리자의 직무를 대행하는 기간은 30일을 초과할 수 없다.

24 「위험물안전관리법 시행령」상 제조소등의 관계인이 제조소등에 대하여 기술기준에 적합한지의 여부를 정기적으로 점검하고 점검결과를 기록하여 보존하여야 하는 것은?

① 위험물을 취급하는 탱크로서 지상에 매설된 탱크가 있는 제조소·주유취급소 또는 일반취급소
② 지정수량의 200배 이상의 위험물을 저장하는 옥외탱크저장소
③ 지정수량의 10배 이상의 위험물을 저장하는 옥외저장소
④ 옥내탱크저장소

25 「위험물안전관리법 시행규칙」상 지하탱크저장소의 위치·구조 및 설비의 기준에 관한 내용으로 옳지 않은 것은?

① 탱크전용실은 지하의 가장 가까운 벽·피트·가스관 등의 시설물 및 대지경계선으로부터 0.1m 이상 떨어진 곳에 설치한다.
② 지하저장탱크와 탱크전용실의 안쪽과의 사이는 0.2m 이상의 간격을 유지하도록 한다.
③ 지하저장탱크의 윗부분은 지면으로부터 0.6m 이상 아래에 있어야 한다.
④ 지하저장탱크를 2 이상 인접해 설치하는 경우에는 그 상호간에 1m(당해 2 이상의 지하저장탱크의 용량의 합계가 지정수량의 100배 이하인 때에는 0.5m) 이상의 간격을 유지하여야 한다.

소방관계법규 최종모의고사

01 「소방기본법」 및 같은 법 시행령상 소방장비 등의 국고보조에 대한 기준으로 옳지 않은 것은?

① 국가는 소방장비 등의 구입 등 시·도의 소방업무에 필요한 경비의 일부를 보조한다.
② 규정에 따른 국고보조 대상 사업의 범위와 기준보조율은 대통령령으로 정한다.
③ 소방전용통신설비 및 전산설비도 국고보조 할 수 있다.
④ 국고보조 대상 사업의 기준보조율은 「소방시설공사업법 시행령」에 따른다.

02 「소방기본법」상 한국소방안전원에 대한 감독의 설명으로 옳지 않은 것은?

① 소방청장은 안전원의 업무를 감독한다.
② 소방청장은 안전원에 대하여 업무·회계 및 재산에 관하여 필요한 사항을 보고하게 할 수 있다.
③ 소방청장은 소속 공무원으로 하여금 안전원의 장부·서류 및 그 밖의 물건을 검사하게 할 수 있다.
④ 소방청장은 안전원의 보고 또는 안전원에 대한 검사의 결과 필요하다고 인정되면 시정명령 등 필요한 조치를 하여야 한다.

03 「소방기본법」상 소방활동 종사 명령에 관한 설명으로 옳지 않은 것은?

① 소방활동 종사자의 활동 내용으로 사람을 구출하는 일, 불을 끄거나 불이 번지지 아니하도록 하는 일이 포함된다.
② 화재, 재난·재해, 그 밖의 위급한 상황이 발생한 현장에서 소방활동 종사 명령을 내일 수 있는 주체는 소방본부장, 소방서장 또는 소방대장이다.
③ 소방활동 종사 명령에 따라 소방활동에 종사한 사람은 시·도지사로부터 소방활동의 비용을 지급받을 수 있다.
④ 고의와 달리 과실로 구조·구급 활동이 필요한 상황을 발생시킨 사람은 소방활동의 비용을 일부 지급받을 수 있다.

04 「소방기본법」 및 같은 법 시행령상 소방활동구역에 대한 설명으로 가장 옳지 않은 것은?

① 소방대장은 화재, 재난·재해, 그 밖의 위급한 상황이 발생한 현장에 소방활동구역을 정할 수 있다.
② 경찰공무원은 소방대가 소방활동구역에 있지 아니하거나 소방대장의 요청이 있을 때에는 대통령령으로 정하는 사람 외에는 소방활동구역에 출입하는 것을 제한할 수 있다.
③ 소방활동에 필요한 사람으로서 소방활동구역 주변에 있는 소방대상물의 소유자·관리자 또는 점유자는 소방활동구역에 출입할 수 있다.
④ 취재인력 등 보도업무에 종사하는 사람은 소방활동구역에 출입할 수 있다.

05 「소방의 화재조사에 관한 법률 시행규칙」상 화재조사의 결과를 공표할 때 포함시켜야 할 사항이 아닌 것은?

① 화재로 인한 인명·재산피해에 관한 사항
② 화재발생 건축물과 구조물에 관한 사항
③ 화재예방을 위한 교육훈련에 필요한 사항
④ 화재원인에 관한 사항

06 「소방시설공사업법」상 감리에 대한 설명으로 옳지 않은 것은?

① 감리업자는 소방용품의 위치·규격 및 사용 자재의 적합성 검토 업무를 수행한다.
② 실내장식물의 불연화(不燃化)와 방염 물품의 적법성 검토도 감리업자의 수행 업무이다.
③ 감리업자는 공사기간 동안 소방시설공사 현장에 소속 감리원을 배치하고 업무수행 내용을 감리일지에 기록해야 한다.
④ 용도와 구조에서 특별히 안전성과 보안성이 요구되는 소방대상물로서 대통령령으로 정하는 장소에서 시공되는 소방시설물에 대한 감리는 감리업자가 하여야 한다.

07 「소방시설공사업법」상 특정소방대상물의 관계인 또는 발주자가 도급계약을 해지할 수 있는 사유로 옳지 않은 것은?

① 수급인이 정당한 사유 없이 하수급인 또는 하도급 계약내용의 변경요구에 따르지 아니한 경우
② 수급인이 정당한 사유 없이 20일 이상 소방시설공사를 계속하지 아니하는 경우
③ 수급인의 소방시설업이 등록취소되거나 영업정지된 경우
④ 수급인이 소방시설업을 휴업하거나 폐업한 경우

08 「소방시설공사업법」상 소방청장은 자격수첩 또는 경력수첩을 발급받은 사람이 법 제27조 제3항을 위반하여 동시에 둘 이상의 업체에 취업한 경우 자격을 취소하거나 최대 얼마 동안 자격을 정지시킬 수 있는가?

① 6개월
② 1년
③ 2년
④ 3년

09 「소방시설공사업법」상 소방시설공사등에 있어서 설계에 대한 설명으로 옳지 않은 것은?

① 소방시설설계업을 등록한 자는 소방시설공사업법이나 소방시설공사업법에 따른 명령과 화재안전기준에 맞게 소방시설을 설계하여야 한다.
② 「소방시설 설치 및 관리에 관한 법률」에 따른 지방소방기술심의위원회의 심의를 거쳐 소방시설의 구조와 원리 등에서 특수한 설계로 인정된 경우는 화재안전기준을 따르지 아니할 수 있다.
③ 「소방시설 설치 및 관리에 관한 법률」에 따른 특정소방대상물(신축하는 것만 해당한다)에 대해서는 그 용도, 위치, 구조, 수용 인원, 가연물(可燃物)의 종류 및 양 등을 고려하여 설계(성능위주설계)하여야 한다.
④ 성능위주설계를 할 수 있는 자의 자격, 기술인력 및 자격에 따른 설계의 범위와 그 밖에 필요한 사항은 대통령령으로 정한다.

10 「소방시설공사업법」상 소방시설업자협회의 업무로 옳지 않은 것은?

① 소방기술과 안전관리에 관한 간행물 발간
② 소방시설업의 기술발전과 소방기술의 진흥을 위한 조사·연구·분석 및 평가
③ 소방시설업의 기술발전과 관련된 국제교류·활동 및 행사의 유치
④ 소방시설공사업법에 따른 위탁 업무의 수행

11 「화재의 예방 및 안전관리에 관한 법률 시행령」상 가연성 액체류에 해당하는 것의 설명이다. ( )안에 알맞은 것은?

> 동물의 기름과 살코기 또는 식물의 씨나 과일의 살에서 추출한 것으로서 다음의 어느 하나에 해당하는 것
> - 1기압과 섭씨 (ㄱ)도에서 액상이고 인화점이 (ㄴ)도 미만인 것으로서 「위험물안전관리법」 제20조 제1항에 따른 용기기준과 수납·저장기준에 적합하고 용기외부에 물품명·수량 및 "화기엄금" 등의 표시를 한 것
> - 1기압과 섭씨 (ㄱ)도에서 액상이고 인화점이 섭씨 (ㄴ)도 이상인 것

	ㄱ	ㄴ
①	20	250
②	20	200
③	25	250
④	25	200

12 「화재의 예방 및 안전관리에 관한 법률 시행령」상 소방청장이 화재안전영향평가심의회의 심의를 거쳐 정하는 화재안전영향평가의 기준에 포함되지 않는 것은?

① 법령이나 정책이 소방대상물의 재료, 공간, 이용자 특성 및 화재 확산 경로에 미치는 영향
② 법령이나 정책이 소방대상물 주변 공간의 개발에 미치는 영향
③ 화재위험 유발요인을 제어 또는 관리할 수 있는 법령이나 정책의 개선 방안
④ 법령이나 정책이 화재피해에 미치는 영향 등 사회경제적 파급 효과

13 「화재의 예방 및 안전관리에 관한 법률」 및 같은 법 시행령상 화재안전조사 결과에 따른 조치명령으로 인한 손실보상에 대한 설명으로 옳은 것은?

① 소방관서장은 조치명령으로 인하여 손실을 입은 자가 있는 경우에는 대통령령으로 정하는 바에 따라 보상하여야 한다.
② 손실을 보상하는 경우에는 공시지가 및 주택공시가격으로 보상해야 한다.
③ 보상금액에 관한 협의가 성립되지 않은 경우에는 그 보상금액을 지급하거나 공탁하고 이를 소방관서장과 상대방에게 알려야 한다.
④ 보상금의 지급 또는 공탁의 통지에 불복하는 자는 지급 또는 공탁의 통지를 받은 날부터 30일 이내에 「공익사업을 위한 토지 등의 취득 및 보상에 관한 법률」에 따른 중앙토지수용위원회 또는 관할 지방토지수용위원회에 재결(裁決)을 신청할 수 있다.

14 「화재의 예방 및 안전관리에 관한 법률」상 소방안전관리자 선임명령 등에 관한 내용이다. ( )에 들어갈 것은?

- (ㄱ)은/는 소방안전관리자 또는 소방안전관리보조자를 선임하지 아니한 소방안전관리대상물의 관계인에게 소방안전관리자 또는 소방안전관리보조자를 선임하도록 명할 수 있다.
- (ㄴ)은/는 업무를 다하지 아니하는 특정소방대상물의 관계인 또는 소방안전관리자에게 그 업무의 이행을 명할 수 있다.

	ㄱ	ㄴ
①	소방청장	소방청장
②	시·도지사	소방본부장 또는 소방서장
③	소방본부장 또는 소방서장	소방청장
④	소방본부장 또는 소방서장	소방본부장 또는 소방서장

15 「소방시설 설치 및 관리에 관한 법률 시행규칙」상 건축허가등의 동의 절차이다. ( )에 들어갈 숫자의 합은?

> • 동의 요구를 받은 소방본부장 또는 소방서장은 건축허가등의 동의 요구서류를 접수한 날부터 (ㄱ)일[허가를 신청한 건축물 등이 특급 소방안전관리대상물인 경우에는 (ㄴ)일] 이내에 건축허가등의 동의 여부를 회신해야 한다.
> • 소방본부장 또는 소방서장은 동의요구서 및 첨부서류의 보완이 필요한 경우에는 (ㄷ)일 이내의 기간을 정하여 보완을 요구할 수 있다.

① 11
② 14
③ 17
④ 19

16 「소방시설 설치 및 관리에 관한 법률 시행령」상 특정소방대상물의 소방시설 설치의 면제 기준으로 옳지 않은 것은?

① 자동화재속보설비를 설치해야 하는 특정소방대상물에 아크경보기를 화재안전기준에 적합하게 설치한 경우에는 그 설비의 유효범위에서 설치가 면제된다.
② 비상경보설비 또는 단독경보형 감지기를 설치해야 하는 특정소방대상물에 자동화재탐지설비 또는 화재알림설비를 화재안전기준에 적합하게 설치한 경우에는 그 설비의 유효범위에서 설치가 면제된다.
③ 연소방지설비를 설치해야 하는 특정소방대상물에 스프링클러설비, 물분무소화설비 또는 미분무소화설비를 화재안전기준에 적합하게 설치한 경우에는 그 설비의 유효범위에서 설치가 면제된다.
④ 스프링클러설비를 설치해야 하는 전기저장시설에 소화설비를 소방청장이 정하여 고시하는 방법에 따라 설치한 경우에는 그 설비의 유효범위에서 설치가 면제된다.

17 「소방시설 설치 및 관리에 관한 법률 시행령」상의 특정소방대상물 중 근린생활시설을 설명한 것으로 옳지 않은 것은?

① 골프연습장, 물놀이형 시설(안전성검사의 대상이 되는 물놀이형 시설)로서 같은 건축물에 해당 용도로 쓰는 바닥면적의 합계가 500㎡ 미만인 것
② 종교집회장으로서 같은 건축물에 해당 용도로 쓰는 바닥면적의 합계가 300㎡ 미만인 것
③ 인터넷컴퓨터게임시설제공업의 시설로서 같은 건축물에 해당 용도로 쓰는 바닥면적의 합계가 500㎡ 미만인 것
④ 자동차영업소로서 같은 건축물에 해당 용도로 쓰는 바닥면적의 합계가 2천㎡ 미만인 것

18 「소방시설 설치 및 관리에 관한 법률」 및 같은 법 시행령상 자체점검 결과 중대위반사항이 발견된 경우에 특정소방대상물의 관계인이 지체 없이 수리 등 필요한 조치를 하여야 하는 것으로 규정되어 있지 않은 것은?

① 화재 수신기의 고장으로 화재경보음이 자동으로 울리지 않거나 화재 수신기와 연동된 소방시설의 작동이 불가능한 경우
② 가스누설경보기의 전원표시등에 점등이 되지 않거나 화재탐지기의 작동시 점멸이 되지 않는 경우
③ 소화배관 등이 폐쇄·차단되어 소화수(消火水) 또는 소화약제가 자동 방출되지 않는 경우
④ 소화펌프, 동력·감시 제어반 또는 소방시설용 전원의 고장으로 소방시설이 작동되지 않는 경우

19 「위험물안전관리법」의 총칙의 내용으로 옳은 것은?

① 위험물안전관리법은 위험물의 제조·저장·취급 및 운반과 이에 따른 안전관리에 관한 사항을 규정함으로써 위험물로 인한 위해를 방지하여 공공의 안전을 확보함을 목적으로 한다.
② 국가는 지방자치단체가 위험물에 의한 사고의 예방·대비 및 대응을 위한 시책을 추진하는 데에 필요한 행정적·재정적 지원을 할 수 있다.
③ 취급소라 함은 지정수량 이상의 위험물을 제조외의 목적으로 취급하기 위한 대통령령이 정하는 장소로서 시·도지사의 허가를 받은 장소를 말한다.
④ 지정수량이라 함은 위험물의 종류별로 위험성을 고려하여 대통령령이 정하는 수량으로서 제조소등의 설치허가 등에 있어서 최대의 기준이 되는 수량을 말한다.

20 「위험물안전관리법」상 군용위험물시설의 설치 및 변경에 대한 설명으로 옳지 않은 것은?

① 군사목적 또는 군부대시설을 위한 제조소등을 설치하거나 그 위치·구조 또는 설비를 변경하고자 하는 군부대의 장은 미리 제조소등의 소재지를 관할하는 시·도지사와 협의하여야 한다.
② 군부대의 장이 제조소등의 소재지를 관할하는 시·도지사와 협의한 경우에는 제조소등 설치 또는 변경허가를 받은 것으로 본다.
③ 군부대의 장은 시·도지사와 협의한 제조소등에 대하여는 탱크안전성능검사와 완공검사를 자체적으로 실시할 수 있다.
④ 위 ③의 경우 완공검사를 자체적으로 실시한 군부대의 장은 3일 이내에 탱크안전성능검사의 결과와 예방규정을 시·도지사에게 통보하여야 한다.

21 「위험물안전관리법」상 과징금처분에 대한 규정이다. ( ) 안에 적절한 것은?

> 제13조(과징금처분) ① (ㄱ)는 제12조 각 호의 어느 하나에 해당하는 경우로서 제조소등에 대한 사용의 정지가 그 이용자에게 심한 불편을 주거나 그 밖에 공익을 해칠 우려가 있는 때에는 사용정지처분에 갈음하여 (ㄴ) 이하의 과징금을 부과할 수 있다.

	ㄱ	ㄴ
①	소방청장	2억원
②	시·도지사	2억원
③	소방청장	3억원
④	시·도지사	3억원

22 「위험물안전관리법 시행규칙」상 제조소의 보기 쉬운 곳에 게시판을 설치하는 기준으로 옳지 않은 것은?

① 한변의 길이가 0.3m 이상, 다른 한변의 길이가 0.5m 이상인 직사각형의 "위험물 제조소"라는 표시를 한 표지를 설치할 것
② 제5류 위험물은 "화기엄금"을 표시한 게시판을 설치할 것
③ 방화에 관하여 필요한 사항을 게시한 게시판의 바탕은 백색으로, 문자는 흑색으로 할 것
④ "물기엄금"을 표시하는 것에 있어서 게시판은 청색바탕에 백색문자로 할 것

23 「위험물안전관리법 시행규칙」상 옥내저장창고의 바닥면적을 1,000㎡ 이하로 해야 할 제4류 위험물을 모두 고르면?

ㄱ. 특수인화물	ㄴ. 알코올류
ㄷ. 제1석유류	ㄹ. 제2석유류
ㅁ. 제3석유류	ㅂ. 제4석유류

① ㄱ, ㄴ, ㄷ
② ㄹ, ㅁ, ㅂ
③ ㄱ, ㄷ, ㄹ
④ ㄴ, ㄹ, ㅂ

24 「위험물안전관리법 시행규칙」상 환기설비의 기준으로 옳지 않은 것은?

① 환기는 자연배기방식으로 한다.
② 급기구는 낮은 곳에 설치하고 가는 눈의 구리망 등으로 인화방지망을 설치한다.
③ 급기구는 당해 급기구가 설치된 실의 바닥면적이 60㎡ 미만인 경우 300㎠ 이상의 면적으로 한다.
④ 환기구는 지붕위 또는 지상 2m 이상의 높이에 회전식 고정벤티레이터 또는 루프팬 방식으로 설치한다.

25 「위험물안전관리법 시행령」상 자체소방대를 설치하여야 하는 제조소등에 해당하는 것은? (단, 보일러로 위험물을 소비하는 일반취급소 등 행정안전부령으로 정하는 일반취급소는 제외)

① 제3류 위험물을 저장하는 옥외탱크저장소
② 제3류 위험물을 취급하는 제조소 또는 일반취급소
③ 제2류 위험물을 취급하는 제조소 또는 일반취급소, 제5류 위험물을 저장하는 옥외탱크저장소
④ 제4류 위험물을 취급하는 제조소 또는 일반취급소, 제4류 위험물을 저장하는 옥외탱크저장소

제12회 소방관계법규 최종모의고사

01 「소방기본법」 총칙의 내용으로 옳은 것은?

① 소방본부에 설치하는 119종합상황실에는 대통령령으로 정하는 바에 따라 경찰공무원을 둘 수 있다.
② 시·도지사는 의사상자로서 천재지변, 수난(水難), 화재, 건물·축대·제방의 붕괴 등으로 위해에 처한 다른 사람의 생명·신체 또는 재산을 구하다가 사망하거나 부상을 입는 구조행위를 한 사람을 명예직 소방대원으로 위촉할 수 있다.
③ 소방청장은 화재, 재난·재해, 그 밖의 위급한 상황으로부터 국민의 생명·신체 및 재산을 보호하기 위하여 소방업무에 관한 종합계획을 3년마다 수립·시행하여야 하고, 이에 필요한 재원을 확보하도록 노력하여야 한다.
④ 소방업무를 수행하는 소방본부장 또는 소방서장은 그 소재지를 관할하는 시·도 소방청장의 지휘와 감독을 받는다.

02 「소방기본법 시행령」상 운행기록장치를 장착하고 운영하여야 하는 소방자동차로 명시되지 않은 것은?

① 소방화학차
② 소방고가차(消防高架車)
③ 무인방수차
④ 구급차

03 「소방기본법」 제16조의3에 따른 생활안전활동에 대한 내용으로 옳지 않은 것은?

① 소방청장·소방본부장 또는 소방서장은 신고가 접수된 생활안전 및 위험제거 활동에 대응하기 위하여 소방대를 출동시켜 생활안전활동을 하게 하여야 한다.
② 위해동물, 벌 등의 포획 및 퇴치 활동은 생활안전활동에 해당한다.
③ 붕괴, 낙하 등이 우려되는 고드름, 나무, 위험 구조물 등의 제거활동은 생활안전활동에 해당한다.
④ 정당한 사유 없이 소방대의 생활안전활동을 방해한 자는 100만원 이하의 과태료에 처한다.

04 「소방기본법」상 소방산업의 육성·진흥 및 지원 등에 관한 내용이다. ( ) 안에 "소방청장"이 들어가는 것은?

> - (ㄱ)는/은 소방산업(소방용 기계·기구의 제조, 연구·개발 및 판매 등에 관한 일련의 산업을 말한다)의 육성·진흥을 위하여 필요한 계획의 수립 등 행정상·재정상의 지원시책을 마련하여야 한다.
> - (ㄴ)는/은 소방기술 및 소방산업의 국제경쟁력과 국제적 통용성을 높이기 위하여 소방기술 및 소방산업에 관한 국제 전시회, 국제 학술회의 개최 등 국제 교류 사업을 추진하여야 한다.
> - (ㄷ)는/은 소방산업과 관련된 기술의 개발을 촉진하기 위하여 기술개발을 실시하는 자에게 그 기술개발에 드는 자금의 전부나 일부를 출연하거나 보조할 수 있다.
> - (ㄹ)는/은 우수소방제품의 전시·홍보를 위하여 무역전시장 등을 설치한 자에게 소방산업전시회 관련 국외 홍보비를 지원할 수 있다.

① ㄱ
② ㄴ
③ ㄱ, ㄴ
④ ㄷ, ㄹ

05 「소방의 화재조사에 관한 법률」상 "관계인등"에 속하는 사람을 모두 고르면?

> ㄱ. 화재가 발생한 소방대상물의 점유자
> ㄴ. 화재 현장을 보전조치 한 사람
> ㄷ. 소화활동을 행하거나 인명구조활동(유도대피 포함)에 관계된 사람
> ㄹ. 화재 현장을 목격한 사람
> ㅁ. 화재 현장을 발견하고 신고한 사람
> ㅂ. 화재를 발생시키거나 화재발생과 관계된 사람

① ㄱ, ㄷ, ㅁ
② ㄴ, ㄹ, ㅁ, ㅂ
③ ㄱ, ㄷ, ㄹ, ㅁ, ㅂ
④ ㄱ, ㄴ, ㄷ, ㄹ, ㅂ

06 「소방시설공사업법」상 용어의 정의로 옳은 것은?

① 발주자란 소방시설의 설계, 시공, 감리 및 방염을 소방시설업자에게 도급 또는 하도급하는 자를 말한다.
② 소방시설설계업이란 소방시설공사에 기본이 되는 공사계획, 설계도면, 설계 설명서, 기술계산서, 품질성과표 및 이와 관련된 서류를 작성하는 영업을 말한다.
③ 소방공사감리업이란 소방시설공사에 관한 발주자의 권한을 대행하여 소방시설공사가 설계도서와 관계 법령에 따라 적법하게 시공되는지를 확인하고, 품질·시공 관리에 대한 기술지도를 하는 영업을 말한다.
④ 방염처리업이란 「화재의 예방 및 안전관리에 관한 법률」에 따른 방염대상물품에 대하여 방염처리하는 영업을 말한다.

07 「소방시설공사업법 시행령」상 전문 소방시설공사업과 일반 소방시설설계업을 함께 하는 경우 소방시설설계업 기술인력으로 등록된 기술인력을 소방시설공사업 등록 시 갖추어야 하는 자격을 가진 기술인력으로 볼 수 있는 것은?

① 소방기술사 또는 기계분야 소방설비기사와 소방시설관리사 자격을 함께 취득한 사람
② 소방기술사 자격을 취득하거나 기계분야 또는 전기분야 소방설비기사 자격을 취득한 사람
③ 소방기술사 자격을 취득하거나 기계분야 및 전기분야 소방설비기사 자격을 함께 취득한 사람
④ 소방기술사 자격을 취득한 사람

08 「소방시설공사업법」 및 같은 법 시행규칙상 시공능력 평가 및 공시에 관한 설명으로 옳은 것은?

① 시·도지사는 관계인 또는 발주자가 적절한 공사업자를 선정할 수 있도록 하기 위하여 공사업자의 신청이 있으면 그 공사업자의 소방시설공사 실적, 자본금 등에 따라 시공능력을 평가하여 공시할 수 있다.
② 시공능력을 평가받으려는 공사업자는 신청서를 소방시설업자협회에 매년 2월 15일까지 제출해야 한다.
③ 평가된 시공능력은 공사업자가 도급받을 수 있는 1건의 공사도급금액으로 하고, 시공능력 평가의 유효기간은 원칙적으로 공시일부터 2년간으로 한다.
④ 소방시설업자협회는 시공능력을 평가한 경우에는 그 사실을 해당 공사업자의 등록수첩에 기재하여 발급하고, 매년 6월 30일까지 각 공사업자의 시공능력을 일간신문 또는 인터넷 홈페이지를 통하여 공시하여야 한다.

09 「소방시설공사업법 시행령」상 소방시설업의 업종별 영업범위로 옳지 않은 것은?

① 전문 소방시설설계업의 영업범위는 모든 특정소방대상물에 설치되는 소방시설의 설계이다.
② 기계분야 일반 소방시설설계업의 영업범위에 연면적 3만제곱미터(공장의 경우에는 1만제곱미터)의 특정소방대상물(제연설비가 설치되는 특정소방대상물은 제외)에 설치되는 소방시설의 설계가 포함되지 아니한다.
③ 기계분야 일반 소방시설설계업의 영업범위에 아파트에 설치되는 기계분야 소방시설(제연설비는 제외)의 설계가 포함된다.
④ 전기분야 일반 소방시설설계업의 영업범위에 연면적 3만제곱미터(공장의 경우에는 1만제곱미터)의 특정소방대상물에 설치되는 소방시설의 설계가 포함된다.

10 「소방시설공사업법 시행령」상 하도급계약심사위원회의 구성으로 옳은 것은?

① 위원장 1명과 부위원장 1명을 포함하여 10명 이내의 위원으로 구성한다.
② 위원장 1명과 부위원장 1명을 포함하여 15명 이내의 위원으로 구성한다.
③ 위원장 1명과 부위원장 1명을 포함하여 20명 이내의 위원으로 구성한다.
④ 위원장 1명과 부위원장 1명을 제외하고 10명 이내의 위원으로 구성한다.

11 「화재의 예방 및 안전관리에 관한 법률」 및 시행령상 화재예방안전진단의 범위에 해당하지 않는 것은?

① 화재위험요인의 조사에 관한 사항
② 소방시설등의 유지·관리에 관한 사항
③ 소방시설공사 중 소방안전관리에 관한 사항
④ 화재예방안전진단 결과 보수·보강 등 개선요구 사항 등에 대한 이행 여부

12 「화재의 예방 및 안전관리에 관한 법률」 및 같은 법 시행규칙상 우수 소방대상물의 선정 등에 대한 설명으로 옳은 것은?

① 소방청장은 우수 소방대상물의 선정 및 관계인에 대한 포상을 위하여 우수 소방대상물의 선정방법, 평가 대상물의 범위 및 평가 절차 등에 관한 내용이 포함된 시행계획을 2년마다 수립·시행해야 한다.
② 소방청장은 우수 소방대상물 선정을 위하여 필요한 경우에는 소방대상물을 직접 방문하여 필요한 사항을 확인할 수 있다.
③ 소방공무원 교육기관, 대학 또는 연구소에서 소방과 관련한 교육 또는 연구에 3년 이상 종사한 사람은 우수 소방대상물 선정을 위한 평가위원회의 위원이 될 수 있다.
④ 시·도지사는 우수 소방대상물 표지를 발급하고, 소방대상물의 관계인을 포상할 수 있다.

13 「화재의 예방 및 안전관리에 관한 법률」 및 같은 법 시행령상 다음 중 화재의 예방 및 안전관리 기본계획에 포함되는 것은 모두 몇 개인가?

> ㄱ. 화재대응과 사후 조치에 관한 역할 및 공조체계
> ㄴ. 화재의 예방과 안전관리를 위한 대국민 교육·홍보
> ㄷ. 소방시설의 설치·관리 및 화재안전기준의 개선에 관한 사항
> ㄹ. 화재의 예방과 안전관리를 위한 법령·제도의 마련 등 기반 조성
> ㅁ. 소방시설의 설치·관리 및 화재안전기준의 개선에 관한 사항

① 1개　　　　　　　　　② 2개
③ 3개　　　　　　　　　④ 4개

14 「화재의 예방 및 안전관리에 관한 법률」상 화재안전조사 결과 통보 및 화재안전조사 결과에 따른 조치명령에 대한 설명으로 옳지 않은 것은?

① 소방관서장은 화재안전조사를 마친 때에는 그 조사 결과를 관계인에게 서면 또는 구두로 통지하되, 화재안전조사의 현장에서 관계인에게 조사의 결과를 설명하고 화재안전조사 결과서의 부본을 교부한 경우에는 그러하지 아니하다.
② 소방관서장은 화재안전조사 결과에 따른 소방대상물의 위치·구조·설비 또는 관리의 상황이 화재예방을 위하여 보완될 필요가 있는 경우에는 관계인에게 필요한 조치를 명할 수 있다.
③ 소방관서장은 화재안전조사 결과에 따른 소방대상물의 위치·구조·설비 또는 관리의 상황이 화재가 발생하면 인명 또는 재산의 피해가 클 것으로 예상되는 때에는 관계인에게 필요한 조치를 명할 수 있다.
④ 소방관서장은 화재안전조사 결과 소방대상물이 법령을 위반하여 건축 또는 설비되었거나 소방시설등, 피난시설·방화구획, 방화시설 등이 법령에 적합하게 설치 또는 관리되고 있지 아니한 경우에는 관계 행정기관의 장에게 필요한 조치를 하여 줄 것을 요청할 수 있다.

15 「화재의 예방 및 안전관리에 관한 법률 시행령」상 숙박시설인 특정소방대상물에는 소방안전관리자 외에 소방안전관리보조자를 추가로 선임해야 하나, 다음과 같은 경우는 제외된다. ( ) 안에 알맞은 것은?

> 숙박시설로 사용되는 바닥면적의 합계가 ( )㎡ 미만이고 관계인이 24시간 상시 근무하고 있는 숙박시설

① 1천 ② 1천5백
③ 2천 ④ 3천

16 「소방시설 설치 및 관리에 관한 법률」상 용어 정의로 옳은 것은?

① "소방시설등"이란 소방시설과 비상구(非常口), 그 밖에 소방 관련 시설로서 대통령령으로 정하는 것을 말한다.
② "특정소방대상물"이란 건축물 등의 규모·용도 및 수용인원 등을 고려하여 소방시설을 설치하여야 하는 소방대상물로서 행정안전부령으로 정하는 것을 말한다.
③ "소방용품"이란 소방장비등을 구성하거나 소방용으로 사용되는 제품 또는 기기로서 대통령령으로 정하는 것을 말한다.
④ "화재안전성능"이란 화재안전 확보를 위하여 소방대상물의 재료, 공간 및 설비 등에 요구되는 안전성능을 말한다.

17 「소방시설 설치 및 관리에 관한 법률 시행령」상 화재안전기준이 변경되어 그 기준이 강화되는 경우, 노유자시설에 강화된 소방시설을 적용할 수 있는 설비로 바르게 묶은 것은?

① 간이스프링클러설비, 자동화재탐지설비 및 단독경보형 감지기
② 소화기, 자동소화장치, 자동화재탐지설비, 통합감시시설, 유도등 및 연소방지설비
③ 소화기, 옥내소화전설비, 자동화재탐지설비, 단독경보형 감지기, 피난구조설비
④ 스프링클러설비, 간이스프링클러설비, 자동화재탐지설비 및 자동화재속보설비

18 「소방시설 설치 및 관리에 관한 법률」상 소방시설 등의 자체점검에 대한 설명으로 옳은 것은?

① 소방시설등이 신설된 경우 사용승인에 따라 건축물을 사용할 수 있게 된 날부터 90일 이내에 자체점검을 하여야 한다.
② 자체점검의 구분 및 대상, 점검인력의 배치기준, 점검자의 자격, 점검 장비, 점검 방법 및 횟수 등 자체점검 시 준수하여야 할 사항은 대통령령으로 정한다.
③ 관계인은 천재지변이나 그 밖에 대통령령으로 정하는 사유로 자체점검을 실시하기 곤란한 경우에는 대통령령으로 정하는 바에 따라 소방본부장 또는 소방서장에게 면제 또는 연기 신청을 할 수 있다.
④ 관계인은 자체점검 결과를 소방시설등에 대한 수리·교체·정비에 관한 이행계획을 첨부하여 소방청장에게 보고하여야 한다.

19 「소방시설 설치 및 관리에 관한 법률 시행령」상 간이스프링클러설비를 설치해야 하는 특정소방대상물에 대한 내용이다. ( ) 안에 옳은 것은?

- 종합병원, 병원, 치과병원, 한방병원 및 요양병원(의료재활시설은 제외)으로 사용되는 바닥면적의 합계가 (ㄱ) 미만인 시설
- 정신의료기관 또는 의료재활시설로 사용되는 바닥면적의 합계가 (ㄴ) 미만이고, 창살(철재·플라스틱 또는 목재 등으로 사람의 탈출 등을 막기 위하여 설치한 것을 말하며, 화재 시 자동으로 열리는 구조로 되어 있는 창살은 제외)이 설치된 시설

	ㄱ	ㄴ		ㄱ	ㄴ
①	600㎡	600㎡	②	600㎡	300㎡
③	300㎡	600㎡	④	300㎡	300㎡

20 「소방시설 설치 및 관리에 관한 법률」상 소방기술심의위원회에 대한 내용으로 옳은 것은?

① 소방청에 지방소방기술심의위원회를 두고, 소방본부에 지방소방기술심의위원회를 둔다.
② 중앙소방기술심의위원회는 소방시설에 하자가 있는지의 판단에 관한 사항을 심의한다.
③ 지방소방기술심의위원회는 소방시설의 설계 및 공사감리의 방법에 관한 사항을 심의한다.
④ 중앙소방기술심의위원회 및 지방소방기술심의위원회의 구성·운영 등에 필요한 사항은 대통령령으로 정한다.

21 「위험물안전관리법 시행령」상 소방공무원 경력자(소방공무원으로 근무한 경력이 3년 이상인 자)가 취급할 수 있는 위험물은?

① 제2류 위험물　　　　　　　② 제3류 위험물
③ 제4류 위험물　　　　　　　④ 제6류 위험물

22 「위험물안전관리법 시행령」상 완공검사에 대한 내용이다. ( )에 적절한 것은?

> 위험물시설의 설치 또는 변경 허가를 받은 자가 제조소등의 설치를 마쳤거나 그 위치·구조 또는 설비의 변경을 마친 때에는 당해 제조소등마다 (ㄱ)이/가 행하는 완공검사를 받아 기술기준에 적합하다고 인정받은 후가 아니면 이를 사용하여서는 아니 된다.
> 다만, 제조소등의 위치·구조 또는 설비를 변경함에 있어서 제6조 제1항 후단의 규정에 따른 변경허가를 신청하는 때에 (ㄴ)에 관한 조치사항을 기재한 서류를 제출하는 경우에는 당해 변경공사와 관계가 없는 부분은 완공검사를 받기 전에 미리 사용할 수 있다.

	ㄱ	ㄴ
①	시·도지사	안전확보
②	소방본부장	안전확보
③	시·도지사	화재예방
④	소방본부장	화재예방

23 「위험물안전관리법 시행규칙」상 주유취급소에 설치하는 건축물 등의 구조에 대한 내용으로 옳지 않은 것은?

① 증기세차기를 설치하는 경우에는 그 주위의 불연재료로 된 높이 1m 이상의 담을 설치하고 출입구가 고정주유설비에 면하지 아니하도록 할 것
② 사무실 그 밖의 화기를 사용하는 곳의 출입구는 건축물의 안에서 밖으로 수시로 개방할 수 있는 자동폐쇄식의 것으로 할 것
③ 사무실 그 밖의 화기를 사용하는 곳의 높이 1m 이하의 부분에 있는 창 등은 밀폐시킬 것
④ 주유공지 및 급유공지 외의 장소에 설치하는 주유원간이대기실은 바닥면적이 3㎡ 이하일 것.

24 「위험물안전관리법」상 제조소등의 설치자의 지위를 승계한 자가 시·도지사에게 그 승계한 사실을 신고하여야 하는 기한은?

① 승계한 날부터 3일 이내
② 승계한 날부터 7일 이내
③ 승계한 날부터 14일 이내
④ 승계한 날부터 30일 이내

25 「위험물안전관리법 시행령」상 위험물 용어의 정의이다. ( )에 적절한 것은?

- 제1석유류라 함은 아세톤, 휘발유 그 밖에 1기압에서 인화점이 섭씨 (ㄱ) 미만인 것을 말한다.
- "제2석유류"라 함은 등유, 경유 그 밖에 1기압에서 인화점이 섭씨 (ㄴ) 이상 (ㄷ) 미만인 것을 말한다. 다만, 도료류 그 밖의 물품에 있어서 가연성 액체량이 40중량퍼센트 이하이면서 인화점이 섭씨 40도 이상인 동시에 연소점이 섭씨 60도 이상인 것은 제외한다.

	ㄱ	ㄴ	ㄷ
①	21도	21도	70도
②	20도	20도	65도
③	20도	20도	70도
④	21도	21도	65도

소방공무원은 이패스 소방사관
www.kfs119.co.kr

2025 합격완성
소방관계법규 최종모의고사

2025 합격완성
소방관계법규 최종 모의고사
[해설편]

소방관계법규 최종모의고사 정답 및 해설

2025 합격완성 소방관계법규 **최종모의고사**

01	02	03	04	05	06	07	08	09	10
②	④	④	②	①	③	②	②	④	③
11	12	13	14	15	16	17	18	19	20
②	③	④	③	②	②	③	①	①	③
21	22	23	24	25					
④	①	②	①	③					

01 ②

소방기본법 제49조의2(손실보상)
④ 소방청장 또는 시·도지사는 손실보상심의위원회의 구성 목적을 달성하였다고 인정하는 경우에는 손실보상심의위원회를 해산할 수 있다.

시행령 제13조(손실보상심의위원회의 설치 및 구성)
① 소방청장등은 법 제49조의2 제3항에 따라 손실보상청구 사건을 심사·의결하기 위하여 각각 손실보상심의위원회(이하 "보상위원회"라 한다)를 둔다.
② 보상위원회는 <u>위원장 1명을 포함하여 5명 이상 7명 이하의 위원</u>으로 구성한다. 다만, 청구금액이 100만원 이하인 사건에 대해서는 제3항 제1호에 해당하는 위원 3명으로만 구성할 수 있다.
③ 보상위원회의 위원은 다음 각 호의 어느 하나에 해당하는 사람 중에서 소방청장등이 위촉하거나 임명한다. 이 경우 제2항 본문에 따라 보상위원회를 구성할 때에는 위원의 과반수는 성별을 고려하여 소방공무원이 아닌 사람으로 하여야 한다
   1. <u>소속 소방공무원</u>
   2. 판사·검사 또는 변호사로 5년 이상 근무한 사람
   3. 「고등교육법」 제2조에 따른 학교에서 법학 또는 행정학을 가르치는 부교수 이상으로 5년 이상 재직한 사람
   4. 「보험업법」 제186조에 따른 <u>손해사정사</u>
   5. <u>소방안전 또는 의학 분야에 관한 학식과 경험이 풍부한 사람</u>
④ 제3항에 따라 위촉되는 위원의 임기는 2년으로 한다. 다만, 법 제49조의2 제4항에 따라 보상위원회가 해산되는 경우에는 그 해산되는 때에 임기가 만료되는 것으로 한다.
⑤ 보상위원회의 사무를 처리하기 위하여 보상위원회에 간사 1명을 두되, 간사는 소속 소방공무원 중에서 소방청장등이 지명한다.

시행령 제14조(보상위원회의 위원장)
① 보상위원회의 위원장은 <u>제13조 제3항 제1호에 따른 위원(註: 소속 소방공무원)</u> 중에서 소방청장등이 지명한다.

02 ④

소방기본법 시행규칙 제6조(소방용수시설 및 비상소화장치의 설치기준)
① 특별시장·광역시장·특별자치시장·도지사 또는 특별자치도지사(이하 "<u>시·도지사</u>"라 한다)는 법 제10조 제1항의 규정에 의하여 설치된 소방용수시설에 대하여 별표 2의 소방용수표지를 보기 쉬운 곳에 설치하여야 한다.

소방용수표지 (소방기본법 시행규칙 [별표 2])
1. 지하에 설치하는 소화전 또는 저수조의 경우 소방용수표지는 다음의 기준에 따라 설치한다.
    가. 맨홀 뚜껑은 지름 648밀리미터 이상의 것으로 할 것. 다만, 승하강식 소화전의 경우에는 이를 적용하지 않는다.
    나. 맨홀 뚜껑에는 "소화전·주정차금지" 또는 "저수조·주정차금지"의 표시를 할 것
    다. 맨홀뚜껑 부근에는 노란색 반사도료로 폭 15센티미터의 선을 그 둘레를 따라 칠할 것
2. 지상에 설치하는 소화전, 저수조 및 급수탑의 경우 소방용수표지는 다음의 기준에 따라 설치한다.
    가. 규격 (생략)
    나. 안쪽 문자는 흰색, 바깥쪽 문자는 노란색으로, 안쪽 바탕은 붉은색, 바깥쪽 바탕은 파란색으로 하고, 반사재료를 사용해야 한다.
    다. 가목의 규격에 따른 소방용수표지를 세우는 것이 매우 어렵거나 부적당한 경우에는 그 규격 등을 다르게 할 수 있다.

03 ④

소방기본법 제56조(과태료)
① 다음 각 호의 어느 하나에 해당하는 자에게는 500만원 이하의 과태료를 부과한다.
    1. 제19조 제1항을 위반하여 화재 또는 구조·구급이 필요한 상황을 거짓으로 알린 사람
    2. 정당한 사유 없이 제20조 제2항을 위반하여 화재, 재난·재해, 그 밖의 위급한 상황을 소방본부, 소방서 또는 관계 행정기관에 알리지 아니한 관계인

04 ②

화재조사 분석실의 구성장비를 유효하게 보존·사용할 수 있고, 환기 시설 및 수도·배관시설이 있는 30제곱미터(㎡) 이상의 실(室)을 갖추어야 한다. 다만 청사 공간의 효율적 활용을 위하여 불가피한 경우 최소 기준 면적의 절반 이상에 해당하는 면적으로 조정할 수 있다(소방의 화재조사에 관한 법률 시행규칙 [별표]).

05 ①

소방시설공사업법 시행령 제6조(하자보수 대상 소방시설과 하자보수 보증기간)
법 제15조 제1항에 따라 하자를 보수하여야 하는 소방시설과 소방시설별 하자보수 보증기간은 다음 각 호의 구분과 같다.
1. 피난기구, 유도등, 유도표지, 비상경보설비, 비상조명등, 비상방송설비 및 무선통신보조설비 : 2년
2. 자동소화장치, 옥내소화전설비, 스프링클러설비, 간이스프링클러설비, 물분무등소화설비, 옥외소화전설비, 자동화재탐지설비, 상수도소화용수설비 및 소화활동설비(무선통신보조설비는 제외한다) : 3년

06 ③

소방시설공사업법 시행령 제10조(공사감리자 지정대상 특정소방대상물의 범위)
② 법 제17조 제1항에서 "자동화재탐지설비, 옥내소화전설비 등 대통령령으로 정하는 소방시설을 시공할 때"란 다음 각 호의 어느 하나에 해당하는 소방시설을 시공할 때를 말한다.
    1. 옥내소화전설비를 신설·개설 또는 증설할 때
    2. 스프링클러설비등(캐비닛형 간이스프링클러설비는 제외한다)을 신설·개설하거나 방호·방수 구역을 증설할 때
    3. 물분무등소화설비(호스릴 방식의 소화설비는 제외한다)를 신설·개설하거나 방호·방수 구역을 증설할 때

4. 옥외소화전설비를 신설·개설 또는 증설할 때
5. 자동화재탐지설비를 신설 또는 개설할 때
5의2. 비상방송설비를 신설 또는 개설할 때
6. 통합감시시설을 신설 또는 개설할 때
7. 소화용수설비를 신설 또는 개설할 때
8. 다음 각 목에 따른 <u>소화활동설비</u>에 대하여 각 목에 따른 시공을 할 때
    가. <u>제연설비를 신설·개설하거나 제연구역을 증설할 때</u>
    나. <u>연결송수관설비를 신설 또는 개설할 때</u>
    다. <u>연결살수설비를 신설·개설하거나 송수구역을 증설할 때</u>
    라. <u>비상콘센트설비를 신설·개설하거나 전용회로를 증설할 때</u>
    마. <u>무선통신보조설비를 신설 또는 개설할 때</u>
    바. <u>연소방지설비를 신설·개설하거나 살수구역을 증설할 때</u>

07 ②

소방시설공사업법 제31조(감독)
① <u>시·도지사, 소방본부장 또는 소방서장</u>은 소방시설업의 감독을 위하여 필요할 때에는 소방시설업자나 관계인에게 필요한 보고나 자료 제출을 명할 수 있고, 관계 공무원으로 하여금 소방시설업체나 특정소방대상물에 출입하여 관계 서류와 시설 등을 검사하거나 소방시설업자 및 관계인에게 질문하게 할 수 있다.
② 소방청장은 제33조 제2항부터 제4항까지의 규정에 따라 소방청장의 업무를 위탁받은 제29조 제3항에 따른 실무교육기관(이하 "실무교육기관"이라 한다) 또는 「소방기본법」 제40조에 따른 한국소방안전원, 협회, 법인 또는 단체에 필요한 보고나 자료 제출을 명할 수 있고, 관계 공무원으로 하여금 실무교육기관, 한국소방안전원, 협회, 법인 또는 단체의 사무실에 출입하여 관계 서류 등을 검사하거나 관계인에게 질문하게 할 수 있다.
③ 제1항과 제2항에 따라 출입·검사를 하는 관계 공무원은 그 <u>권한을 표시하는 증표</u>를 지니고 이를 관계인에게 보여주어야 한다.
④ 제1항과 제2항에 따라 출입·검사업무를 수행하는 관계 공무원은 관계인의 정당한 업무를 방해하거나 출입·검사업무를 수행하면서 알게 된 비밀을 다른 자에게 누설하여서는 아니 된다.

08 ②

소방시설공사업법 시행령 제12조의5(하도급계약 자료의 공개)
② 법 제22조의4 제1항에 따른 소방시설공사등의 하도급계약 자료의 공개는 법 제21조의3 제4항에 따라 하도급에 관한 사항을 통보받은 날부터 <u>30일 이내</u>에 해당 소방시설공사등을 발주한 기관의 인터넷 홈페이지에 게재하는 방법으로 하여야 한다.
③ 법 제22조의4 제1항에 따른 소방시설공사등의 하도급계약 자료의 공개대상 계약규모는 하도급계약금액[하수급인의 하도급금액 산출내역서의 계약단가(직접·간접 노무비, 재료비 및 경비를 포함한다)를 기준으로 산출한 금액에 일반관리비, 이윤 및 부가가치세를 포함한 금액을 말하며, 수급인이 하수급인에게 직접 지급하는 자재의 비용 등 관계 법령에 따라 수급인이 부담하는 금액은 제외한다]이 <u>1천만원 이상</u>인 경우로 한다.

09 ④

소방시설공사업법 제9조(등록취소와 영업정지 등)
① 시·도지사는 소방시설업자가 다음 각 호의 어느 하나에 해당하면 행정안전부령으로 정하는 바에 따라 그 등록을 취소하거나 6개월 이내의 기간을 정하여 시정이나 그 영업의 정지를 명할 수 있다. 다만, 제1호·제3호 또는 제7호에 해당하는 경우에는 그 <u>등록을 취소하여야</u> 한다.

1. 거짓이나 그 밖의 부정한 방법으로 등록한 경우
3. 제5조 각 호의 등록 결격사유에 해당하게 된 경우. 다만, 제5조 제6호 또는 제7호에 해당하게 된 법인이 그 사유가 발생한 날부터 3개월 이내에 그 사유를 해소한 경우는 제외한다.
7. 제8조 제2항을 위반하여 영업정지 기간 중에 소방시설공사등을 한 경우

제5조(등록의 결격사유)
다음 각 호의 어느 하나에 해당하는 자는 소방시설업을 등록할 수 없다.
1. 피성년후견인
2. 삭제
3. 이 법, 「소방기본법」, 「화재의 예방 및 안전관리에 관한 법률」, 「소방시설 설치 및 관리에 관한 법률」 또는 「위험물안전관리법」에 따른 금고 이상의 실형을 선고받고 그 집행이 끝나거나(집행이 끝난 것으로 보는 경우를 포함한다) 면제된 날부터 2년이 지나지 아니한 사람
4. 이 법, 「소방기본법」, 「화재의 예방 및 안전관리에 관한 법률」, 「소방시설 설치 및 관리에 관한 법률」 또는 「위험물안전관리법」에 따른 금고 이상의 형의 집행유예를 선고받고 그 유예기간 중에 있는 사람
5. 등록하려는 소방시설업 등록이 취소(제1호에 해당하여 등록이 취소된 경우는 제외한다)된 날부터 2년이 지나지 아니한 자
6. 법인의 대표자가 제1호 또는 제3호부터 제5호까지에 해당하는 경우 그 법인
7. 법인의 임원이 제3호부터 제5호까지의 규정에 해당하는 경우 그 법인

10 ③

화재의 예방 및 안전관리에 관한 법률 시행령 제48조(권한의 위임·위탁 등)
소방청장은 법 제48조 제1항에 따라 법 제31조에 따른 소방안전관리자 자격의 정지 및 취소에 관한 업무를 소방서장에게 위임한다.

11 ②

화재의 예방 및 안전관리에 관한 법률 제25조(소방안전관리업무의 대행)
① 소방안전관리대상물 중 연면적 등이 일정규모 미만인 대통령령으로 정하는 소방안전관리대상물의 관계인은 제24조 제1항에도 불구하고 관리업자로 하여금 같은 조 제5항에 따른 소방안전관리업무 중 대통령령으로 정하는 업무를 대행하게 할 수 있다. (이하 생략)

시행령 제28조(소방안전관리 업무의 대행 대상 및 업무)
① 법 제25조 제1항 전단에서 "대통령령으로 정하는 소방안전관리대상물"이란 다음 각 호의 소방안전관리대상물을 말한다.
  1. 별표 4 제2호 가목3)에 따른 지상층의 층수가 11층 이상인 1급 소방안전관리대상물(연면적 1만5천제곱미터 이상인 특정소방대상물과 아파트는 제외한다)
  2. 별표 4 제3호에 따른 2급 소방안전관리대상물
  3. 별표 4 제4호에 따른 3급 소방안전관리대상물

12 ③

화재의 예방 및 안전관리에 관한 법률 시행령 제2조(화재의 예방 및 안전관리 기본계획의 협의 및 수립)
소방청장은 「화재의 예방 및 안전관리에 관한 법률」 제4조 제1항에 따른 화재의 예방 및 안전관리에 관한 기본계획을 계획 시행 전년도 8월 31일까지 관계 중앙행정기관의 장과 협의한 후 계획 시행 전년도 9월 30일까지 수립

해야 한다.

제4조(시행계획의 수립·시행)
① 소방청장은 법 제4조 제4항에 따라 기본계획을 시행하기 위한 계획(이하 "시행계획"이라 한다)을 계획 시행 전년도 10월 31일까지 수립해야 한다.

제5조(세부시행계획의 수립·시행)
① 소방청장은 법 제4조 제5항에 따라 관계 중앙행정기관의 장과 특별시장·광역시장·특별자치시장·도지사 또는 특별자치도지사에게 기본계획 및 시행계획을 각각 계획 시행 전년도 10월 31일까지 통보해야 한다.
② 제1항에 따라 통보를 받은 관계 중앙행정기관의 장 및 시·도지사는 법 제4조 제6항에 따른 세부시행계획을 수립하여 계획 시행 전년도 12월 31일까지 소방청장에게 통보해야 한다.

13 ④

보일러 등의 설비 또는 기구 등의 위치·구조 및 관리와 화재예방을 위하여 불을 사용할 때 지켜야 하는 사항 (화재의 예방 및 안전관리에 관한 법률 시행령 [별표 1])
이동식난로는 다음의 장소에서 사용해서는 안 된다. 다만, 난로가 쓰러지지 않도록 받침대를 두어 고정시키거나 쓰러지는 경우 즉시 소화되고 연료의 누출을 차단할 수 있는 장치가 부착된 경우에는 그렇지 않다.
1) 「다중이용업소의 안전관리에 관한 특별법」 제2조 제1항 제4호에 따른 다중이용업소
2) 「학원의 설립·운영 및 과외교습에 관한 법률」 제2조 제1호에 따른 학원
3) 「학원의 설립·운영 및 과외교습에 관한 법률 시행령」 제2조 제1항 제4호에 따른 독서실
4) 「공중위생관리법」 제2조 제1항 제2호에 따른 숙박업, 같은 항 제3호에 따른 목욕장업 및 같은 항 제6호에 따른 세탁업의 영업장
5) 「의료법」 제3조 제2항 제1호에 따른 의원·치과의원·한의원, 같은 항 제2호에 따른 조산원 및 같은 항 제3호에 따른 병원·치과병원·한방병원·요양병원·정신병원·종합병원
6) 「식품위생법 시행령」 제21조 제8호에 따른 식품접객업의 영업장
7) 「영화 및 비디오물의 진흥에 관한 법률」 제2조 제10호에 따른 영화상영관
8) 「공연법」 제2조 제4호에 따른 공연장
9) 「박물관 및 미술관 진흥법」 제2조 제1호에 따른 박물관 및 같은 조 제2호에 따른 미술관
10) 「유통산업발전법」 제2조 제7호에 따른 상점가
11) 「건축법」 제20조에 따른 가설건축물
12) 역·터미널

14 ③

화재의 예방 및 안전관리에 관한 법률 시행령 제42조(소방안전 특별관리기본계획·시행계획의 수립·시행)
① 소방청장은 법 제40조 제2항에 따른 소방안전 특별관리기본계획(이하 "특별관리기본계획"이라 한다)을 5년마다 수립하여 시·도에 통보해야 한다.
② 특별관리기본계획에는 다음 각 호의 사항이 포함되어야 한다.
  1. 화재예방을 위한 중기·장기 안전관리정책
  2. 화재예방을 위한 교육·홍보 및 점검·진단
  3. 화재대응을 위한 훈련
  4. 화재대응과 사후 조치에 관한 역할 및 공조체계
  5. 그 밖에 화재 등의 안전관리를 위하여 필요한 사항
③ 시·도지사는 특별관리기본계획을 시행하기 위하여 매년 법 제40조 제3항에 따른 **소방안전 특별관리시행계**

획(이하 "특별관리시행계획"이라 한다)을 수립·시행하고, 그 결과를 **다음 연도 1월 31일까지 소방청장에게 통보**해야 한다.
④ 특별관리시행계획에는 다음 각 호의 사항이 포함되어야 한다.
   1. 특별관리기본계획의 집행을 위하여 필요한 사항
   2. 시·도에서 화재 등의 안전관리를 위하여 필요한 사항
⑤ 소방청장 및 시·도지사는 특별관리기본계획 또는 특별관리시행계획을 수립하는 경우 <u>성별, 연령별, 화재안전취약자별 화재 피해현황 및 실태 등을 고려해야 한다.</u>

15 ②

소방시설 설치 및 관리에 관한 법률 제45조(소방용품의 제품검사 후 수집검사 등)
① 소방청장은 소방용품의 품질관리를 위하여 필요하다고 인정할 때에는 유통 중인 소방용품을 수집하여 검사할 수 있다.
② 소방청장은 제1항에 따른 수집검사 결과 행정안전부령으로 정하는 중대한 결함이 있다고 인정되는 소방용품에 대하여는 그 제조자 및 수입자에게 행정안전부령으로 정하는 바에 따라 회수·교환·폐기 또는 판매중지를 명하고, 형식승인 또는 성능인증을 취소할 수 있다. (이하 생략)
③ 제2항에 따라 소방용품의 회수·교환·폐기 또는 판매중지 명령을 받은 제조자 및 수입자는 해당 소방용품이 이미 판매되어 사용 중인 경우 행정안전부령으로 정하는 바에 따라 구매자에게 그 사실을 알리고 회수 또는 교환 등 필요한 조치를 하여야 한다.
④ 소방청장은 제2항에 따라 회수·교환·폐기 또는 판매중지를 명하거나 형식승인 또는 성능인증을 취소한 때에는 행정안전부령으로 정하는 바에 따라 그 사실을 소방청 홈페이지 등에 공표하여야 한다.

16 ②

소방시설 설치 및 관리에 관한 법률 제55조(위반행위의 신고 및 신고포상금의 지급)
① <u>누구든지</u> 소방본부장 또는 소방서장에게 다음 각 호의 어느 하나에 해당하는 행위를 한 자를 신고할 수 있다.
   1. 제12조 제1항(註: 특정소방대상물의 관계인은 소방시설을 화재안전기준에 따라 설치·관리)을 <u>위반하여 소방시설을 설치 또는 관리한 자</u>
   2. 제12조 제3항(註: 화재 시 소방시설의 기능과 성능에 지장을 줄 수 있는 폐쇄·차단 등의 행위 금지)을 위반하여 폐쇄·차단 등의 행위를 한 자
   3. 제16조 제1항 각 호(註: 피난시설, 방화구획 및 방화시설에 대한 금지 행위)의 어느 하나에 해당하는 행위를 한 자
② <u>소방본부장 또는 소방서장</u>은 제1항에 따른 신고를 받은 경우 <u>신고 내용을 확인하여 이를 신속하게 처리하고,</u> 그 처리결과를 행정안전부령으로 정하는 방법 및 절차에 따라 <u>신고자에게 통지</u>하여야 한다.
③ <u>소방본부장 또는 소방서장</u>은 제1항에 따른 신고를 한 사람에게 예산의 범위에서 <u>포상금을 지급</u>할 수 있다.
④ 제3항에 따른 신고포상금의 지급대상, 지급기준, 지급절차 등에 필요한 사항은 <u>시·도의 조례</u>로 정한다.

시행규칙 제43조(위반행위 신고 내용 처리결과의 통지 등)
① 소방본부장 또는 소방서장은 법 제55조 제2항에 따라 위반행위의 신고 내용을 확인하여 이를 처리한 경우에는 처리한 날부터 <u>10일 이내</u>에 별지 제35호 서식의 위반행위 신고 내용 처리결과 통지서를 신고자에게 통지해야 한다.
② 제1항에 따른 통지는 우편, 팩스, 정보통신망, 전자우편 또는 휴대전화 문자메시지 등의 방법으로 할 수 있다.

17 ③

특정소방대상물의 관계인이 특정소방대상물에 설치·관리해야 하는 소방시설의 종류 (소방시설 설치 및 관리에 관한 법률 시행령 [별표 4])
3. 피난구조설비
   나. 인명구조기구를 설치해야 하는 특정소방대상물은 다음의 어느 하나에 해당하는 것으로 한다.
      1) 방열복 또는 방화복(안전모, 보호장갑 및 안전화를 포함), 인공소생기 및 공기호흡기를 설치해야 하는 특정소방대상물 : 지하층을 포함하는 층수가 7층 이상인 것 중 관광호텔 용도로 사용하는 층
      2) 방열복 또는 방화복(안전모, 보호장갑 및 안전화를 포함) 및 공기호흡기를 설치해야 하는 특정소방대상물 : 지하층을 포함하는 층수가 5층 이상인 것 중 병원 용도로 사용하는 층

18 ①

소방시설 설치 및 관리에 관한 법률 제10조(주택에 설치하는 소방시설)
① 다음 각 호의 주택의 소유자는 소화기 등 대통령령으로 정하는 소방시설(이하 "주택용소방시설"이라 한다)을 설치하여야 한다.
  1. 「건축법」 제2조 제2항 제1호의 단독주택
  2. 「건축법」 제2조 제2항 제2호의 공동주택(아파트 및 기숙사는 제외한다)

시행령 제10조(주택용소방시설)
법 제10조 제1항 각 호 외의 부분에서 "소화기 등 대통령령으로 정하는 소방시설"이란 소화기 및 단독경보형 감지기를 말한다.

19 ①

소방시설 설치 및 관리에 관한 법률 시행령 제36조(자체점검 결과 공개)
① 소방본부장 또는 소방서장은 법 제24조 제2항에 따라 자체점검 결과를 공개하는 경우 30일 이상 법 제48조에 따른 전산시스템 또는 인터넷 홈페이지 등을 통해 공개해야 한다.
② 소방본부장 또는 소방서장은 제1항에 따라 자체점검 결과를 공개하려는 경우 공개 기간, 공개 내용 및 공개 방법을 해당 특정소방대상물의 관계인에게 미리 알려야 한다.
③ 특정소방대상물의 관계인은 제2항에 따라 공개 내용 등을 통보받은 날부터 10일 이내에 관할 소방본부장 또는 소방서장에게 이의신청을 할 수 있다.
④ 소방본부장 또는 소방서장은 제3항에 따라 이의신청을 받은 날부터 10일 이내에 심사·결정하여 그 결과를 지체 없이 신청인에게 알려야 한다.
⑤ 자체점검 결과의 공개가 제3자의 법익을 침해하는 경우에는 제3자와 관련된 사실을 제외하고 공개해야 한다.

시행규칙 제25조(자체점검 결과의 게시)
소방본부장 또는 소방서장에게 자체점검 결과 보고를 마친 관계인은 법 제24조 제1항에 따라 보고한 날부터 10일 이내에 별표 5의 소방시설등 자체점검기록표를 작성하여 특정소방대상물의 출입자가 쉽게 볼 수 있는 장소에 30일 이상 게시해야 한다.

20 ③

③ (×) "제1석유류"라 함은 아세톤, 휘발유 그 밖에 1기압에서 인화점이 섭씨 21도 미만인 것을 말한다.

21 ④

위험물안전관리법 제15조(위험물안전관리자)
⑤ 제1항의 규정에 따라 안전관리자를 선임한 제조소등의 관계인은 안전관리자가 여행·질병 그 밖의 사유로 인하여 일시적으로 직무를 수행할 수 없거나 안전관리자의 해임 또는 퇴직과 동시에 다른 안전관리자를 선임하지 못하는 경우에는 <u>국가기술자격법에 따른 위험물의 취급에 관한 자격취득자</u> 또는 <u>위험물안전에 관한 기본지식과 경험이 있는 자</u>로서 행정안전부령이 정하는 자를 대리자(代理者)로 지정하여 그 직무를 대행하게 하여야 한다. 이 경우 대리자가 안전관리자의 직무를 대행하는 기간은 30일을 초과할 수 없다.

시행규칙 제54조(안전관리자의 대리자)
법 제15조 제5항 전단에서 "행정안전부령이 정하는 자"란 다음 각 호의 어느 하나에 해당하는 사람을 말한다.
1. 법 제28조 제1항에 따른 안전교육(註: 해당 업무에 관한 능력의 습득 또는 향상을 위하여 <u>소방청장이 실시하는 교육</u>)을 받은 자
2. 삭제
3. 제조소등의 위험물 안전관리업무에 있어서 <u>안전관리자를 지휘·감독하는 직위</u>에 있는 자

22 ①

소화설비, 경보설비 및 피난설비의 기준 (위험물안전관리법 시행규칙 [별표 17])

제조소등의 구분	제조소등의 규모, 저장 또는 취급하는 위험물의 종류 및 최대수량 등	경보설비
마. 옥외탱크저장소	특수인화물, 제석유류 및 알코올류를 저장 또는 취급하는 탱크의 용량이 1,000만리터 이상인 것	• <u>자동화재탐지설비</u> • <u>자동화재속보설비</u>

23 ②

제조소등에서의 위험물의 저장 및 취급에 관한 기준 (위험물안전관리법 시행규칙 [별표 18])
Ⅲ. 저장의 기준
  21. 알킬알루미늄등, 아세트알데하이드등 및 다이에틸에터등(다이에틸에터 또는 이를 함유한 것을 말한다. 이하 같다)의 저장기준은 제1호 내지 제20호의 규정에 의하는 외에 다음 각목과 같다(중요기준).
    사. 옥외저장탱크·옥내저장탱크 또는 지하저장탱크 중 압력탱크 외의 탱크에 저장하는 다이에틸에터등 또는 아세트알데하이드등의 온도는 산화프로필렌과 이를 함유한 것 또는 다이에틸에터등에 있어서는 <u>30℃ 이하</u>로, 아세트알데하이드 또는 이를 함유한 것에 있어서는 <u>15℃ 이하</u>로 각각 유지할 것

24 ①

위험물안전관리법 시행규칙 제73조(자체소방대의 <u>설치 제외대상</u>인 일반취급소)
영 제18조 제1항 제1호 단서에서 "행정안전부령으로 정하는 일반취급소"란 다음 각 호의 어느 하나에 해당하는 일반취급소를 말한다.
1. 보일러, 버너 그 밖에 이와 유사한 장치로 위험물을 소비하는 일반취급소
2. 이동저장탱크 그 밖에 이와 유사한 것에 위험물을 주입하는 일반취급소
3. 용기에 위험물을 옮겨 담는 일반취급소
4. <u>유압장치, 윤활유순환장치 그 밖에 이와 유사한 장치로 위험물을 취급하는 일반취급소</u>
5. 「광산안전법」의 적용을 받는 일반취급소

제74조(자체소방대 편성의 특례)
영 제18조 제3항 단서의 규정에 의하여 <u>2 이상의 사업소가 상호응원에 관한 협정을 체결</u>하고 있는 경우에는 당해 모든 사업소를 하나의 사업소로 보고 제조소 또는 취급소에서 취급하는 <u>제4류 위험물을 합산한 양을 하나의 사업소에서 취급하는 제4류 위험물의 최대수량</u>으로 간주하여 동항 본문의 규정에 의한 화학소방자동차의 대수 및 자체소방대원을 정할 수 있다. 이 경우 상호응원에 관한 협정을 체결하고 있는 각 사업소의 자체소방대에는 영 제18조제3항 본문의 규정에 의한 <u>화학소방차 대수의 2분의 1 이상의 대수와 화학소방자동차마다 5인 이상의 자체소방대원</u>을 두어야 한다.

25 ③

③ (×) 위험물안전관리법 시행규칙 제52조(위험물의 운송기준) ① 법 제21조 제2항의 규정에 의한 <u>위험물 운송책임자</u>는 다음 각호의 1에 해당하는 자로 한다.
  1. 당해 위험물의 취급에 관한 <u>국가기술자격을 취득</u>하고 관련 업무에 <u>1년</u> 이상 종사한 경력이 있는 자
  2. 법 제28조 제1항의 규정에 의한 위험물의 운송에 관한 <u>안전교육을 수료</u>하고 관련 업무에 <u>2년</u> 이상 종사한 경력이 있는 자

제2회 소방관계법규 최종모의고사 정답 및 해설

2025 합격완성 소방관계법규 최종모의고사

01	02	03	04	05	06	07	08	09	10
④	①	①	②	④	①	②	③	④	③
11	12	13	14	15	16	17	18	19	20
④	②	②	①	④	③	②	②	③	①
21	22	23	24	25					
④	①	②	③	③					

01 ④

④ (×) 소방체험관에는 교통안전 분야로 보행안전 체험실, 자동차안전 체험실을 모두 갖추어야 하고, 소방체험관의 규모 및 지역 여건 등을 고려하여 버스안전 체험실, 이륜차안전 체험실, 지하철안전 체험실을 갖출 수 있다. 이 경우 체험실별 바닥면적은 100제곱미터 이상이어야 한다.

02 ①

소방기본법 제26조(피난 명령)
① 소방본부장, 소방서장 또는 소방대장은 화재, 재난·재해, 그 밖의 위급한 상황이 발생하여 사람의 생명을 위험하게 할 것으로 인정할 때에는 일정한 구역을 지정하여 그 구역에 있는 사람에게 그 구역 밖으로 피난할 것을 명할 수 있다.
② 소방본부장, 소방서장 또는 소방대장은 제1항에 따른 명령을 할 때 필요하면 관할 경찰서장 또는 자치경찰단장에게 협조를 요청할 수 있다.

03 ①

소방기본법 제41조(안전원의 업무)
안전원은 다음 각 호의 업무를 수행한다.
1. 소방기술과 안전관리에 관한 교육 및 조사·연구
2. 소방기술과 안전관리에 관한 각종 간행물 발간
3. 화재 예방과 안전관리의식 고취를 위한 대국민 홍보
4. 소방업무에 관하여 행정기관이 위탁하는 업무
5. 소방안전에 관한 국제협력
6. 그 밖에 회원에 대한 기술지원 등 정관으로 정하는 사항

04 ②

② (×) "사망자가 5명 이상 발생한 화재"이거나 "화재로 인한 사회적·경제적 영향이 광범위하다고 소방관서장이 인정하는 화재"이다.

소방의 화재조사에 관한 법률 제7조(화재합동조사단의 구성·운영)
① 소방관서장은 사상자가 많거나 사회적 이목을 끄는 화재 등 대통령령으로 정하는 대형화재 등이 발생한 경우 종합적이고 정밀한 화재조사를 위하여 유관기관 및 관계 전문가를 포함한 화재합동조사단을 구성·운영할

수 있다.

시행령 제7조(화재합동조사단의 구성·운영)
① 법 제7조 제1항에서 "사상자가 많거나 사회적 이목을 끄는 화재 등 대통령령으로 정하는 대형화재"란 다음 각 호의 화재를 말한다.
  1. 사망자가 5명 이상 발생한 화재
  2. 화재로 인한 사회적·경제적 영향이 광범위하다고 소방관서장이 인정하는 화재

05 ④

소방시설공사업법 제22조의2(하도급계약의 적정성 심사 등)
① 발주자는 하수급인이 계약내용을 수행하기에 현저하게 부적당하다고 인정되거나 하도급계약금액이 대통령령으로 정하는 비율에 따른 금액에 미달하는 경우에는 하수급인의 시공 및 수행능력, 하도급계약 내용의 적정성 등을 심사할 수 있다. 이 경우, 국가, 지방자치단체 또는 대통령령으로 정하는 공공기관이 발주자일 때에는 적정성 심사를 실시하여야 한다.

시행령 제12조의2(하도급계약의 적정성 심사 등)
① 법 제22조의2 제1항 전단에서 "하도급계약금액이 대통령령으로 정하는 비율에 따른 금액에 미달하는 경우"란 다음 각 호의 어느 하나에 해당하는 경우를 말한다.
  1. 하도급계약금액이 도급금액 중 하도급부분에 상당하는 금액[하도급하려는 소방시설공사등에 대하여 수급인의 도급금액 산출내역서의 계약단가(직접·간접 노무비, 재료비 및 경비를 포함한다)를 기준으로 산출한 금액에 일반관리비, 이윤 및 부가가치세를 포함한 금액을 말하며, 수급인이 하수급인에게 직접 지급하는 자재의 비용 등 관계 법령에 따라 수급인이 부담하는 금액은 제외한다]의 100분의 82에 해당하는 금액에 미달하는 경우
  2. 하도급계약금액이 소방시설공사등에 대한 발주자의 예정가격의 100분의 60에 해당하는 금액에 미달하는 경우

06 ①

소방시설공사업법 제4조(소방시설업의 등록)
① 특정소방대상물의 소방시설공사등을 하려는 자는 업종별로 자본금(개인인 경우에는 자산 평가액을 말한다), 기술인력 등 대통령령으로 정하는 요건을 갖추어 특별시장·광역시장·특별자치시장·도지사 또는 특별자치도지사(이하 "시·도지사"라 한다)에게 소방시설업을 등록하여야 한다
② 제1항에 따른 소방시설업의 업종별 영업범위는 대통령령으로 정한다.
③ 제1항에 따른 소방시설업의 등록신청과 등록증·등록수첩의 발급·재발급 신청, 그 밖에 소방시설업 등록에 필요한 사항은 행정안전부령으로 정한다.

소방시설공사업법 제5조(등록의 결격사유)
다음 각 호의 어느 하나에 해당하는 자는 소방시설업을 등록할 수 없다. (각 호 생략)

07 ②

소방시설공사업법 시행규칙 제21조(소방기술용역의 대가 기준 산정방식)
법 제25조에서 "행정안전부령으로 정하는 방식"이란 「엔지니어링산업 진흥법」 제31조 제2항에 따라 산업통상

자원부장관이 고시한 엔지니어링사업대가의 기준 중 다음 각 호에 따른 방식을 말한다.
1. 소방시설설계의 대가: 통신부문에 적용하는 공사비 요율에 따른 방식
2. 소방공사감리의 대가: 실비정액 가산방식

08 ③

소방시설공사업법 시행령 제11조의2(소방시설공사 분리 도급의 예외)
법 제21조 제2항 단서에서 "대통령령으로 정하는 경우"란 다음 각 호의 어느 하나에 해당하는 경우를 말한다.
1. 「재난 및 안전관리 기본법」 제3조 제1호에 따른 재난의 발생으로 긴급하게 착공해야 하는 공사인 경우
2. 국방 및 국가안보 등과 관련하여 기밀을 유지해야 하는 공사인 경우
3. 제4조 각 호(註: 착공신고 대상)에 따른 소방시설공사에 해당하지 않는 공사인 경우
4. 연면적이 1천제곱미터 이하인 특정소방대상물에 비상경보설비를 설치하는 공사인 경우
5. 다음 각 목의 어느 하나에 해당하는 입찰로 시행되는 공사인 경우
   가. 「국가를 당사자로 하는 계약에 관한 법률 시행령」 제79조 제1항 제4호 또는 제5호 및 「지방자치단체를 당사자로 하는 계약에 관한 법률 시행령」 제95조 제4호 또는 제5호에 따른 대안입찰 또는 일괄입찰
   나. 「국가를 당사자로 하는 계약에 관한 법률 시행령」 제98조 제2호 또는 제3호 및 「지방자치단체를 당사자로 하는 계약에 관한 법률 시행령」 제127조 제2호 또는 제3호에 따른 실시설계 기술제안입찰 또는 기본설계 기술제안입찰
6. 그 밖에 국가유산수리 및 재개발·재건축 등의 공사로서 공사의 성질상 분리하여 도급하는 것이 곤란하다고 소방청장이 인정하는 경우

09 ④

소방시설공사업법 제17조(공사감리자의 지정 등)
① 대통령령으로 정하는 특정소방대상물의 관계인이 특정소방대상물에 대하여 자동화재탐지설비, 옥내소화전설비 등 대통령령으로 정하는 소방시설을 시공할 때에는 소방시설공사의 감리를 위하여 감리업자를 공사감리자로 지정하여야 한다. 다만, 제26조의2 제2항에 따라 시·도지사가 감리업자를 선정한 경우에는 그 감리업자를 공사감리자로 지정한다
② 관계인은 제1항에 따라 공사감리자를 지정하였을 때에는 행정안전부령으로 정하는 바에 따라 소방본부장이나 소방서장에게 신고하여야 한다. 공사감리자를 변경하였을 때에도 또한 같다.
③ 관계인이 제1항에 따른 공사감리자를 변경하였을 때에는 새로 지정된 공사감리자와 종전의 공사감리자는 감리 업무 수행에 관한 사항과 관계 서류를 인수·인계하여야 한다.
④ 소방본부장 또는 소방서장은 제2항에 따른 공사감리자 지정신고 또는 변경신고를 받은 날부터 2일 이내에 신고수리 여부를 신고인에게 통지하여야 한다.
⑤ 소방본부장 또는 소방서장이 제4항에서 정한 기간 내에 신고수리 여부 또는 민원 처리 관련 법령에 따른 처리기간의 연장을 신고인에게 통지하지 아니하면 그 기간(민원처리 관련 법령에 따라 처리기간이 연장 또는 재연장된 경우에는 해당 처리기간을 말한다)이 끝난 날의 다음 날에 신고를 수리한 것으로 본다.

10 ③

화재의 예방 및 안전관리에 관한 법률 제35조(관리의 권원이 분리된 특정소방대상물의 소방안전관리)
① 다음 각 호의 어느 하나에 해당하는 특정소방대상물로서 그 관리의 권원(權原)이 분리되어 있는 특정소방대상물의 경우 그 관리의 권원별 관계인은 대통령령으로 정하는 바에 따라 제24조 제1항에 따른 소방안전관리자를 선임하여야 한다. 다만, 소방본부장 또는 소방서장은 관리의 권원이 많아 효율적인 소방안전관리가 이루어지지 아니한다고 판단되는 경우 대통령령으로 정하는 바에 따라 관리의 권원을 조정하여 소방안전관리

자를 선임하도록 할 수 있다.
1. 복합건축물(지하층을 제외한 층수가 11층 이상 또는 연면적 3만제곱미터 이상인 건축물)
2. 지하가(지하의 인공구조물 안에 설치된 상점 및 사무실, 그 밖에 이와 비슷한 시설이 연속하여 지하도에 접하여 설치된 것과 그 지하도를 합한 것을 말한다)
3. 그 밖에 대통령령으로 정하는 특정소방대상물

② 제1항에 따른 관리의 권원별 관계인은 상호 협의하여 특정소방대상물의 전체에 걸쳐 소방안전관리상 필요한 업무를 총괄하는 소방안전관리자(이하 "총괄소방안전관리자"라 한다)를 제1항에 따라 선임된 소방안전관리자 중에서 선임하거나 별도로 선임하여야 한다. 이 경우 총괄소방안전관리자의 자격은 대통령령으로 정하고 업무수행 등에 필요한 사항은 행정안전부령으로 정한다.

③ 제2항에 따른 총괄소방안전관리자에 대하여는 제24조, 제26조부터 제28조까지 및 제30조부터 제34조까지에서 규정한 사항 중 소방안전관리자에 관한 사항을 준용한다.

④ 제1항 및 제2항에 따라 선임된 소방안전관리자 및 총괄소방안전관리자는 해당 특정소방대상물의 소방안전관리를 효율적으로 수행하기 위하여 공동소방안전관리협의회를 구성하고, 해당 특정소방대상물에 대한 소방안전관리를 공동으로 수행하여야 한다. 이 경우 공동소방안전관리협의회의 구성·운영 및 공동소방안전관리의 수행 등에 필요한 사항은 대통령령으로 정한다.

11 ④

화재의 예방 및 안전관리에 관한 법률 제18조(화재예방강화지구의 지정 등)
④ 소방관서장은 제3항에 따른 화재안전조사를 한 결과 화재의 예방강화를 위하여 필요하다고 인정할 때에는 관계인에게 소화기구, 소방용수시설 또는 그 밖에 소방에 필요한 설비(이하 "소방설비등"이라 한다)의 설치(보수, 보강을 포함한다)를 명할 수 있다.

제19조(화재의 예방 등에 대한 지원)
① 소방청장은 제18조 제4항에 따라 소방설비등의 설치를 명하는 경우 해당 관계인에게 소방설비등의 설치에 필요한 지원을 할 수 있다.
② 소방청장은 관계 중앙행정기관의 장 및 시·도지사에게 제1항에 따른 지원에 필요한 협조를 요청할 수 있다.
③ 시·도지사는 제2항에 따라 소방청장의 요청이 있거나 화재예방강화지구 안의 소방대상물의 화재안전성능 향상을 위하여 필요한 경우 특별시·광역시·특별자치시·도 또는 특별자치도(이하 "시·도"라 한다)의 조례로 정하는 바에 따라 소방설비등의 설치에 필요한 비용을 지원할 수 있다.

제20조(화재 위험경보)
소방관서장은 「기상법」 제13조, 제13조의2 및 제13조의4에 따른 기상현상 및 기상영향에 대한 예보·특보·태풍예보에 따라 화재의 발생 위험이 높다고 분석·판단되는 경우에는 행정안전부령으로 정하는 바에 따라 화재에 관한 위험경보를 발령하고 그에 따른 필요한 조치를 할 수 있다.

12 ②

화재의 예방 및 안전관리에 관한 법률 시행령 제15조(화재안전조사 결과 공개)
② 소방관서장은 법 제16조 제1항에 따라 화재안전조사 결과를 공개하는 경우 30일 이상 해당 소방관서 인터넷 홈페이지나 같은 조 제3항에 따른 전산시스템을 통해 공개해야 한다.
③ 소방관서장은 제2항에 따라 화재안전조사 결과를 공개하려는 경우 공개 기간, 공개 내용 및 공개 방법을 해당 소방대상물의 관계인에게 미리 알려야 한다.
④ 소방대상물의 관계인은 제3항에 따른 공개 내용 등을 통보받은 날부터 10일 이내에 소방관서장에게 이의신청을 할 수 있다.

⑤ 소방관서장은 제4항에 따라 이의신청을 받은 날부터 <u>10일 이내</u>에 심사·결정하여 그 결과를 지체 없이 신청인에게 알려야 한다.
⑥ 화재안전조사 결과의 공개가 제3자의 법익을 침해하는 경우에는 <u>제3자와 관련된 사실을 제외</u>하고 공개해야 한다.

13 ②

화재의 예방 및 안전관리에 관한 법률 제26조(소방안전관리자 선임신고 등)
① 소방안전관리대상물의 관계인이 제24조에 따라 소방안전관리자 또는 소방안전관리보조자를 선임한 경우에는 행정안전부령으로 정하는 바에 따라 선임한 날부터 14일 이내에 소방본부장 또는 소방서장에게 신고하고, 소방안전관리대상물의 출입자가 쉽게 알 수 있도록 <u>소방안전관리자의 성명</u>과 그 밖에 행정안전부령으로 정하는 사항을 게시하여야 한다.

시행규칙 제15조(소방안전관리자 정보의 게시)
① 법 제26조 제1항에서 "행정안전부령으로 정하는 사항"이란 다음 각 호의 사항을 말한다.
　1. <u>소방안전관리대상물의 명칭 및 등급</u>
　2. <u>소방안전관리자의 성명 및 선임일자</u>
　3. <u>소방안전관리자의 연락처</u>
　4. <u>소방안전관리자의 근무 위치(화재 수신기 또는 종합방재실을 말한다)</u>

14 ①

소방시설 설치 및 관리에 관한 법률 제33조(관리업의 운영)
① 관리업자는 이 법이나 이 법에 따른 명령 등에 맞게 소방시설등을 점검하거나 관리하여야 한다.
② 관리업자는 관리업의 등록증이나 등록수첩을 다른 자에게 빌려주거나 빌려서는 아니 되며, 이를 알선하여서도 아니 된다.
③ 관리업자는 다음 각 호의 어느 하나에 해당하는 경우에는 「화재의 예방 및 안전관리에 관한 법률」 제25조에 따라 소방안전관리업무를 대행하게 하거나 제22조 제1항에 따라 소방시설등의 점검업무를 수행하게 한 특정소방대상물의 관계인에게 <u>지체 없이</u> 그 사실을 알려야 한다.
　1. 제32조에 따라 관리업자의 지위를 승계한 경우
　2. 제35조 제1항에 따라 관리업의 등록취소 또는 영업정지 처분을 받은 경우
　3. <u>휴업 또는 폐업을 한 경우</u>
④ 관리업자는 제22조 제1항 및 제2항에 따라 자체점검을 하거나 「화재의 예방 및 안전관리에 관한 법률」 제25조에 따른 소방안전관리업무의 대행을 하는 때에는 행정안전부령으로 정하는 바에 따라 <u>소속 기술인력을 참여시켜야</u> 한다.
⑤ 제35조 제1항에 따라 등록취소 또는 영업정지 처분을 받은 관리업자는 그 날부터 소방안전관리업무를 대행하거나 소방시설등에 대한 점검을 하여서는 아니 된다. 다만, <u>영업정지처분의 경우 도급계약이 해지되지 아니한 때</u>에는 대행 또는 점검 중에 있는 특정소방대상물의 소방안전관리업무 대행과 자체점검은 할 수 있다.

15 ④

특정소방대상물의 관계인이 특정소방대상물에 설치·관리해야 하는 소방시설의 종류 (소방시설 설치 및 관리에 관한 법률 시행령 [별표 4])
2. 경보설비
　라. 시각경보기를 설치해야 하는 특정소방대상물은 다목에 따라 자동화재탐지설비를 설치해야 하는 특정소방

대상물 중 다음의 어느 하나에 해당하는 것으로 한다.
1) 근린생활시설, <u>문화 및 집회시설</u>, 종교시설, 판매시설, 운수시설, 의료시설, 노유자 시설
2) 운동시설, 업무시설, 숙박시설, 위락시설, 창고시설 중 물류터미널, <u>발전시설</u> 및 장례시설
3) <u>교육연구시설 중 도서관</u>, 방송통신시설 중 방송국
4) 지하가 중 <u>지하상가</u>

16 ③

① (×) 강의실·교무실·상담실·실습실·휴게실 용도로 쓰는 특정소방대상물 : 해당 용도로 사용하는 바닥면적의 합계를 <u>1.9㎡</u>로 나누어 얻은 수
② (×) 침대가 없는 숙박시설 : 해당 특정소방대상물의 종사자 수에 숙박시설 바닥면적의 합계를 <u>3㎡</u>로 나누어 얻은 수를 합한 수
③ (○) 침대가 있는 숙박시설 : 해당 특정소방대상물의 종사자 수에 침대 수(2인용 침대는 2개로 산정한다)를 합한 수
④ (×) 바닥면적을 산정할 때에는 복도, 계단 및 화장실의 <u>바닥면적을 포함하지 않는다.</u>

17 ②

소방시설 설치 및 관리에 관한 법률 시행규칙 제3조(건축허가등의 동의 요구)
② 제1항 각 호의 어느 하나에 해당하는 기관은 영 제7조 제3항에 따라 건축허가등의 동의를 요구하는 경우에는 동의요구서(전자문서로 된 요구서를 포함한다)에 다음 각 호의 서류(전자문서를 포함한다)를 첨부해야 한다.
  1.「건축법 시행규칙」제6조에 따른 건축허가신청서, 같은 법 시행규칙 제8조에 따른 건축허가서 또는 같은 법 시행규칙 제12조에 따른 건축·대수선·용도변경신고서 등 건축허가등을 확인할 수 있는 서류의 사본. 이 경우 동의 요구를 받은 담당 공무원은 특별한 사정이 있는 경우를 제외하고는 「전자정부법」제36조제1항에 따른 행정정보의 공동이용을 통하여 건축허가서를 확인함으로써 첨부서류의 제출을 갈음할 수 있다.
  2. 다음 각 목의 설계도서. 다만, 가목 및 나목2)·4)의 설계도서는 「소방시설공사업법 시행령」제4조에 따른 소방시설공사 착공신고 대상에 해당되는 경우에만 제출한다.
    가. 건축물 설계도서
      1) 건축물 개요 및 배치도
      2) 주단면도 및 입면도
      3) 층별 평면도(용도별 기준층 평면도를 포함한다)
      4) 방화구획도(창호도를 포함한다)
      5) 실내·실외 마감재료표
      6) 소방자동차 진입 동선도 및 부서 공간 위치도(조경계획을 포함한다)
    나. 소방시설 설계도서
      1) 소방시설(기계·전기 분야의 시설을 말한다)의 계통도(시설별 계산서를 포함한다)
      2) 소방시설별 층별 평면도
      3) 실내장식물 방염대상물품 설치 계획(「건축법」제52조에 따른 건축물의 마감재료는 제외한다)
      4) 소방시설의 내진설계 계통도 및 기준층 평면도(내진 시방서 및 계산서 등 세부 내용이 포함된 상세 설계도면은 제외한다)
  3. <u>소방시설 설치계획표</u>
  4. <u>임시소방시설 설치계획서</u>(설치시기·위치·종류·방법 등 임시소방시설의 설치와 관련된 세부 사항을 포함한다)
  5. 「소방시설공사업법」제4조 제1항에 따라 등록한 소방시설설계업등록증과 <u>소방시설을 설계한 기술인력의 기술자격증 사본</u>

6. 「소방시설공사업법」 제21조 및 제21조의3 제2항에 따라 체결한 소방시설설계 계약서 사본

18 ②

소방시설 설치 및 관리에 관한 법률 시행령 제31조(방염대상물품 및 방염성능기준)
① 법 제20조 제1항에서 "대통령령으로 정하는 물품"이란 다음 각 호의 것을 말한다.
  1. 제조 또는 가공 공정에서 방염처리를 한 다음 각 목의 물품
    가. 창문에 설치하는 커튼류(블라인드를 포함한다)
    나. 카펫
    다. 벽지류(두께가 2밀리미터 미만인 종이벽지는 제외한다)
    라. 전시용 합판·목재 또는 섬유판, 무대용 합판·목재 또는 섬유판(합판·목재류의 경우 불가피하게 설치 현장에서 방염처리한 것을 포함한다)
    마. 암막·무대막(「영화 및 비디오물의 진흥에 관한 법률」 제2조 제10호에 따른 영화상영관에 설치하는 스크린과 「다중이용업소의 안전관리에 관한 특별법 시행령」 제2조 제7호의4에 따른 가상체험 체육시설업에 설치하는 스크린을 포함한다)
    바. 섬유류 또는 합성수지류 등을 원료로 하여 제작된 소파·의자(「다중이용업소의 안전관리에 관한 특별법 시행령」 제2조제1호나목 및 같은 조 제6호에 따른 단란주점영업, 유흥주점영업 및 노래연습장업의 영업장에 설치하는 것으로 한정한다)

19 ③

ㄷ(인공소생기)은 해당되지 않는다.
소방용품 (소방시설 설치 및 관리에 관한 법률 시행령 [별표 3])
1. 소화설비를 구성하는 제품 또는 기기
    가. 별표 1 제1호 가목의 소화기구(소화약제 외의 것을 이용한 간이소화용구는 제외)
    니. 별표 1 제1호 나목의 자동소화장치
    다. 소화설비를 구성하는 소화전, 관창(菅槍), 소방호스, 스프링클러헤드, 기동용 수압개폐장치, 유수제어밸브 및 가스관선택밸브
2. 경보설비를 구성하는 제품 또는 기기
    가. 누전경보기 및 가스누설경보기
    나. 경보설비를 구성하는 발신기, 수신기, 중계기, 감지기 및 음향장치(경종만 해당)
3. 피난구조설비를 구성하는 제품 또는 기기
    가. 피난사다리, 구조대, 완강기(지지대를 포함) 및 간이완강기(지지대를 포함)
    나. 공기호흡기(충전기를 포함)
    다. 피난구유도등, 통로유도등, 객석유도등 및 예비 전원이 내장된 비상조명등
4. 소화용으로 사용하는 제품 또는 기기
    가. 소화약제[별표 1 제1호 나목2) 및 3)의 자동소화장치(註: 상업용 주방자동소화장치, 캐비닛형 자동소화장치)와 같은 호 마목3)부터 9)까지의 소화설비용(註: 포소화설비, 이산화탄소소화설비, 할론소화설비, 할로젠화합물 및 불활성기체 소화설비, 분말소화설비, 강화액소화설비, 고체에어로졸소화설비)만 해당]
    나. 방염제(방염액·방염도료 및 방염성물질을 말한다)
5. 그 밖에 행정안전부령으로 정하는 소방 관련 제품 또는 기기

20 ①

판매취급소의 위치·구조 및 설비의 기준 (위험물안전관리법 시행규칙 [별표 14])
1. 판매취급소의 기준
   1. 저장 또는 취급하는 위험물의 수량이 지정수량의 20배 이하인 판매취급소(이하 "제1종 판매취급소")의 위치·구조 및 설비의 기준은 다음 각목과 같다.
      자. 위험물을 배합하는 실은 다음에 의할 것
         1) 바닥면적은 <u>6㎡ 이상 15㎡ 이하</u>로 할 것
         2) 내화구조 또는 불연재료로 된 벽으로 구획할 것
         3) 바닥은 위험물이 침투하지 아니하는 구조로 하여 적당한 경사를 두고 집유설비를 할 것
         4) 출입구에는 수시로 열 수 있는 <u>자동폐쇄식의 60분+방화문 또는 60분방화문</u>을 설치할 것
         5) 출입구 문턱의 높이는 바닥면으로부터 <u>0.1m 이상</u>으로 할 것
         6) 내부에 체류한 가연성의 증기 또는 가연성의 미분을 지붕 위로 방출하는 설비를 할 것

21 ④

위험물안전관리법 시행규칙 제65조(특정·준특정옥외탱크저장소의 정기점검)
① 법 제18조 제1항에 따라 <u>옥외탱크저장소 중 저장 또는 취급하는 액체위험물의 최대수량이 50만리터 이상인 것</u>(이하 "특정·준특정옥외탱크저장소"라 한다)에 대해서는 제64조에 따른 정기점검 외에 다음 각 호의 어느 하나에 해당하는 기간 이내에 1회 이상 특정·준특정옥외저장탱크(특정·준특정옥외탱크저장소의 탱크)의 구조 등에 관한 안전점검(이하 "구조안전점검"이라 한다)을 해야 한다. 다만, 해당 기간 이내에 특정·준특정옥외저장탱크의 사용중단 등으로 구조안전점검을 실시하기가 곤란한 경우에는 별지 제39호의2 서식에 따라 관할소방서장에게 구조안전점검의 실시기간 연장신청(전자문서에 의한 신청을 포함한다)을 할 수 있으며, 그 신청을 받은 소방서장은 <u>1년</u>(특정·준특정옥외저장탱크의 사용을 중지한 경우에는 <u>사용중지기간</u>)의 범위에서 실시기간을 연장할 수 있다.
   1. 특정·준특정옥외탱크저장소의 설치허가에 따른 완공검사합격확인증을 발급받은 날부터 <u>12년</u>
   2. 제70조 제1항 제1호에 따른 <u>최근의 정밀정기검사를 받은 날부터 11년</u>
   3. 제2항에 따라 특정·준특정옥외저장탱크에 안전조치를 한 후 제71조 제2항에 따라 구조안전점검시기 연장신청을 하여 해당 안전조치가 적정한 것으로 인정받은 경우에는 제70조 제1항제1호에 따른 최근의 정밀정기검사를 받은 날부터 13년

22 ①

위험물안전관리법 시행규칙 제18조(탱크안전성능검사의 신청 등)
④ 제1항의 규정에 의한 탱크안전성능검사의 신청시기는 다음 각호의 구분에 의한다.
   1. 기초·지반검사 : 위험물탱크의 기초 및 지반에 관한 <u>공사의 개시 전</u>
   2. 충수·수압검사 : 위험물을 저장 또는 취급하는 탱크에 <u>배관 그 밖의 부속설비를 부착하기 전</u>
   3. 용접부검사 : <u>탱크본체에 관한 공사의 개시 전</u>
   4. 암반탱크검사 : <u>암반탱크의 본체에 관한 공사의 개시 전</u>

23 ②

위험물의 운반에 관한 기준 (위험물안전관리법 시행규칙 [별표 19])
Ⅱ. 적재방법
   8. 위험물은 그 운반용기의 외부에 다음 각목에 정하는 바에 따라 위험물의 품명, 수량 등을 표시하여 적재

하여야 한다. (단서 생략)
다. 수납하는 위험물에 따라 다음의 규정에 의한 주의사항
1) 제1류 위험물 중 알칼리금속의 과산화물 또는 이를 함유한 것에 있어서는 "화기·충격주의", "물기엄금" 및 "가연물접촉주의", 그 밖의 것에 있어서는 "화기·충격주의" 및 "가연물접촉주의"
2) 제2류 위험물 중 철분·금속분·마그네슘 또는 이들중 어느 하나 이상을 함유한 것에 있어서는 "화기주의" 및 "물기엄금", 인화성고체에 있어서는 "화기엄금", 그 밖의 것에 있어서는 "화기주의"
3) 제3류 위험물 중 자연발화성물질에 있어서는 "화기엄금" 및 "공기접촉엄금", 금수성물질에 있어서는 "물기엄금"
4) 제4류 위험물에 있어서는 "화기엄금"
5) 제5류 위험물에 있어서는 "화기엄금" 및 "충격주의"
6) 제6류 위험물에 있어서는 "가연물접촉주의"

24 ③

위험물안전관리법 시행령 제6조(제조소등의 설치 및 변경의 허가)
② 시·도지사는 제1항에 따른 제조소등의 설치허가 또는 변경허가 신청 내용이 다음 각 호의 기준에 적합하다고 인정하는 경우에는 허가를 하여야 한다.
1. 제조소등의 위치·구조 및 설비가 법 제5조 제4항의 규정에 의한 기술기준에 적합할 것
2. 제조소등에서의 위험물의 저장 또는 취급이 공공의 안전유지 또는 재해의 발생방지에 지장을 줄 우려가 없다고 인정될 것
3. 다음 각 목의 제조소등은 해당 목에서 정한 사항에 대하여 「소방산업의 진흥에 관한 법률」 제14조에 따른 한국소방산업기술원의 기술검토를 받고 그 결과가 행정안전부령으로 정하는 기준에 적합한 것으로 인정될 것. 다만, 보수 등을 위한 부분적인 변경으로서 소방청장이 정하여 고시하는 사항에 대해서는 기술원의 기술검토를 받지 않을 수 있으나 행정안전부령으로 정하는 기준에는 적합해야 한다.
가. 지정수량의 1천배 이상의 위험물을 취급하는 제조소 또는 일반취급소 : 구조·설비에 관한 사항
나. 옥외탱크저장소(저장용량이 50만 리터 이상인 것만 해당한다) 또는 암반탱크저장소 : 위험물탱크의 기초·지반, 탱크본체 및 소화설비에 관한 사항

25 ③

지정수량 이상의 위험물을 저장하기 위한 장소와 그에 따른 저장소의 구분 (위험물안전관리법 시행령 [별표 2])

지정수량 이상의 위험물을 저장하기 위한 장소	저장소의 구분
7. 옥외에 다음 각목의 1에 해당하는 위험물을 저장하는 장소. 다만, 제2호의 장소를 제외한다. 가. 제2류 위험물중 황 또는 인화성고체(인화점이 섭씨 0도 이상인 것에 한함) 나. 제4류 위험물중 제1석유류(인화점이 섭씨 0도 이상인 것에 한함)·알코올류·제2석유류·제3석유류·제4석유류 및 동식물유류 다. 제6류 위험물 라. 제2류 위험물 및 제4류 위험물 중 특별시·광역시·특별자치시·도 또는 특별자치도의 조례로 정하는 위험물(「관세법」 제154조에 따른 보세구역 안에 저장하는 경우로 한정한다) 마. 「국제해사기구에 관한 협약」에 의하여 설치된 국제해사기구가 채택한 「국제해상위험물규칙」(IMDG Code)에 적합한 용기에 수납된 위험물	옥외저장소

소방관계법규 최종모의고사 정답 및 해설

2025 합격완성 소방관계법규 최종모의고사

01	02	03	04	05	06	07	08	09	10
③	③	①	④	①	④	①	②	②	②
11	12	13	14	15	16	17	18	19	20
③	④	①	②	②	③	②	④	④	①
21	22	23	24	25					
②	③	④	③	②					

01 ③

소방기본법 제17조의6(한국119청소년단)
① 청소년에게 소방안전에 관한 올바른 이해와 안전의식을 함양시키기 위하여 한국119청소년단을 설립한다.
② 한국119청소년단은 법인으로 하고, 그 주된 사무소의 소재지에 설립등기를 함으로써 성립한다.
③ 국가나 지방자치단체는 한국119청소년단에 그 조직 및 활동에 필요한 시설·장비를 지원할 수 있으며, 운영경비와 시설비 및 국내외 행사에 필요한 경비를 보조할 수 있다.
④ 개인·법인 또는 단체는 한국119청소년단의 시설 및 운영 등을 지원하기 위하여 금전이나 그 밖의 재산을 기부할 수 있다.
⑤ 이 법에 따른 한국119청소년단이 아닌 자는 한국119청소년단 또는 이와 유사한 명칭을 사용할 수 없다.
⑥ 한국119청소년단의 정관 또는 사업의 범위·지도·감독 및 지원에 필요한 사항은 행정안전부령으로 정한다.
⑦ 한국119청소년단에 관하여 이 법에서 규정한 것을 제외하고는 「민법」 중 사단법인에 관한 규정을 준용한다.

제56조(과태료)
② 다음 각 호의 어느 하나에 해당하는 자에게는 200만원 이하의 과태료를 부과한다.
2의2. 제17조의6 제5항을 위반하여 한국119청소년단 또는 이와 유사한 명칭을 사용한 자

02 ③

소방기본법 제11조의2(소방력의 동원)
① 소방청장은 해당 시·도의 소방력만으로는 소방활동을 효율적으로 수행하기 어려운 화재, 재난·재해, 그 밖의 구조·구급이 필요한 상황이 발생하거나 특별히 국가적 차원에서 소방활동을 수행할 필요가 인정될 때에는 각 시·도지사에게 행정안전부령으로 정하는 바에 따라 소방력을 동원할 것을 요청할 수 있다.
② 제1항에 따라 동원 요청을 받은 시·도지사는 정당한 사유 없이 요청을 거절하여서는 아니 된다.
③ 소방청장은 시·도지사에게 제1항에 따라 동원된 소방력을 화재, 재난·재해 등이 발생한 지역에 지원·파견하여 줄 것을 요청하거나 필요한 경우 직접 소방대를 편성하여 화재진압 및 인명구조 등 소방에 필요한 활동을 하게 할 수 있다.
④ 제1항에 따라 동원된 소방대원이 다른 시·도에 파견·지원되어 소방활동을 수행할 때에는 특별한 사정이 없으면 화재, 재난·재해 등이 발생한 지역을 관할하는 소방본부장 또는 소방서장의 지휘에 따라야 한다. 다만, 소방청장이 직접 소방대를 편성하여 소방활동을 하게 하는 경우에는 소방청장의 지휘에 따라야 한다.
⑤ 제3항 및 제4항에 따른 소방활동을 수행하는 과정에서 발생하는 경비 부담에 관한 사항, 제3항 및 제4항에 따라 소방활동을 수행한 민간 소방 인력이 사망하거나 부상을 입었을 경우의 보상주체·보상기준 등에 관한 사항, 그 밖에 동원된 소방력의 운용과 관련하여 필요한 사항은 대통령령으로 정한다.

03 ①

소방기본법 시행령 제2조(국고보조 대상사업의 범위와 기준보조율)
① 법 제9조 제2항에 따른 국고보조 대상사업의 범위는 다음 각 호와 같다.
   1. 다음 각 목의 소방활동장비와 설비의 구입 및 설치
      가. 소방자동차
      나. 소방헬리콥터 및 소방정
      다. 소방전용통신설비 및 전산설비
      라. 그 밖에 방화복 등 소방활동에 필요한 소방장비
   2. 소방관서용 청사의 건축[「건축법」 제2조 제1항 제8호에 따른 건축(註: 건축물을 신축·증축·개축·재축(再築)하거나 건축물을 이전하는 것)을 말한다]

04 ④

소방의 화재조사에 관한 법률 제5조(화재조사의 실시)
② 소방관서장은 제1항에 따라 화재조사를 하는 경우 다음 각 호의 사항에 대하여 조사하여야 한다.
   1. 화재원인에 관한 사항
   2. 화재로 인한 인명·재산피해상황
   3. 대응활동에 관한 사항
   4. 소방시설 등의 설치·관리 및 작동 여부에 관한 사항
   5. 화재발생건축물과 구조물, 화재유형별 화재위험성 등에 관한 사항
   6. 그 밖에 대통령령으로 정하는 사항

시행령 제3조(화재조사의 내용·절차)
① 법 제5조 제2항 제6호에서 "대통령령으로 정하는 사항"이란 「화재의 예방 및 안전관리에 관한 법률」 제7조에 따른 화재안전조사의 실시 결과에 관한 사항을 말한다.

05 ①

소방기술자의 배치기준 및 배치기간 (소방시설공사업법 시행령 [별표 2])
라. 가목 및 나목에도 불구하고 소방공사감리업자가 감리하는 소방시설공사가 다음의 어느 하나에 해당하는 경우에는 소방기술자를 소방시설공사 현장에 배치하지 않을 수 있다.
   1) 소방시설의 비상전원을 「전기공사업법」에 따른 전기공사업자가 공사하는 경우
   2) 상수도소화용수설비, 소화수조·저수조 또는 그 밖의 소화용수설비를 「건설산업기본법 시행령」 [별표 1]에 따른 기계설비·가스공사업자 또는 상·하수도설비공사업자가 공사하는 경우
   3) 소방 외의 용도와 겸용되는 제연설비를 「건설산업기본법 시행령」 [별표 1]에 따른 기계설비·가스공사업자가 공사하는 경우
   4) 소방 외의 용도와 겸용되는 비상방송설비 또는 무선통신보조설비를 「정보통신공사업법」에 따른 정보통신공사업자가 공사하는 경우

06 ④

소방시설공사업법 제9조(등록취소와 영업정지 등)
① 시·도지사는 소방시설업자가 다음 각 호의 어느 하나에 해당하면 행정안전부령으로 정하는 바에 따라 그 등록을 취소하거나 6개월 이내의 기간을 정하여 시정이나 그 영업의 정지를 명할 수 있다. 다만, 제1호·제3호

또는 제7호에 해당하는 경우에는 그 등록을 취소하여야 한다.
3. 제5조 각 호의 등록 결격사유에 해당하게 된 경우. 다만, 제5조 제6호 또는 제7호에 해당하게 된 법인이 그 사유가 발생한 날부터 3개월 이내에 그 사유를 해소한 경우는 제외한다.
② 제7조에 따라 소방시설업자의 지위를 승계한 상속인이 제5조 각 호의 어느 하나에 해당할 때에는 상속을 개시한 날부터 6개월 동안은 제1항 제3호를 적용하지 아니한다.

제5조(등록의 결격사유) 다음 각 호의 어느 하나에 해당하는 자는 소방시설업을 등록할 수 없다.
1. 피성년후견인
2. 삭제
3. 이 법, 「소방기본법」, 「화재의 예방 및 안전관리에 관한 법률」, 「소방시설 설치 및 관리에 관한 법률」 또는 「위험물안전관리법」에 따른 금고 이상의 실형을 선고받고 그 집행이 끝나거나(집행이 끝난 것으로 보는 경우를 포함한다) 면제된 날부터 2년이 지나지 아니한 사람
4. 이 법, 「소방기본법」, 「화재의 예방 및 안전관리에 관한 법률」, 「소방시설 설치 및 관리에 관한 법률」 또는 「위험물안전관리법」에 따른 금고 이상의 형의 집행유예를 선고받고 그 유예기간 중에 있는 사람
5. 등록하려는 소방시설업 등록이 취소(제1호에 해당하여 등록이 취소된 경우는 제외한다)된 날부터 2년이 지나지 아니한 자
6. 법인의 대표자가 제1호 또는 제3호부터 제5호까지에 해당하는 경우 그 법인
7. 법인의 임원이 제3호부터 제5호까지의 규정에 해당하는 경우 그 법인

07 ①

소방시설공사업법 시행령 제5조(완공검사를 위한 현장확인 대상 특정소방대상물의 범위)
법 제14조 제1항 단서에서 "대통령령으로 정하는 특정소방대상물"이란 특정소방대상물 중 다음 각 호의 대상물을 말한다.
1. 문화 및 집회시설, 종교시설, 판매시설, 노유자(老幼者)시설, 수련시설, 운동시설, 숙박시설, 창고시설, 지하상가 및 「다중이용업소의 안전관리에 관한 특별법」에 따른 다중이용업소
2. 다음 각 목의 어느 하나에 해당하는 설비가 설치되는 특정소방대상물
   가. 스프링클러설비등
   나. 물분무등소화설비(호스릴 방식의 소화설비는 제외한다)
3. 연면적 1만제곱미터 이상이거나 11층 이상인 특정소방대상물(아파트는 제외한다)
4. 가연성가스를 제조·저장 또는 취급하는 시설 중 지상에 노출된 가연성가스탱크의 저장용량 합계가 1천톤 이상인 시설

08 ②

소방시설공사업법 제13조(착공신고)
② 공사업자가 제1항에 따라 신고한 사항 가운데 행정안전부령으로 정하는 중요한 사항을 변경하였을 때에는 행정안전부령으로 정하는 바에 따라 변경신고를 하여야 한다. (이하 생략)

소방시설공사업법 시행규칙 12조(착공신고 등)
② 법 제13조 제2항에서 "행정안전부령으로 정하는 중요한 사항"이란 다음 각 호의 어느 하나에 해당하는 사항을 말한다.
   1. 시공자
   2. 설치되는 소방시설의 종류
   3. 책임시공 및 기술관리 소방기술자

09 ②

소방시설공사업법 제15조(공사의 하자보수 등)
① 공사업자는 소방시설공사 결과 자동화재탐지설비 등 대통령령으로 정하는 소방시설에 하자가 있을 때에는 대통령령으로 정하는 기간 동안 그 하자를 보수하여야 한다.
③ 관계인은 제1항에 따른 기간에 소방시설의 하자가 발생하였을 때에는 공사업자에게 그 사실을 알려야 하며, 통보를 받은 공사업자는 3일 이내에 하자를 보수하거나 보수 일정을 기록한 하자보수계획을 관계인에게 서면으로 알려야 한다.
④ 관계인은 공사업자가 다음 각 호의 어느 하나에 해당하는 경우에는 소방본부장이나 소방서장에게 그 사실을 알릴 수 있다.
  1. 제3항에 따른 기간에 하자보수를 이행하지 아니한 경우
  2. 제3항에 따른 기간에 하자보수계획을 서면으로 알리지 아니한 경우
  3. 하자보수계획이 불합리하다고 인정되는 경우
⑤ 소방본부장이나 소방서장은 제4항에 따른 통보를 받았을 때에는 「소방시설 설치 및 관리에 관한 법률」 제18조 제2항에 따른 지방소방기술심의위원회에 심의를 요청하여야 하며, 그 심의 결과 제4항 각 호의 어느 하나에 해당하는 것으로 인정할 때에는 시공자에게 기간을 정하여 하자보수를 명하여야 한다.

10 ②

보일러 등의 설비 또는 기구 등의 위치·구조 및 관리와 화재예방을 위하여 불을 사용할 때 지켜야 하는 사항 (화재의 예방 및 안전관리에 관한 법률 시행령 [별표 1])
7. 음식조리를 위하여 설치하는 설비
  「식품위생법 시행령」 제21조 제8호에 따른 식품접객업 중 일반음식점 주방에서 조리를 위하여 불을 사용하는 설비를 설치하는 경우에는 다음 각 목의 사항을 지켜야 한다.
  가. 주방설비에 부속된 배출덕트(공기 배출통로)는 0.5밀리미터 이상의 아연도금강판 또는 이와 같거나 그 이상의 내식성 불연재료로 설치할 것
  나. 주방시설에는 동물 또는 식물의 기름을 제거할 수 있는 필터 등을 설치할 것
  다. 열을 발생하는 조리기구는 반자 또는 선반으로부터 0.6미터 이상 떨어지게 할 것
  라. 열을 발생하는 조리기구로부터 0.15미터 이내의 거리에 있는 가연성 주요구조부는 단열성이 있는 불연재료로 덮어 씌울 것

11 ③

화재의 예방 및 안전관리에 관한 법률 시행규칙 제14조(소방안전관리자의 선임신고 등)
① 소방안전관리대상물의 관계인은 법 제24조 및 제35조에 따라 소방안전관리자를 다음 각 호의 구분에 따라 해당 호에서 정하는 날부터 30일 이내에 선임해야 한다.
  1. 신축·증축·개축·재축·대수선 또는 용도변경으로 해당 특정소방대상물의 소방안전관리자를 신규로 선임해야 하는 경우 : 해당 특정소방대상물의 사용승인일(건축물의 경우에는 「건축법」 제22조에 따라 건축물을 사용할 수 있게 된 날을 말한다. 이하 이 조 및 제16조에서 같다)
  2. 증축 또는 용도변경으로 인하여 특정소방대상물이 영 제25조 제1항에 따른 소방안전관리대상물로 된 경우 또는 특정소방대상물의 소방안전관리 등급이 변경된 경우 : 증축공사의 사용승인일 또는 용도변경 사실을 건축물관리대장에 기재한 날
  3. 특정소방대상물을 양수하거나 「민사집행법」에 따른 경매, 「채무자 회생 및 파산에 관한 법률」에 따른 환가(換價), 「국세징수법」·「관세법」 또는 「지방세기본법」에 따른 압류재산의 매각이나 그 밖에 이에 준하는 절차에 따라 관계인의 권리를 취득한 경우 : 해당 권리를 취득한 날 또는 관할 소방서장으로부터 소방안

전관리자 선임 안내를 받은 날. 다만, 새로 권리를 취득한 관계인이 종전의 특정소방대상물의 관계인이 선임신고한 소방안전관리자를 해임하지 않는 경우는 제외한다.
4. 법 제35조에 따른 특정소방대상물(註: 관리의 권원이 분리된 특정소방대상물)의 경우: 관리의 권원이 분리되거나 소방본부장 또는 소방서장이 관리의 권원을 조정한 날
5. 소방안전관리자의 해임, 퇴직 등으로 해당 소방안전관리자의 업무가 종료된 경우 : 소방안전관리자가 해임된 날, 퇴직한 날 등 근무를 종료한 날
6. 법 제24조 제3항에 따라 소방안전관리업무를 대행하는 자를 감독할 수 있는 사람을 소방안전관리자로 선임한 경우로서 그 업무대행 계약이 해지 또는 종료된 경우: 소방안전관리업무 대행이 끝난 날
7. 법 제31조 제1항에 따라 소방안전관리자 자격이 정지 또는 취소된 경우: 소방안전관리자 자격이 정지 또는 취소된 날

12 ④

화재의 예방 및 안전관리에 관한 법률 제17조(화재의 예방조치 등)
① 누구든지 화재예방강화지구 및 이에 준하는 대통령령으로 정하는 장소에서는 다음 각 호의 어느 하나에 해당하는 행위를 하여서는 아니 된다. 다만, 행정안전부령으로 정하는 바에 따라 안전조치를 한 경우에는 그러하지 아니한다.
1. 모닥불, 흡연 등 화기의 취급
2. 풍등 등 소형열기구 날리기
3. 용접·용단 등 불꽃을 발생시키는 행위
4. 그 밖에 대통령령으로 정하는 화재 발생 위험이 있는 행위

시행규칙 제7조(화재예방 안전조치 등)
① 화재예방강화지구 및 영 제16조 제1항 각 호의 장소에서는 다음 각 호의 안전조치를 한 경우에 법 제17조 제1항 각 호의 행위를 할 수 있다.
1. 「국민건강증진법」 제9조 제4항 각 호 외의 부분 후단에 따라 설치한 흡연실 등 법령에 따라 지정된 장소에서 화기 등을 취급하는 경우
2. 소화기 등 소방시설을 비치 또는 설치한 장소에서 화기 등을 취급하는 경우
3. 「산업안전보건기준에 관한 규칙」 제241조의2 제1항에 따른 화재감시자 등 안전요원이 배치된 장소에서 화기 등을 취급하는 경우
4. 그 밖에 소방관서장과 사전 협의하여 안전조치를 한 경우

13 ①

화재의 예방 및 안전관리에 관한 법률 제8조(화재안전조사의 방법·절차 등)
① 소방관서장은 화재안전조사를 조사의 목적에 따라 제7조 제2항에 따른 화재안전조사의 항목 전체에 대하여 종합적으로 실시하거나 특정 항목에 한정하여 실시할 수 있다.
② 소방관서장은 화재안전조사를 실시하려는 경우 사전에 관계인에게 조사대상, 조사기간 및 조사사유 등을 우편, 전화, 전자메일 또는 문자전송 등을 통하여 통지하고 이를 대통령령으로 정하는 바에 따라 인터넷 홈페이지나 제16조 제3항의 전산시스템 등을 통하여 공개하여야 한다. 다만, 다음 각 호의 어느 하나에 해당하는 경우에는 그러하지 아니하다.
1. 화재가 발생할 우려가 뚜렷하여 긴급하게 조사할 필요가 있는 경우
2. 제1호 외에 화재안전조사의 실시를 사전에 통지하거나 공개하면 조사목적을 달성할 수 없다고 인정되는 경우
③ 화재안전조사는 관계인의 승낙 없이 소방대상물의 공개시간 또는 근무시간 이외에는 할 수 없다. 다만, 제2

항 제1호에 해당하는 경우에는 그러하지 아니하다.
④ 제2항에 따른 통지를 받은 관계인은 천재지변이나 그 밖에 대통령령으로 정하는 사유로 화재안전조사를 받기 곤란한 경우에는 화재안전조사를 통지한 소방관서장에게 대통령령으로 정하는 바에 따라 화재안전조사를 연기하여 줄 것을 신청할 수 있다. 이 경우 소방관서장은 연기신청 승인 여부를 결정하고 그 결과를 조사 시작 전까지 관계인에게 알려 주어야 한다.

14 ②

소방시설 설치 및 관리에 관한 법률 제2조(정의)
① 이 법에서 사용하는 용어의 뜻은 다음과 같다.
  6. "화재안전기준"이란 소방시설 설치 및 관리를 위한 다음 각 목의 기준을 말한다.
    가. 성능기준 : 화재안전 확보를 위하여 재료, 공간 및 설비 등에 요구되는 안전성능으로서 소방청장이 고시로 정하는 기준
    나. 기술기준 : 가목에 따른 성능기준을 충족하는 상세한 규격, 특정한 수치 및 시험방법 등에 관한 기준으로서 행정안전부령으로 정하는 절차에 따라 소방청장의 승인을 받은 기준

15 ②

소방시설 설치 및 관리에 관한 법률 시행규칙 제17조(연소 우려가 있는 건축물의 구조)
영 별표 4 제1호 사목1) 후단에서 "행정안전부령으로 정하는 연소(延燒) 우려가 있는 구조"란 다음 각 호의 기준에 모두 해당하는 구조를 말한다.
1. 건축물대장의 건축물 현황도에 표시된 대지경계선 안에 둘 이상의 건축물이 있는 경우
2. 각각의 건축물이 다른 건축물의 외벽으로부터 수평거리가 1층의 경우에는 6미터 이하, 2층 이상의 층의 경우에는 10미터 이하인 경우
3. 개구부(영 제2조 제1호 각 목 외의 부분에 따른 개구부를 말한다)가 다른 건축물을 향하여 설치되어 있는 경우

16 ③

① (×) [별표 2] 제17호 나목에 따른 가스시설로서 지상에 노출된 탱크의 저장용량의 합계가 100톤 이상인 것
② (×) 지하층 또는 무창층이 있는 건축물로서 바닥면적이 150제곱미터(공연장의 경우에는 100제곱미터) 이상인 층이 있는 것
③ (○) 장애인 의료재활시설로서 연면적이 300제곱미터 이상인 것
④ (×) 차고·주차장으로 사용되는 바닥면적이 200제곱미터 이상인 층이 있는 건축물이나 주차시설

17 ②

소방시설 설치 및 관리에 관한 법률 시행령 제31조(방염대상물품 및 방염성능기준)
② 법 제20조 제3항에 따른 방염성능기준은 다음 각 호의 기준에 따르되, 제1항에 따른 방염대상물품의 종류에 따른 구체적인 방염성능기준은 다음 각 호의 기준의 범위에서 소방청장이 정하여 고시하는 바에 따른다.
  1. 버너의 불꽃을 제거한 때부터 불꽃을 올리며 연소하는 상태가 그칠 때까지 시간은 20초 이내일 것
  2. 버너의 불꽃을 제거한 때부터 불꽃을 올리지 않고 연소하는 상태가 그칠 때까지 시간은 30초 이내일 것
  3. 탄화(炭化)한 면적은 50제곱센티미터 이내, 탄화한 길이는 20센티미터 이내일 것
  4. 불꽃에 의하여 완전히 녹을 때까지 불꽃의 접촉 횟수는 3회 이상일 것
  5. 소방청장이 정하여 고시한 방법으로 발연량(發煙量)을 측정하는 경우 최대연기밀도는 400 이하일 것

18 ④

스프링클러를 설치해야 하는 특정소방대상물 (소방시설 설치 및 관리에 관한 법률 시행령 [별표 4])
① (X) 창고시설(물류터미널은 제외)로서 바닥면적 합계가 5천㎡ 이상인 경우에는 모든 층
② (X) 기숙사(교육연구시설·수련시설 내에 있는 학생 수용을 위한 것) 또는 복합건축물로서 연면적 5천㎡ 이상인 경우에는 모든 층
③ (X) 지하가(터널은 제외)로서 연면적 1천㎡ 이상인 것
④ (O) 숙박이 가능한 수련시설의 용도로 사용되는 시설의 바닥면적의 합계가 600㎡ 이상인 것은 모든 층

19 ④

소방시설 설치 및 관리에 관한 법률 제31조(등록사항의 변경신고)
관리업자(관리업의 등록을 한 자를 말한다. 이하 같다)는 제29조에 따라 등록한 사항 중 행정안전부령으로 정하는 중요 사항이 변경되었을 때에는 행정안전부령으로 정하는 바에 따라 시·도지사에게 변경사항을 신고하여야 한다.

시행규칙 제33조(등록사항의 변경신고 사항)
법 제31조에서 "행정안전부령으로 정하는 중요 사항"이란 다음 각 호의 어느 하나에 해당하는 사항을 말한다.
1. 명칭·상호 또는 영업소 소재지
2. 대표자
3. 기술인력

시행규칙 제34조(등록사항의 변경신고 등)
① 관리업자는 등록사항 중 제33조 각 호의 사항이 변경됐을 때에는 법 제31조에 따라 변경일부터 30일 이내에 별지 제26호 서식의 소방시설관리업 등록사항 변경신고서(전자문서로 된 신고서를 포함한다)에 그 변경사항별로 다음 각 호의 구분에 따른 서류(전자문서를 포함한다)를 첨부하여 시·도지사에게 제출해야 한다. (각호 생략)
③ 시·도지사는 제1항에 따라 변경신고를 받은 경우 5일 이내에 소방시설관리업 등록증 및 등록수첩을 새로 발급하거나 제1항에 따라 제출된 소방시설관리업 등록증 및 등록수첩과 기술인력의 기술자격증(경력수첩을 포함한다)에 그 변경된 사항을 적은 후 내주어야 한다. 이 경우 별지 제24호 서식의 소방시설관리업 등록대장에 변경사항을 기록하고 관리해야 한다.

20 ①

위험물안전관리법 제3조(적용제외)
이 법은 항공기·선박(선박법 제1조의2 제1항의 규정에 따른 선박을 말한다)·철도 및 궤도에 의한 위험물의 저장·취급 및 운반에 있어서는 이를 적용하지 아니한다.

21 ②

위험물안전관리법 제18조(정기점검 및 정기검사)
③ 제1항에 따른 정기점검의 대상이 되는 제조소등의 관계인 가운데 대통령령으로 정하는 제조소등의 관계인은 행정안전부령으로 정하는 바에 따라 소방본부장 또는 소방서장으로부터 해당 제조소등이 제5조 제4항에 따른 기술기준에 적합하게 유지되고 있는지의 여부에 대하여 정기적으로 검사를 받아야 한다.

시행령 제17조(정기검사의 대상인 제조소등)
법 제18조 제3항에서 "대통령령으로 정하는 제조소등"이란 액체위험물을 저장 또는 취급하는 50만리터 이상의 옥외탱크저장소를 말한다.

22 ③

위험물안전관리법 제34조의3(벌칙)
제5조 제1항을 위반하여 저장소 또는 제조소등이 아닌 장소에서 지정수량 이상의 위험물을 저장 또는 취급한 자는 3년 이하의 징역 또는 3천만원 이하의 벌금에 처한다.

23 ④

제조소의 위치·구조 및 설비의 기준 (시행규칙 [별표 4])
XII. 위험물의 성질에 따른 제조소의 특례
  4. 하이드록실아민등을 취급하는 제조소의 특례는 다음 각목과 같다.
    나. 가목의 제조소의 주위에는 다음의 기준에 적합한 담 도는 토제(土堤)를 설치할 것
      1) 담 또는 토제는 해당 제조소의 외벽 또는 이에 상당하는 공작물의 외측으로부터 2m 이상 떨어진 장소에 설치할 것
      2) 담 또는 토제의 높이는 해당 제조소에 있어서 하이드록실아민등을 취급하는 부분의 높이 이상으로 할 것
      3) 담은 두께 15㎝ 이상의 철근콘크리트조·철골철근콘크리트조 또는 두께 20㎝ 이상의 보강콘크리트블록조로 할 것
      4) 토제의 경사면의 경사도는 60도 미만으로 할 것

24 ③

위험물안전관리법 제6조(위험물시설의 설치 및 변경 등)
① 제조소등을 설치하고자 하는 자는 대통령령이 정하는 바에 따라 그 설치장소를 관할하는 특별시장·광역시장·특별자치시장·도지사 또는 특별자치도지사(이하 "시·도지사"라 한다)의 허가를 받아야 한다. 제조소등의 위치·구조 또는 설비 가운데 행정안전부령이 정하는 사항을 변경하고자 하는 때에도 또한 같다.
② 제조소등의 위치·구조 또는 설비의 변경없이 당해 제조소등에서 저장하거나 취급하는 위험물의 품명·수량 또는 지정수량의 배수를 변경하고자 하는 자는 변경하고자 하는 날의 1일 전까지 행정안전부령이 정하는 바에 따라 시·도지사에게 신고하여야 한다.
③ 제1항 및 제2항의 규정에 불구하고 다음 각 호의 어느 하나에 해당하는 제조소등의 경우에는 허가를 받지 아니하고 당해 제조소등을 설치하거나 그 위치·구조 또는 설비를 변경할 수 있으며, 신고를 하지 아니하고 위험물의 품명·수량 또는 지정수량의 배수를 변경할 수 있다.
  1. 주택의 난방시설(공동주택의 중앙난방시설을 제외한다)을 위한 저장소 또는 취급소
  2. 농예용·축산용 또는 수산용으로 필요한 난방시설 또는 건조시설을 위한 지정수량 20배 이하의 저장소

25 ②

② (×) 방유제는 높이 0.5m 이상 3m 이하, 두께 0.2m 이상, 지하매설깊이 1m 이상으로 할 것. 다만, 방유제와 옥외저장탱크 사이의 지반면 아래에 불침윤성(不浸潤性: 수분 흡수를 막는 성질) 구조물을 설치하는 경우에는 지하매설깊이를 해당 불침윤성 구조물까지로 할 수 있다.(시행규칙 [별표6])

소방관계법규 최종모의고사 정답 및 해설

2025 합격완성 소방관계법규 최종모의고사

01	02	03	04	05	06	07	08	09	10
③	④	①	④	①	③	②	②	④	②
11	12	13	14	15	16	17	18	19	20
①	①	④	①	③	③	②	③	①	④
21	22	23	24	25					
②	①	②	④	③					

01 ③

① (○) "소방본부장"이란 특별시·광역시·특별자치시·도 또는 특별자치도(이하 "시·도"라 한다)에서 화재의 예방·경계·진압·조사 및 구조·구급 등의 업무를 담당하는 부서의 장을 말한다.
② (○) "소방대장"(消防隊長)이란 소방본부장 또는 소방서장 등 화재, 재난·재해, 그 밖의 위급한 상황이 발생한 현장에서 소방대를 지휘하는 사람을 말한다.
③ (×) "소방대상물"이란 건축물, 차량, 선박(「선박법」 제1조의2 제1항에 따른 선박으로서 항구에 매어둔 선박만 해당한다), 선박 건조 구조물, 산림, 그 밖의 인공 구조물 또는 물건을 말한다.
④ (○) "관계지역"이란 소방대상물이 있는 장소 및 그 이웃 지역으로서 화재의 예방·경계·진압, 구조·구급 등의 활동에 필요한 지역을 말한다.

02 ④

소방기본법 제16조의6(소송지원)
소방청장, 소방본부장 또는 소방서장은 소방공무원이 제16조 제1항에 따른 소방활동, 제16조의2 제1항에 따른 소방지원활동, 제16조의3 제1항에 따른 생활안전활동으로 인하여 민·형사상 책임과 관련된 소송을 수행할 경우 변호인 선임 등 소송수행에 필요한 지원을 할 수 있다.

03 ①

① (×) '피성년후견인 또는 피한정후견인'이었던 것을 2021. 1. 12. '피성년후견인'으로 개정하였다.

소방기본법 제17조의3(소방안전교육사의 결격사유)
다음 각 호의 어느 하나에 해당하는 사람은 소방안전교육사가 될 수 없다.
1. 피성년후견인
2. 금고 이상의 실형을 선고받고 그 집행이 끝나거나(집행이 끝난 것으로 보는 경우를 포함한다) 집행이 면제된 날부터 2년이 지나지 아니한 사람
3. 금고 이상의 형의 집행유예를 선고받고 그 유예기간 중에 있는 사람
4. 법원의 판결 또는 다른 법률에 따라 자격이 정지되거나 상실된 사람

04 ④

④를 제외한 나머지는 소방자동차의 우선 통행 등(소방기본법 제21조)의 내용이다.

소방기본법 제22조(소방대의 긴급통행)
소방대는 화재, 재난·재해, 그 밖의 위급한 상황이 발생한 현장에 신속하게 출동하기 위하여 긴급할 때에는 일반적인 통행에 쓰이지 아니하는 도로·빈터 또는 물 위로 통행할 수 있다.

05 ①

소방의 화재조사에 관한 법률 시행규칙 제5조(화재조사에 관한 교육훈련)
② 전담부서에 배치된 화재조사관은 영 제6조 제1항 제3호의 의무 보수교육을 2년마다 받아야 한다. 다만, 전담부서에 배치된 후 처음 받는 의무 보수교육은 배치 후 1년 이내에 받아야 한다.

06 ③

소방시설공사업법 시행규칙 제16조(감리원의 세부 배치 기준 등)
① 법 제18조 제3항에 따른 감리원의 세부적인 배치 기준은 다음 각 호의 구분에 따른다.
　2. 영 별표 3에 따른 일반 공사감리 대상인 경우
　　라. 1명의 감리원이 담당하는 소방공사감리현장은 5개 이하(자동화재탐지설비 또는 옥내소화전설비 중 어느 하나만 설치하는 2개의 소방공사감리현장이 최단 차량주행거리로 30킬로미터 이내에 있는 경우에는 1개의 소방공사감리현장으로 본다)로서 감리현장 연면적의 총 합계가 10만제곱미터 이하일 것. 다만, 일반 공사감리 대상인 아파트의 경우에는 연면적의 합계에 관계없이 1명의 감리원이 5개 이내의 공사현장을 감리할 수 있다.

07 ②

소방시설공사업법 시행규칙 제3조(소방시설업 등록증 및 등록수첩의 발급)
시·도지사는 제2조에 따른 접수일부터 15일 이내에 협회를 경유하여 별지 제3호 서식에 따른 소방시설업 등록증 및 별지 제4호서식에 따른 소방시설업 등록수첩을 신청인에게 발급해 주어야 한다.

제4조(소방시설업 등록증 또는 등록수첩의 재발급 및 반납)
③ 시·도지사는 제2항에 따른 재발급신청서 [전자문서로 된 소방시설업 등록증(등록수첩) 재발급신청서를 포함한다]를 제출받은 경우에는 3일 이내에 협회를 경유하여 소방시설업 등록증 또는 등록수첩을 재발급하여야 한다.

08 ②

소방시설공사업법 제22조(하도급의 제한)
① 제21조에 따라 도급을 받은 자는 소방시설의 설계, 시공, 감리를 제3자에게 하도급할 수 없다. 다만, 시공의 경우에는 대통령령으로 정하는 바에 따라 도급받은 소방시설공사의 일부를 다른 공사업자에게 하도급할 수 있다.

시행령 제12조(소방시설공사의 시공을 하도급할 수 있는 경우)
① 소방시설공사업과 다음 각 호의 어느 하나에 해당하는 사업을 함께 하는 공사업자가 소방시설공사와 해당 사업의 공사를 함께 도급받은 경우에는 법 제22조 제1항 단서에 따라 도급받은 소방시설공사의 일부를 다른 공사업자에게 하도급할 수 있다.

1. 「주택법」 제4조에 따른 주택건설사업
2. 「건설산업기본법」 제9조에 따른 건설업
3. 「전기공사업법」 제4조에 따른 전기공사업
4. 「정보통신공사업법」 제14조에 따른 정보통신공사업

09 ④

소방기술자의 배치기준 (소방시설공사업법 시행령 [별표 2])

소방기술자의 배치기준	소방시설공사 현장의 기준
다. 행정안전부령으로 정하는 중급기술자 이상의 소방기술자(기계분야 및 전기분야)	1) 물분무등소화설비(호스릴 방식의 소화설비는 제외) 또는 제연설비가 설치되는 특정소방대상물의 공사 현장 2) 연면적 5천제곱미터 이상 3만제곱미터 미만인 특정소방대상물(아파트는 제외)의 공사 현장 3) 연면적 1만제곱미터 이상 20만제곱미터 미만인 아파트의 공사 현장

10 ②

소방시설공사업법 제31조(감독)
① 시·도지사, 소방본부장 또는 소방서장은 소방시설업의 감독을 위하여 필요할 때에는 소방시설업자나 관계인에게 필요한 보고나 자료 제출을 명할 수 있고, 관계 공무원으로 하여금 소방시설업체나 특정소방대상물에 출입하여 관계 서류와 시설 등을 검사하거나 소방시설업자 및 관계인에게 질문하게 할 수 있다.

제38조(벌칙)
다음 각 호의 어느 하나에 해당하는 자는 100만원 이하의 벌금에 처한다.
2. 제31조 제1항 및 제2항을 위반하여 정당한 사유 없이 관계 공무원의 출입 또는 검사·조사를 거부·방해 또는 기피한 자

11 ①

소방시설공사업법 제8조(소방시설업의 운영)
③ 소방시설업자는 다음 각 호의 어느 하나에 해당하는 경우에는 소방시설공사등을 맡긴 특정소방대상물의 관계인에게 지체 없이 그 사실을 알려야 한다.
 1. 제7조에 따라 소방시설업자의 지위를 승계한 경우
 2. 제9조 제1항에 따라 소방시설업의 등록취소처분 또는 영업정지처분을 받은 경우
 3. 휴업하거나 폐업한 경우

12 ①

화재의 예방 및 안전관리에 관한 법률 시행령 제17조(옮긴 물건 등의 보관기간 및 보관기간 경과 후 처리)
① 소방관서장은 법 제17조 제2항 각 호 외의 부분 단서에 따라 옮긴 물건 등(이하 "옮긴물건등"이라 한다)을 보관하는 경우에는 그날부터 14일 동안 해당 소방관서의 인터넷 홈페이지에 그 사실을 공고해야 한다.
② 옮긴물건등의 보관기간은 제1항에 따른 공고기간의 종료일 다음 날부터 7일까지로 한다.
③ 소방관서장은 제2항에 따른 보관기간이 종료된 때에는 보관하고 있는 옮긴물건등을 매각해야 한다. 다만, 보관하고 있는 옮긴물건등이 부패·파손 또는 이와 유사한 사유로 정해진 용도로 계속 사용할 수 없는 경우에는

폐기할 수 있다.
④ 소방관서장은 보관하던 옮긴물건등을 제3항 본문에 따라 매각한 경우에는 지체 없이 「국가재정법」에 따라 세입조치를 해야 한다.
⑤ 소방관서장은 제3항에 따라 매각되거나 폐기된 옮긴물건등의 소유자가 보상을 요구하는 경우에는 보상금액에 대하여 소유자와의 협의를 거쳐 이를 보상해야 한다.

13 ④

화재의 예방 및 안전관리에 관한 법률 시행령 제28조(소방안전관리 업무의 대행 대상 및 업무)
① 법 제25조 제1항 전단에서 "대통령령으로 정하는 소방안전관리대상물"이란 다음 각 호의 소방안전관리대상물을 말한다.
  1. 별표 4 제2호 가목3)에 따른 지상층의 층수가 11층 이상인 1급 소방안전관리대상물(연면적 1만5천제곱미터 이상인 특정소방대상물과 아파트는 제외한다)
  2. 별표 4 제3호에 따른 2급 소방안전관리대상물
  3. 별표 4 제4호에 따른 3급 소방안전관리대상물
② 법 제25조 제1항 전단에서 "대통령령으로 정하는 업무"란 다음 각 호의 업무를 말한다.
  1. 법 제24조 제5항 제3호에 따른 피난시설, 방화구획 및 방화시설의 관리
  2. 법 제24조 제5항 제4호에 따른 소방시설이나 그 밖의 소방 관련 시설의 관리

14 ①

화재의 예방 및 안전관리에 관한 법률 제6조(통계의 작성 및 관리)
① 소방청장은 화재의 예방 및 안전관리에 관한 통계를 매년 작성·관리하여야 한다.
② 소방청장은 제1항의 통계자료를 작성·관리하기 위하여 관계 중앙행정기관의 장, 지방자치단체의 장, 공공기관의 장 또는 관계인 등에게 필요한 자료와 정보의 제공을 요청할 수 있다. 이 경우 자료와 정보의 제공을 요청받은 자는 특별한 사정이 없으면 이에 따라야 한다.

시행령 제6조(통계의 작성·관리)
③ 소방청장은 제2항에 따른 전산시스템을 구축·운영하는 경우 빅데이터(대용량의 정형 또는 비정형의 데이터 세트를 말한다. 이하 같다)를 활용하여 화재발생 동향 분석 및 전망 등을 할 수 있다.

시행규칙 제3조(통계의 작성·관리)
소방청장은 법 제6조 제3항에 따라 다음 각 호의 기관으로 하여금 통계자료의 작성·관리에 관한 업무를 수행하게 할 수 있다.
1. 「소방기본법」 제40조 제1항에 따라 설립된 한국소방안전원
2. 「정부출연연구기관 등의 설립·운영 및 육성에 관한 법률」 제8조에 따라 설립된 정부출연연구기관
3. 「통계법」 제15조에 따라 지정된 통계작성지정기관

15 ③

③ (×) 「물류시설의 개발 및 운영에 관한 법률」 제2조 제5호의2에 따른 물류창고로서 연면적 10만제곱미터 이상인 것

16 ③

① (×) 노유자(老幼者) 시설 및 수련시설 : 연면적 200제곱미터 이상
② (×) 차고·주차장으로 사용되는 바닥면적이 200제곱미터 이상인 층이 있는 건축물이나 주차시설
③ (○) 별표 2의 특정소방대상물 중 의원(입원실이 있는 것으로 한정한다)·조산원·산후조리원, 위험물 저장 및 처리 시설, 발전시설 중 풍력발전소·전기저장시설, 지하구(地下溝)
④ (×) 「학교시설사업 촉진법」 제5조의2 제1항에 따라 건축등을 하려는 학교시설 : 연면적 100제곱미터 이상

17 ②

ㄱ(×) 소화용수설비 : 상수도소화용수설비, 소화수조·저수조, 그 밖의 소화용수설비 ☞ 연결살수설비는 소화활동설비이다.
ㄴ(×) 무선통신보조설비는 소화활동설비이다.
ㅁ(×) 소화수조·저수조는 소화용수설비이다.

18 ③

임시소방시설의 종류와 설치기준 등 (소방시설 설치 및 관리에 관한 법률 시행령 [별표 8])
2. 임시소방시설을 설치해야 하는 공사의 종류와 규모
   가. 소화기 : 법 제6조 제1항에 따라 소방본부장 또는 소방서장의 동의를 받아야 하는 특정소방대상물의 신축·증축·개축·재축·이전·용도변경 또는 대수선 등을 위한 공사 중 법 제15조 제1항에 따른 화재위험작업의 현장(이하 이 표에서 "화재위험작업현장")에 설치한다.
   나. 간이소화장치 : 다음의 어느 하나에 해당하는 공사의 화재위험작업현장에 설치한다.
      1) 연면적 3천㎡ 이상
      2) 지하층, 무창층 또는 4층 이상의 층. 이 경우 해당 층의 바닥면적이 600㎡ 이상인 경우만 해당한다.
   다. 비상경보장치 : 다음의 어느 하나에 해당하는 공사의 화재위험작업현장에 설치한다.
      1) 연면적 400㎡ 이상
      2) 지하층 또는 무창층. 이 경우 해당 층의 바닥면적이 150㎡ 이상인 경우만 해당한다.
   라. 가스누설경보기 : 바닥면적이 150㎡ 이상인 지하층 또는 무창층의 화재위험작업현장에 설치한다.
   마. 간이피난유도선 : 바닥면적이 150㎡ 이상인 지하층 또는 무창층의 화재위험작업현장에 설치한다.
   바. 비상조명등 : 바닥면적이 150㎡ 이상인 지하층 또는 무창층의 화재위험작업현장에 설치한다.
   사. 방화포 : 용접·용단 작업이 진행되는 화재위험작업현장에 설치한다.

19 ①

특정소방대상물의 관계인이 특정소방대상물에 설치·관리해야 하는 소방시설의 종류 (소방시설 설치 및 관리에 관한 법률 시행령 [별표 4])
비상조명등을 설치해야 하는 특정소방대상물(창고시설 중 창고 및 하역장, 위험물 저장 및 처리 시설 중 가스시설 및 사람이 거주하지 않거나 벽이 없는 축사 등 동물 및 식물 관련 시설은 제외)은 다음의 어느 하나에 해당하는 것으로 한다.
1) 지하층을 포함하는 층수가 5층 이상인 건축물로서 연면적 3천㎡ 이상인 경우에는 모든 층
2) 1)에 해당하지 않는 특정소방대상물로서 그 지하층 또는 무창층의 바닥면적이 450㎡ 이상인 경우에는 해당 층
3) 지하가 중 터널로서 그 길이가 500m 이상인 것

20 ④

위험물을 제조외의 목적으로 취급하기 위한 장소와 그에 따른 취급소의 구분 (위험물안전관리법 시행령 [별표 3])

위험물을 제조외의 목적으로 취급하기 위한 장소	취급소의 구분
3. 배관 및 이에 부속된 설비에 의하여 위험물을 이송하는 장소. 다만, 다음 각목의 1에 해당하는 경우의 장소를 제외한다. 　가.「송유관 안전관리법」에 의한 송유관에 의하여 위험물을 이송하는 경우 　나. 제조소등에 관계된 시설(배관을 제외) 및 그 부지가 같은 사업소안에 있고 당해 사업소안에서만 위험물을 이송하는 경우 　다. 사업소와 사업소의 사이에 도로(폭 2미터 이상의 일반교통에 이용되는 도로로서 자동차의 통행이 가능한 것만 있고 사업소와 사업소 사이의 이송배관이 그 도로를 횡단하는 경우 　라. 사업소와 사업소 사이의 이송배관이 제3자(당해 사업소와 관련이 있거나 유사한 사업을 하는 자에 한함)의 토지만을 통과하는 경우로서 당해 배관의 길이가 100미터 이하인 경우 　마. 해상구조물에 설치된 배관(이송되는 위험물이 별표 1의 제4류 위험물중 제1석유류인 경우에는 배관의 안지름이 30센티미터 미만인 것에 한함)으로서 해당 해상구조물에 설치된 배관이 길이가 30미터 이하인 경우 　바. 사업소와 사업소 사이의 이송배관이 다목 내지 마목의 규정에 의한 경우 중 2이상에 해당하는 경우 　사.「농어촌 전기공급사업 촉진법」에 따라 설치된 자가발전시설에 사용되는 위험물을 이송하는 경우	이송취급소

21 ②

② (×) 군부대가 지정수량 이상의 위험물을 군사목적으로 임시로 저장 또는 취급하는 경우에는 기간의 제한이 없다.

위험물안전관리법 제5조(위험물의 저장 및 취급의 제한)
① 지정수량 이상의 위험물을 저장소가 아닌 장소에서 저장하거나 제조소등이 아닌 장소에서 취급하여서는 아니된다.
② 제1항의 규정에 불구하고 다음 각 호의 어느 하나에 해당하는 경우에는 제조소등이 아닌 장소에서 지정수량 이상의 위험물을 취급할 수 있다. 이 경우 임시로 저장 또는 취급하는 장소에서의 저장 또는 취급의 기준과 임시로 저장 또는 취급하는 장소의 위치·구조 및 설비의 기준은 시·도의 조례로 정한다.
　1. 시·도의 조례가 정하는 바에 따라 관할소방서장의 승인을 받아 지정수량 이상의 위험물을 90일 이내의 기간동안 임시로 저장 또는 취급하는 경우
　2. 군부대가 지정수량 이상의 위험물을 군사목적으로 임시로 저장 또는 취급하는 경우
③ 제조소등에서의 위험물의 저장 또는 취급에 관하여는 다음 각 호의 중요기준 및 세부기준에 따라야 한다.
　1. 중요기준 : 화재 등 위해의 예방과 응급조치에 있어서 큰 영향을 미치거나 그 기준을 위반하는 경우 직접적으로 화재를 일으킬 가능성이 큰 기준으로서 행정안전부령이 정하는 기준
　2. 세부기준 : 화재 등 위해의 예방과 응급조치에 있어서 중요기준보다 상대적으로 적은 영향을 미치거나 그 기준을 위반하는 경우 간접적으로 화재를 일으킬 수 있는 기준 및 위험물의 안전관리에 필요한 표시와 서류·기구 등의 비치에 관한 기준으로서 행정안전부령이 정하는 기준
④ 제1항의 규정에 따른 제조소등의 위치·구조 및 설비의 기술기준은 행정안전부령으로 정한다.

⑤ 둘 이상의 위험물을 같은 장소에서 저장 또는 취급하는 경우에 있어서 당해 장소에서 저장 또는 취급하는 각 위험물의 수량을 그 위험물의 지정수량으로 각각 나누어 얻은 수의 합계가 1 이상인 경우 당해 위험물은 지정수량 이상의 위험물로 본다.

22 ①

과태료의 부과기준 (위험물안전관리법 시행령 [별표 9])

1. 일반기준

  가. 과태료 부과권자는 다음의 어느 하나에 해당하는 경우에는 제2호의 개별기준에 따른 과태료 금액의 2분의 1까지 그 금액을 줄일 수 있다. 다만, 과태료를 체납하고 있는 위반행위자에 대해서는 그러하지 아니하다.
  1) 위반행위자가 「질서위반행위규제법 시행령」 제2조의2 제1항 각 호의 어느 하나에 해당하는 경우(註: 「국민기초생활 보장법」 제2조에 따른 수급자, 「한부모가족 지원법」 제5조 및 제5조의2 제2항·제3항에 따른 보호대상자, 「장애인복지법」 제2조에 따른 장애인 중 장애의 정도가 심한 장애인, 「국가유공자 등 예우 및 지원에 관한 법률」 제6조의4에 따른 1급부터 3급까지의 상이등급 판정을 받은 사람, 미성년자)
  2) 위반행위자가 처음 위반행위를 한 경우로서 3년 이상 해당 업종을 모범적으로 경영한 사실이 인정되는 경우
  3) 위반행위가 사소한 부주의나 오류 등 과실로 인한 것으로 인정되는 경우
  4) 위반행위자가 같은 위반행위로 다른 법률에 따라 과태료·벌금·영업정지 등의 처분을 받은 경우
  5) 위반행위자가 위법행위로 인한 결과를 시정하거나 해소한 경우
  6) 그 밖에 위반행위의 정도, 위반행위의 동기와 그 결과 등을 고려하여 과태료를 줄일 필요가 있다고 인정되는 경우

23 ②

소화설비, 경보설비 및 피난설비의 기준 (위험물안전관리법 시행규칙 [별표 17])

Ⅰ. 소화설비

  5. 소화설비의 설치기준

  마. 옥내소화전설비의 설치기준은 다음의 기준에 의할 것
  1) 옥내소화전은 제조소등의 건축물의 층마다 당해 층의 각 부분에서 하나의 호스접속구까지의 수평거리가 25m 이하가 되도록 설치할 것. 이 경우 옥내소화전은 각층의 출입구 부근에 1개 이상 설치하여야 한다.
  2) 수원의 수량은 옥내소화전이 가장 많이 설치된 층의 옥내소화전 설치개수(설치개수가 5개 이상인 경우는 5개)에 7.8㎥를 곱한 양 이상이 되도록 설치할 것
  3) 옥내소화전설비는 각층을 기준으로 하여 당해 층의 모든 옥내소화전(설치개수가 5개 이상인 경우는 5개의 옥내소화전)을 동시에 사용할 경우에 각 노즐끝부분의 방수압력이 350㎪ 이상이고 방수량이 1분당 260ℓ 이상의 성능이 되도록 할 것
  4) 옥내소화전설비에는 비상전원을 설치할 것

24 ④

위험물안전관리법 제24조(무허가장소의 위험물에 대한 조치명령)

시·도지사, 소방본부장 또는 소방서장은 위험물에 의한 재해를 방지하기 위하여 제6조 제1항의 규정에 따른 허가를 받지 아니하고 지정수량 이상의 위험물을 저장 또는 취급하는 자(제6조 제3항의 규정에 따라 허가를 받지 아니하는 자를 제외한다)에 대하여 그 위험물 및 시설의 제거 등 필요한 조치를 명할 수 있다.

위험물안전관리법 제25조(제조소등에 대한 긴급 사용정지명령 등)
시·도지사, 소방본부장 또는 소방서장은 공공의 안전을 유지하거나 재해의 발생을 방지하기 위하여 긴급한 필요가 있다고 인정하는 때에는 제조소등의 관계인에 대하여 당해 제조소등의 사용을 일시정지하거나 그 사용을 제한할 것을 명할 수 있다.

25 ③

위험물안전관리법 제8조(탱크안전성능검사)
① 위험물을 저장 또는 취급하는 탱크로서 대통령령이 정하는 탱크(이하 "위험물탱크"라 한다)가 있는 제조소등의 설치 또는 그 위치·구조 또는 설비의 변경에 관하여 제6조 제1항의 규정에 따른 허가를 받은 자가 위험물탱크의 설치 또는 그 위치·구조 또는 설비의 변경공사를 하는 때에는 제9조 제1항의 규정에 따른 완공검사를 받기 전에 제5조 제4항의 규정에 따른 기술기준에 적합한지의 여부를 확인하기 위하여 시·도지사가 실시하는 탱크안전성능검사를 받아야 한다. 이 경우 시·도지사는 제6조 제1항의 규정에 따른 허가를 받은 자가 제16조 제1항의 규정에 따른 탱크안전성능시험자 또는 「소방산업의 진흥에 관한 법률」 제14조에 따른 한국소방산업기술원(이하 "기술원"이라 한다)으로부터 탱크안전성능시험을 받은 경우에는 대통령령이 정하는 바에 따라 당해 탱크안전성능검사의 전부 또는 일부를 면제할 수 있다.

제5회 소방관계법규 최종모의고사 정답 및 해설

2025 합격완성 소방관계법규 최종모의고사

01	02	03	04	05	06	07	08	09	10
②	④	②	④	②	③	③	②	④	②
11	12	13	14	15	16	17	18	19	20
④	②	④	①	④	①	②	③	②	④
21	22	23	24	25					
②	①	③	③	②					

01 ②

긴급조치는 ㄴ, ㄹ, ㅁ, ㅂ의 4개이다.

소방기본법 제27조(위험시설 등에 대한 긴급조치)
① 소방본부장, 소방서장 또는 소방대장은 화재 진압 등 소방활동을 위하여 필요할 때에는 소방용수 외에 <u>댐·저수지 또는 수영장</u> 등의 물을 사용하거나 <u>수도(水道)</u>의 개폐장치 등을 조작할 수 있다.
② 소방본부장, 소방서장 또는 소방대장은 화재 발생을 막거나 폭발 등으로 화재가 확대되는 것을 막기 위하여 <u>가스·전기 또는 유류</u> 등의 시설에 대하여 위험물질의 공급을 차단하는 등 필요한 조치를 할 수 있다.

02 ④

소방기본법 시행령 제1조의2(소방기술민원센터의 설치·운영)
⑤ 제1항부터 제4항까지에서 규정한 사항 외에 소방기술민원센터의 설치·운영에 필요한 사항은 소방청에 설치하는 경우에는 <u>소방청장</u>이 정하고, 소방본부에 설치하는 경우에는 해당 특별시·광역시·특별자치시·도 또는 특별자치도(이하 "시·도"라 한다)의 <u>규칙</u>으로 정한다.

03 ②

소방안전교육사의 배치대상별 배치기준 (소방기본법 시행령 [별표 2의3])

배치대상	배치기준(단위 : 명)
소방청	2 이상
소방본부	2 이상
소방서	<u>1 이상</u>
한국소방안전원	본회 : 2 이상, 시·도지부 : 1 이상
한국소방산업기술원	2 이상

04 ④

소방용수시설의 설치기준 (소방기본법 시행규칙 [별표 3])
1. 공통기준
　가. 국토의 계획 및 이용에 관한 법률 제36조 제1항 제1호의 규정에 의한 <u>주거지역·상업지역 및 공업지역</u>에 설치하는 경우 : 소방대상물과의 수평거리를 <u>100미터 이하</u>가 되도록 할 것
　나. 가목 외의 지역에 설치하는 경우 : 소방대상물과의 수평거리를 140미터 이하가 되도록 할 것

2. 소방용수시설별 설치기준
　가. 소화전의 설치기준 : 상수도와 연결하여 지하식 또는 지상식의 구조로 하고, 소방용호스와 연결하는 소화전의 연결금속구의 구경은 65밀리미터로 할 것
　나. 급수탑의 설치기준 : 급수배관의 구경은 100밀리미터 이상으로 하고, 개폐밸브는 지상에서 1.5미터 이상 1.7미터 이하의 위치에 설치하도록 할 것
　다. 저수조의 설치기준
　　(1) 지면으로부터의 낙차가 4.5미터 이하일 것
　　(2) 흡수부분의 수심이 0.5미터 이상일 것
　　(3) 소방펌프자동차가 쉽게 접근할 수 있도록 할 것
　　(4) 흡수에 지장이 없도록 토사 및 쓰레기 등을 제거할 수 있는 설비를 갖출 것
　　(5) 흡수관의 투입구가 사각형의 경우에는 한 변의 길이가 60센티미터 이상, 원형의 경우에는 지름이 60센티미터 이상일 것
　　(6) 저수조에 물을 공급하는 방법은 상수도에 연결하여 자동으로 급수되는 구조일 것

05 ②

② (×) 금속현미경, 주사전자현미경은 감정용 기기에 속한다(소방의 화재조사에 관한 법률 시행규칙 [별표]).

06 ③

소방시설공사업법 제28조(소방기술 경력 등의 인정 등)
① 소방청장은 소방기술의 효율적인 활용과 소방기술의 향상을 위하여 소방기술과 관련된 자격·학력 및 경력을 가진 사람을 소방기술자로 인정할 수 있다.
② 소방청장은 제1항에 따라 자격·학력 및 경력을 인정받은 사람에게 소방기술 인정 자격수첩과 경력수첩을 발급할 수 있다.
③ 제1항에 따른 소방기술과 관련된 자격·학력 및 경력의 인정 범위와 제2항에 따른 자격수첩 및 경력수첩의 발급 절차 등에 관하여 필요한 사항은 행정안전부령으로 정한다.
④ 소방청장은 제2항에 따라 자격수첩 또는 경력수첩을 발급받은 사람이 다음 각 호의 어느 하나에 해당하는 경우에는 행정안전부령으로 정하는 바에 따라 그 자격을 취소하거나 6개월 이상 2년 이하의 기간을 정하여 그 자격을 정지시킬 수 있다. 다만, 제1호와 제2호에 해당하는 경우에는 그 자격을 취소하여야 한다. (각 호 생략)
⑤ 제4항에 따라 자격이 취소된 사람은 취소된 날부터 2년간 자격수첩 또는 경력수첩을 발급받을 수 없다.

07 ③

소방기술자의 배치기준 및 배치기간 (소방시설공사업법 시행령 [별표 2])
2. 소방기술자의 배치기간
　가. 공사업자는 제1호에 따른 소방기술자를 소방시설공사의 착공일부터 소방시설 완공검사증명서 발급일까지 배치한다.
　나. 공사업자는 가목에도 불구하고 시공관리, 품질 및 안전에 지장이 없는 경우로서 다음의 어느 하나에 해당하여 발주자가 서면으로 승낙하는 경우에는 해당 공사가 중단된 기간 동안 소방기술자를 공사 현장에 배치하지 않을 수 있다.
　　1) 민원 또는 계절적 요인 등으로 해당 공정의 공사가 일정 기간 중단된 경우
　　2) 예산의 부족 등 발주자(하도급의 경우에는 수급인을 포함)의 책임 있는 사유 또는 천재지변 등 불가항력으로 공사가 일정기간 중단된 경우
　　3) 발주자가 공사의 중단을 요청하는 경우

08 ②

소방시설공사업법 제21조의5(부정한 청탁에 의한 재물 등의 취득 및 제공 금지)
① 발주자·수급인·하수급인(발주자, 수급인 또는 하수급인이 법인인 경우 해당 법인의 임원 또는 직원을 포함한다) 또는 이해관계인은 도급계약의 체결 또는 소방시설공사등의 시공 및 수행과 관련하여 부정한 청탁을 받고 재물 또는 재산상의 이익을 취득하거나 부정한 청탁을 하면서 재물 또는 재산상의 이익을 제공하여서는 아니 된다.
② 국가, 지방자치단체 또는 대통령령으로 정하는 공공기관이 발주한 소방시설공사등의 업체 선정에 심사위원으로 참여한 사람은 그 직무와 관련하여 부정한 청탁을 받고 재물 또는 재산상의 이익을 취득하여서는 아니 된다.
③ 국가, 지방자치단체 또는 대통령령으로 정하는 공공기관이 발주한 소방시설공사등의 업체 선정에 참여한 법인, 해당 법인의 대표자, 상업사용인, 그 밖의 임원 또는 직원은 그 직무와 관련하여 부정한 청탁을 받고 재물 또는 재산상의 이익을 취득하거나 부정한 청탁을 하면서 재물 또는 재산상의 이익을 제공하여서는 아니 된다.

제35조(벌칙)
다음 각 호의 어느 하나에 해당하는 자는 3년 이하의 징역 또는 3천만원 이하의 벌금에 처한다.
1. 제4조 제1항을 위반하여 소방시설업 등록을 하지 아니하고 영업을 한 자
2. 제21조의5를 위반하여 부정한 청탁을 받고 재물 또는 재산상의 이익을 취득하거나 부정한 청탁을 하면서 재물 또는 재산상의 이익을 제공한 자

09 ④

소방시설공사업법 제17조(공사감리자의 지정 등)
① 대통령령으로 정하는 특정소방대상물의 관계인이 특정소방대상물에 대하여 자동화재탐지설비, 옥내소화전설비 등 대통령령으로 정하는 소방시설을 시공할 때에는 소방시설공사의 감리를 위하여 감리업자를 공사감리자로 지정하여야 한다. 다만, 제26조의2 제2항에 따라 시·도지사가 감리업자를 선정한 경우에는 그 감리업자를 공사감리자로 지정한다.

시행령 제10조(공사감리자 지정대상 특정소방대상물의 범위)
② 법 제17조 제1항에서 "자동화재탐지설비, 옥내소화전설비 등 대통령령으로 정하는 소방시설을 시공할 때"란 다음 각 호의 어느 하나에 해당하는 소방시설을 시공할 때를 말한다.
  1. 옥내소화전설비를 신설·개설 또는 증설할 때
  2. 스프링클러설비등(캐비닛형 간이스프링클러설비는 제외한다)을 신설·개설하거나 방호·방수 구역을 증설할 때
  3. 물분무등소화설비(호스릴 방식의 소화설비는 제외한다)를 신설·개설하거나 방호·방수 구역을 증설할 때
  4. 옥외소화전설비를 신설·개설 또는 증설할 때
  5. 자동화재탐지설비를 신설 또는 개설할 때
  5의2. 비상방송설비를 신설 또는 개설할 때
  6. 통합감시시설을 신설 또는 개설할 때
  7. 소화용수설비를 신설 또는 개설할 때
  8. 다음 각 목에 따른 소화활동설비에 대하여 각 목에 따른 시공을 할 때
    가. 제연설비를 신설·개설하거나 제연구역을 증설할 때
    나. 연결송수관설비를 신설 또는 개설할 때
    다. 연결살수설비를 신설·개설하거나 송수구역을 증설할 때
    라. 비상콘센트설비를 신설·개설하거나 전용회로를 증설할 때

마. 무선통신보조설비를 신설 또는 개설할 때
바. 연소방지설비를 신설·개설하거나 살수구역을 증설할 때

10 ②

소방시설공사업법 시행령 제2조(소방시설업의 등록기준 및 영업범위)
② 소방시설공사업의 등록을 하려는 자는 별표 1의 기준을 갖추어 소방청장이 지정하는 금융회사 또는 「소방산업의 진흥에 관한 법률」 제23조에 따른 소방산업공제조합이 별표 1에 따른 자본금 기준금액의 100분의 20 이상에 해당하는 금액의 담보를 제공받거나 현금의 예치 또는 출자를 받은 사실을 증명하여 발행하는 확인서를 특별시장·광역시장·특별자치시장·도지사 또는 특별자치도지사에게 제출하여야 한다.

11 ④

화재의 예방 및 안전관리에 관한 법률 시행령 제27조(소방안전관리대상물의 소방계획서 작성 등)
① 법 제24조 제5항 제1호에서 "대통령령으로 정하는 사항"이란 다음 각 호의 사항을 말한다.
  1. 소방안전관리대상물의 위치·구조·연면적(「건축법 시행령」 제119조 제1항 제4호에 따라 산정된 면적을 말한다. 이하 같다)·용도 및 수용인원 등 일반 현황
  2. 소방안전관리대상물에 설치한 소방시설, 방화시설, 전기시설, 가스시설 및 위험물시설의 현황
  3. 화재 예방을 위한 자체점검계획 및 대응대책
  4. 소방시설·피난시설 및 방화시설의 점검·정비계획
  5. 피난층 및 피난시설의 위치와 피난경로의 설정, 화재안전취약자의 피난계획 등을 포함한 피난계획
  6. 방화구획, 제연구획(除煙區劃), 건축물의 내부 마감재료 및 방염대상물품의 사용 현황과 그 밖의 방화구조 및 설비의 유지·관리계획
  7. 법 제35조 제1항에 따른 관리의 권원이 분리된 특정소방대상물의 소방안전관리에 관한 사항
  8. 소방훈련·교육에 관한 계획
  9. 법 제37조를 적용받는 소방안전관리대상물의 근무자 및 거주자의 자위소방대 조직과 대원의 임무(화재안전취약자의 피난 보조 임무를 포함한다)에 관한 사항
  10. 화기 취급 작업에 대한 사전 안전조치 및 감독 등 공사 중 소방안전관리에 관한 사항
  11. 소화에 관한 사항과 연소 방지에 관한 사항
  12. 위험물의 저장·취급에 관한 사항(「위험물안전관리법」 제17조에 따라 예방규정을 정하는 제조소등은 제외한다)
  13. 소방안전관리에 대한 업무수행에 관한 기록 및 유지에 관한 사항
  14. 화재발생 시 화재경보, 초기소화 및 피난유도 등 초기대응에 관한 사항
  15. 그 밖에 소방본부장 또는 소방서장이 소방안전관리대상물의 위치·구조·설비 또는 관리 상황 등을 고려하여 소방안전관리에 필요하여 요청하는 사항

12 ②

한국소방안전원이 갖추어야 하는 시설기준 (화재의 예방 및 안전관리에 관한 법률 시행규칙 [별표 10])
1. 사무실 : 바닥면적 60제곱미터 이상일 것
2. 강의실 : 바닥면적 100제곱미터 이상이고 책상·의자, 음향시설, 컴퓨터 및 빔프로젝터 등 교육에 필요한 비품을 갖출 것
3. 실습실 : 바닥면적 100제곱미터 이상이고, 교육과정별 실습·평가를 위한 교육기자재 등을 갖출 것
4. 교육용기자재 등 (생략)

13 ④

화재의 예방 및 안전관리에 관한 법률 제33조(소방안전관리자 등 종합정보망의 구축·운영)
① 소방청장은 소방안전관리자 및 소방안전관리보조자에 대한 다음 각 호의 정보를 효율적으로 관리하기 위하여 종합정보망을 구축·운영할 수 있다.
    1. 제26조 제1항에 따른 소방안전관리자 및 소방안전관리보조자의 선임신고 현황
    2. 제26조 제2항에 따른 소방안전관리자 및 소방안전관리보조자의 해임 사실의 확인 현황
    3. 제29조 제1항에 따른 건설현장 소방안전관리자 선임신고 현황
    4. 제30조 제1항 및 제2항에 따른 소방안전관리자 자격시험 합격자 및 자격증의 발급 현황
    5. 제31조 제1항에 따른 소방안전관리자 자격증의 정지·취소 처분 현황
    6. 제34조에 따른 소방안전관리자 및 소방안전관리보조자의 교육 실시현황

시행령 제32조(종합정보망의 구축·운영)
소방청장은 법 제33조 제1항에 따른 종합정보망(이하 "종합정보망"이라 한다)의 효율적인 운영을 위해 필요한 경우 다음 각 호의 업무를 수행할 수 있다.
1. 종합정보망과 유관 정보시스템의 연계·운영
2. 법 제33조 제1항 각 호의 정보를 저장·가공 및 제공하기 위한 시스템의 구축·운영

시행규칙 제14조(소방안전관리자의 선임신고 등)
⑦ 소방본부장 또는 소방서장은 소방안전관리자의 선임신고를 접수하거나 해임 사실을 확인한 경우에는 지체 없이 관련 사실을 종합정보망에 입력해야 한다.

14 ①

화재의 예방 및 안전관리에 관한 법률 제5조(실태조사)
① 소방청장은 기본계획 및 시행계획의 수립·시행에 필요한 기초자료를 확보하기 위하여 다음 각 호의 사항에 대하여 실태조사를 할 수 있다. 이 경우 관계 중앙행정기관의 장의 요청이 있는 때에는 합동으로 실태조사를 할 수 있다. (각 호 생략)

시행규칙 제2조(실태조사의 방법 및 절차 등)
① 「화재의 예방 및 안전관리에 관한 법률」(이하 "법"이라 한다) 제5조 제1항에 따른 실태조사는 통계조사, 문헌조사 또는 현장조사의 방법으로 하며, 정보통신망 또는 전자적인 방식을 사용할 수 있다.
② 소방청장은 제1항에 따른 실태조사를 실시하려는 경우 실태조사 시작 7일 전까지 조사 일시, 조사 사유 및 조사 내용 등을 포함한 조사계획을 조사대상자에게 서면 또는 전자우편 등의 방법으로 미리 알려야 한다.
③ 관계 공무원 및 제4항에 따라 실태조사를 의뢰받은 관계 전문가 등이 실태조사를 위하여 소방대상물에 출입할 때에는 그 권한 또는 자격을 표시하는 증표를 지니고 이를 관계인에게 내보여야 한다.
④ 소방청장은 실태조사를 전문연구기관·단체나 관계 전문가에게 의뢰하여 실시할 수 있다.
⑤ 소방청장은 실태조사의 결과를 인터넷 홈페이지 등에 공표할 수 있다.

15 ④

소방시설등 자체점검의 구분 및 대상, 점검자의 자격, 점검 장비, 점검 방법 및 횟수 등 자체점검 시 준수해야할 사항 (소방시설 설치 및 관리에 관한 법률 시행규칙 [별표 4])
- 작동점검은 연 1회 이상 실시한다.
- 종합점검의 점검 횟수는 다음과 같다.

1) 연 1회 이상(「화재의 예방 및 안전에 관한 법률 시행령」 별표 4 제1호 가목의 특급 소방안전관리대상물은 반기에 1회 이상) 실시한다.
2) 1)에도 불구하고 소방본부장 또는 소방서장은 소방청장이 소방안전관리가 우수하다고 인정한 특정소방대상물에 대해서는 3년의 범위에서 소방청장이 고시하거나 정한 기간 동안 종합점검을 면제할 수 있다. 다만, 면제기간 중 화재가 발생한 경우는 제외한다.

16 ①

소방시설 설치 및 관리에 관한 법률 시행령 제30조(방염성능기준 이상의 실내장식물 등을 설치해야 하는 특정소방대상물)
법 제20조 제1항에서 "대통령령으로 정하는 특정소방대상물"이란 다음 각 호의 것을 말한다.
1. 근린생활시설 중 의원, 조산원, 산후조리원, 체력단련장, 공연장 및 종교집회장
2. 건축물의 옥내에 있는 다음 각 목의 시설
   가. 문화 및 집회시설
   나. 종교시설
   다. 운동시설(수영장은 제외한다)
3. 의료시설
4. 교육연구시설 중 합숙소
5. 노유자 시설
6. 숙박이 가능한 수련시설
7. 숙박시설
8. 방송통신시설 중 방송국 및 촬영소
9. 「다중이용업소의 안전관리에 관한 특별법」 제2조 제1항 제1호에 따른 다중이용업의 영업소(이하 "다중이용업소"라 한다)
10. 제1호부터 제9호까지의 시설에 해당하지 않는 것으로서 층수가 11층 이상인 것(아파트등은 제외한다)

17 ②

임시소방시설의 종류와 설치기준 등 (소방시설 설치 및 관리에 관한 법률 시행령 [별표 8])
3. 임시소방시설과 기능 및 성능이 유사한 소방시설로서 임시소방시설을 설치한 것으로 보는 소방시설
   가. 간이소화장치를 설치한 것으로 보는 소방시설 : 소방청장이 정하여 고시하는 기준에 맞는 소화기(연결송수관설비의 방수구 인근에 설치한 경우로 한정) 또는 옥내소화전설비
   나. 비상경보장치를 설치한 것으로 보는 소방시설 : 비상방송설비 또는 자동화재탐지설비
   다. 간이피난유도선을 설치한 것으로 보는 소방시설 : 피난유도선, 피난구유도등, 통로유도등 또는 비상조명등

18 ③

특정소방대상물의 관계인이 특정소방대상물에 설치·관리해야 하는 소방시설의 종류 (소방시설 설치 및 관리에 관한 법률 시행령 [별표 4])
1. 소화설비
   바. 물분무등소화설비를 설치해야 하는 특정소방대상물(위험물 저장 및 처리 시설 중 가스시설 및 지하구는 제외)은 다음의 어느 하나에 해당하는 것으로 한다.
      1) 항공기 및 자동차 관련 시설 중 항공기 격납고
      2) 차고, 주차용 건축물 또는 철골 조립식 주차시설. 이 경우 연면적 800㎡ 이상인 것만 해당한다.

3) 건축물의 내부에 설치된 차고·주차장으로서 차고 또는 주차의 용도로 사용되는 면적이 200㎡ 이상인 경우 해당 부분(50세대 미만 연립주택 및 다세대주택은 제외)
4) 기계장치에 의한 주차시설을 이용하여 20대 이상의 차량을 주차할 수 있는 시설
5) 특정소방대상물에 설치된 전기실·발전실·변전실·축전지실·통신기기실 또는 전산실, 그 밖에 이와 비슷한 것으로서 바닥면적이 300㎡ 이상인 것
6) 소화수를 수집·처리하는 설비가 설치되어 있지 않은 중·저준위방사성폐기물의 저장시설. 이 시설에는 이산화탄소소화설비, 할론소화설비 또는 할로젠화합물 및 불활성기체 소화설비를 설치해야 한다.
7) 지하가 중 예상 교통량, 경사도 등 터널의 특성을 고려하여 행정안전부령으로 정하는 터널. 이 시설에는 물분무소화설비를 설치해야 한다.
8) 문화재 중 「문화재보호법」 제2조 제3항 제1호 또는 제2호에 따른 지정문화재로서 소방청장이 문화재청장과 협의하여 정하는 것

19 ②

소방시설 설치 및 관리에 관한 법률 시행령 제12조(소방시설정보관리시스템 구축·운영 대상 등)

① 소방청장, 소방본부장 또는 소방서장이 법 제12조 제4항에 따라 소방시설의 작동정보 등을 실시간으로 수집·분석할 수 있는 시스템(이하 "소방시설정보관리시스템"이라 한다)을 구축·운영하는 경우 그 구축·운영의 대상은 「화재의 예방 및 안전관리에 관한 법률」 제24조 제1항 전단에 따른 소방안전관리대상물 중 다음 각 호의 특정소방대상물로 한다.
 1. 문화 및 집회시설   2. 종교시설
 3. 판매시설   4. 의료시설
 5. 노유자 시설   6. 숙박이 가능한 수련시설
 7. 업무시설   8. 숙박시설
 9. 공장   10. 창고시설
 11. 위험물 저장 및 처리 시설 12. 지하가(地下街)
 13. 지하구
 14. 그 밖에 소방청장, 소방본부장 또는 소방서장이 소방안전관리의 취약성과 화재위험성을 고려하여 필요하다고 인정하는 특정소방대상물

20 ④

소방시설 설치 및 관리에 관한 법률 제8조(성능위주설계)

① 연면적·높이·층수 등이 일정 규모 이상인 대통령령으로 정하는 특정소방대상물(신축하는 것만 해당한다)에 소방시설을 설치하려는 자는 성능위주설계를 하여야 한다.
② 제1항에 따라 소방시설을 설치하려는 자가 성능위주설계를 한 경우에는 「건축법」 제11조에 따른 건축허가를 신청하기 전에 해당 특정소방대상물의 시공지 또는 소재지를 관할하는 소방서장에게 신고하여야 한다. 해당 특정소방대상물의 연면적·높이·층수의 변경 등 행정안전부령으로 정하는 사유로 신고한 성능위주설계를 변경하려는 경우에도 또한 같다.
③ 소방서장은 제2항에 따른 신고 또는 변경신고를 받은 경우 그 내용을 검토하여 이 법에 적합하면 신고를 수리하여야 한다.
④ 제2항에 따라 성능위주설계의 신고 또는 변경신고를 하려는 자는 해당 특정소방대상물이 「건축법」 제4조의2에 따른 건축위원회의 심의를 받아야 하는 건축물인 경우에는 그 심의를 신청하기 전에 성능위주설계의 기본설계도서(基本設計圖書) 등에 대해서 해당 특정소방대상물의 시공지 또는 소재지를 관할하는 소방서장의 사전검토를 받아야 한다.
⑤ 소방서장은 제2항 또는 제4항에 따라 성능위주설계의 신고, 변경신고 또는 사전검토 신청을 받은 경우에는

소방청 또는 관할 소방본부에 설치된 제9조 제1항에 따른 성능위주설계평가단의 검토·평가를 거쳐야 한다. 다만, 소방서장은 신기술·신공법 등 검토·평가에 고도의 기술이 필요한 경우에는 제18조 1항에 따른 중앙소방기술심의위원회에 심의를 요청할 수 있다.
⑥ 소방서장은 제5항에 따른 검토·평가 결과 성능위주설계의 수정 또는 보완이 필요하다고 인정되는 경우에는 성능위주설계를 한 자에게 그 수정 또는 보완을 요청할 수 있으며, 수정 또는 보완 요청을 받은 자는 정당한 사유가 없으면 그 요청에 따라야 한다.

제4조(성능위주설계의 신고)
② 소방서장은 제1항에 따라 성능위주설계 신고서를 받은 경우 성능위주설계 대상 및 자격 여부 등을 확인하고, 첨부서류의 보완이 필요한 경우에는 7일 이내의 기간을 정하여 성능위주설계를 한 자에게 보완을 요청할 수 있다.

21 ②

고체로서 화염에 의한 발화의 위험성 또는 인화의 위험성을 판단하기 위하여 고시로 정하는 시험에서 고시로 정하는 성질과 상태를 나타내는 것은 제2류 가연성 고체를 말한다.
※ 황린은 제3류 위험물에 해당

22 ①

위험물안전관리법 제34조의3(벌칙) 제5조 제1항을 위반하여 저장소 또는 제조소등이 아닌 장소에서 지정수량 이상의 위험물을 저장 또는 취급한 자는 3년 이하의 징역 또는 3천만원 이하의 벌금에 처한다.

23 ③

위험물안전관리법 시행규칙 제67조(정기점검의 실시자)
① 제조소등의 관계인은 법 제18조 제1항의 규정에 의하여 당해 제조소등의 정기점검을 안전관리자(제65조의 규정에 의한 정기점검에 있어서는 제66조의 규정에 의하여 소방청장이 정하여 고시하는 점검방법에 관한 지식 및 기능이 있는 자에 한한다) 또는 위험물운송자(이동탱크저장소의 경우에 한한다)로 하여금 실시하도록 하여야 한다. 이 경우 옥외탱크저장소에 대한 구조안전점검을 위험물안전관리자가 직접 실시하는 경우에는 점검에 필요한 영 별표 7의 인력 및 장비를 갖춘 후 이를 실시하여야 한다.
② 제1항에도 불구하고 제조소등의 관계인은 안전관리대행기관(제65조에 따른 특정·준특정옥외탱크저장소의 정기점검은 제외한다) 또는 탱크시험자에게 정기점검을 의뢰하여 실시할 수 있다. 이 경우 해당 제조소등의 안전관리자는 안전관리대행기관 또는 탱크시험자의 점검현장에 참관해야 한다.

24 ③

위험물안전관리법 제19조의2(제조소등에서의 흡연 금지)
① 누구든지 제조소등에서는 지정된 장소가 아닌 곳에서 흡연을 하여서는 아니 된다.
② 제조소등의 관계인은 해당 제조소등이 금연구역임을 알리는 표지를 설치하여야 한다.
③ 시·도지사는 제조소등의 관계인이 제2항을 위반하여 금연구역임을 알리는 표지를 설치하지 아니하거나 보완이 필요한 경우 일정한 기간을 정하여 그 시정을 명할 수 있다.
④ 제1항에 따른 지정 기준·방법 등은 대통령령으로 정하고, 제2항에 따른 표지를 설치하는 기준·방법 등은 행정안전부령으로 정한다.

법 제39조(과태료)
① 다음 각 호의 어느 하나에 해당하는 자에게는 <u>500만원 이하의 과태료</u>를 부과한다.
　　7의3. 제19조의2 제1항을 위반하여 흡연을 한 자
　　7의4. 제19조의2 제3항에 따른 시정명령을 따르지 아니한 자

시행령 제18조의2(흡연장소의 지정기준 등)
① 제조소등의 관계인은 법 제19조의2에 따라 제조소등에서 흡연장소를 지정할 필요가 있다고 인정하는 경우 다음 각 호의 기준에 따라 흡연장소를 지정해야 한다.
　1. 흡연장소는 폭발위험장소(「산업표준화법」 제12조에 따른 한국산업표준에서 정한 폭발성 가스에 의한 폭발위험장소의 범위를 말한다) 외의 장소에 지정하는 등 위험물을 저장·취급하는 건축물, 공작물 및 기계·기구, 그 밖의 설비로부터 안전 확보에 필요한 일정한 거리를 둘 것
　2. <u>흡연장소는 옥외로 지정할 것. 다만, 부득이한 경우에는 건축물 내에 지정할 수 있다.</u>
② 제조소등의 관계인은 제1항에 따라 흡연장소를 지정하는 경우에는 다음 각 호의 방법에 따른 화재예방 조치를 해야 한다.
　1. 흡연장소는 구획된 실(室)로 하되, 가연성의 증기 또는 미분이 실내에 체류하거나 실내로 유입되는 것을 방지하기 위한 구조 또는 설비를 갖출 것
　2. 소형수동식소화기(이에 준하는 소화설비를 포함한다)를 1개 이상 비치할 것
③ 제1항 및 제2항에서 규정한 사항 외에 흡연장소의 지정 기준·방법 등에 관한 세부적인 기준은 소방청장이 정하여 고시한다.

25 ②

위험물안전관리법 제11조의2(제조소등의 사용 중지 등)
① 제조소등의 관계인은 제조소등의 사용을 중지(경영상 형편, 대규모 공사 등의 사유로 <u>3개월 이상</u> 위험물을 저장하지 아니하거나 취급하지 아니하는 것을 말한다. 이하 같다)하려는 경우에는 <u>위험물의 제거 및 제조소등에의 출입통제 등 행정안전부령으로 정하는 안전조치</u>를 하여야 한다. 다만, 제조소등의 사용을 중지하는 기간에도 제15조 제1항 본문에 따른 위험물안전관리자가 계속하여 직무를 수행하는 경우에는 안전조치를 아니할 수 있다.

제6회 소방관계법규 최종모의고사 정답 및 해설

2025 합격완성 소방관계법규 최종모의고사

01	02	03	04	05	06	07	08	09	10
④	②	①	③	①	③	①	①	②	③
11	12	13	14	15	16	17	18	19	20
②	②	③	②	③	①	②	②	①	②
21	22	23	24	25					
②	①	③	①	④					

01 ④

소방기본법 시행규칙 제3조(종합상황실의 실장의 업무 등)
② 종합상황실의 실장은 다음 각 호의 어느 하나에 해당하는 상황이 발생하는 때에는 그 사실을 지체 없이 별지 제1호 서식에 따라 서면·팩스 또는 컴퓨터통신 등으로 소방서의 종합상황실의 경우는 소방본부의 종합상황실에, 소방본부의 종합상황실의 경우는 소방청의 종합상황실에 각각 보고해야 한다.
  1. 다음 각목의 1에 해당하는 화재
    가. 사망자가 5인 이상 발생하거나 사상자가 10인 이상 발생한 화재
    나. 이재민이 100인 이상 발생한 화재
    다. 재산피해액이 50억원 이상 발생한 화재
    라. 관공서·학교·정부미도정공장·문화재·지하철 또는 지하구의 화재
    마. 관광호텔, 층수(「건축법 시행령」 제119조 제1항 제9호의 규정에 의하여 산정한 층수를 말한다. 이하 이 목에서 같다)가 11층 이상인 건축물, 지하상가, 시장, 백화점, 「위험물안전관리법」 제2조 제2항의 규정에 의한 지정수량의 3천배 이상의 위험물의 제조소·저장소·취급소, 층수가 5층 이상이거나 객실이 30실 이상인 숙박시설, 층수가 5층 이상이거나 병상이 30개 이상인 종합병원·정신병원·한방병원·요양소, 연면적 1만5천제곱미터 이상인 공장 또는 「화재의 예방 및 안전관리에 관한 법률」 제18조 제1항 각 목에 따른 화재경계지구에서 발생한 화재
    바. 철도차량, 항구에 매어둔 총 톤수가 1천톤 이상인 선박, 항공기, 발전소 또는 변전소에서 발생한 화재
    사. 가스 및 화약류의 폭발에 의한 화재
    아. 「다중이용업소의 안전관리에 관한 특별법」 제2조에 따른 다중이용업소의 화재
  2. 「긴급구조대응활동 및 현장지휘에 관한 규칙」에 의한 통제단장의 현장지휘가 필요한 재난상황
  3. 언론에 보도된 재난상황
  4. 그 밖에 소방청장이 정하는 재난상황

02 ②

② (×) 소방기본법 시행령 제11조(손실보상의 기준 및 보상금액) ① 법 제49조의2 제1항에 따라 같은 항 각 호(제2호는 제외한다)의 어느 하나에 해당하는 자에게 물건의 멸실·훼손으로 인한 손실보상을 하는 때에는 다음 각 호의 기준에 따른 금액으로 보상한다. 이 경우 영업자가 손실을 입은 물건의 수리나 교환으로 인하여 영업을 계속할 수 없는 때에는 영업을 계속할 수 없는 기간의 영업이익액에 상당하는 금액을 더하여 보상한다.
  1. 손실을 입은 물건을 수리할 수 있는 때 : 수리비에 상당하는 금액
  2. 손실을 입은 물건을 수리할 수 없는 때 : 손실을 입은 당시의 해당 물건의 교환가액

03 ①

① (×) 소방활동을 위하여 긴급하게 출동할 때 소방활동에 방해가 되는 물건을 제거하거나 이동시키는 것을 방해한 자는 <u>3년 이하의 징역 또는 3천만원 이하의 벌금</u>에 처한다.

소방기본법 제50조(벌칙)
다음 각 호의 어느 하나에 해당하는 사람은 5년 이하의 징역 또는 5천만원 이하의 벌금에 처한다.
1. 제16조 제2항을 위반하여 다음 각 목의 어느 하나에 해당하는 행위를 한 사람
   가. <u>위력(威力)을 사용하여 출동한 소방대의 화재진압·인명구조 또는 구급활동을 방해하는 행위</u>
   나. <u>소방대가 화재진압·인명구조 또는 구급활동을 위하여 현장에 출동하거나 현장에 출입하는 것을 고의로 방해하는 행위</u>
   다. <u>출동한 소방대원에게 폭행 또는 협박을 행사하여 화재진압·인명구조 또는 구급활동을 방해하는 행위</u>
   라. <u>출동한 소방대의 소방장비를 파손하거나 그 효용을 해하여 화재진압·인명구조 또는 구급활동을 방해하는 행위</u>
2. 제21조 제1항을 위반하여 소방자동차의 출동을 방해한 사람
3. 제24조 제1항에 따른 사람을 구출하는 일 또는 불을 끄거나 불이 번지지 아니하도록 하는 일을 방해한 사람
4. 제28조를 위반하여 <u>정당한 사유 없이 소방용수시설 또는 비상소화장치를 사용하거나 소방용수시설 또는 비상소화장치의 효용을 해치거나 그 정당한 사용을 방해한 사람</u>

04 ③

소방기본법 제27조(위험시설 등에 대한 긴급조치)
① <u>소방본부장, 소방서장 또는 소방대장은 화재 진압 등 소방활동을 위하여 필요할 때에는 소방용수 외에 댐·저수지 또는 수영장 등의 물을 사용하거나 수도(水道)의 개폐장치 등을 조작할 수 있다.</u>
② <u>소방본부장, 소방서장 또는 소방대장은 화재 발생을 막거나 폭발 등으로 화재가 확대되는 것을 막기 위하여</u> 가스·전기 또는 유류 등의 시설에 대하여 위험물질의 공급을 차단하는 등 필요한 조치를 할 수 있다.

05 ①

소방의 화재조사에 관한 법률 시행규칙 제4조(화재조사에 관한 시험)
① 소방청장이 영 제5조 제1항 제1호의 화재조사에 관한 시험(이하 "자격시험"이라 한다)을 실시하는 경우에는 시험의 과목·일시·장소 및 응시 자격·절차 등을 <u>시험 실시 30일 전까지 소방청의 인터넷 홈페이지에 공고</u>해야 한다.
② 자격시험에 응시할 수 있는 사람은 소방공무원 중 다음 각 호의 어느 하나에 해당하는 사람으로 한다.
   1. 영 제6조 제1항 제1호의 <u>화재조사관 양성을 위한 전문교육을 이수한 사람</u>
   2. <u>국립과학수사연구원 또는 소방청장이 인정하는 외국의 화재조사 관련 기관에서 8주 이상 화재조사에 관한 전문교육을 이수한 사람</u>
③ 자격시험은 1차 시험과 2차 시험으로 구분하여 실시하며, 1차 시험에 합격한 사람만이 2차 시험에 응시할 수 있다.
④ 소방청장은 영 제5조 제1항 각 호의 소방공무원에게 별지 제1호서식의 화재조사관 자격증을 발급해야 한다.
⑤ 소방청장은 자격시험에서 부정한 행위를 한 사람에 대해서는 그 시험을 정지 또는 무효로 하거나 합격을 취소한다.

06 ③

소방시설공사업법 제6조의2(휴업·폐업 신고 등)
① 소방시설업자는 소방시설업을 휴업·폐업 또는 재개업하는 때에는 행정안전부령으로 정하는 바에 따라 시·도지사에게 신고하여야 한다.
② 제1항에 따른 폐업신고를 받은 시·도지사는 소방시설업 등록을 말소하고 그 사실을 행정안전부령으로 정하는 바에 따라 공고하여야 한다.
③ 제1항에 따른 폐업신고를 한 자가 제2항에 따라 소방시설업 등록이 말소된 후 6개월 이내에 같은 업종의 소방시설업을 다시 제4조에 따라 등록한 경우 해당 소방시설업자는 폐업신고 전 소방시설업자의 지위를 승계한다.
④ 제3항에 따라 소방시설업자의 지위를 승계한 자에 대해서는 폐업신고 전의 소방시설업자에 대한 행정처분의 효과가 승계된다.

시행규칙 제6조의2(소방시설업의 휴업·폐업 등의 신고)
① 소방시설업자는 법 제6조의2 제1항에 따라 휴업·폐업 또는 재개업 신고를 하려면 휴업·폐업 또는 재개업일부터 30일 이내에 별지 제7호의3 서식의 소방시설업 휴업·폐업·재개업 신고서(전자문서로 된 신고서를 포함한다)에 다음 각 호의 구분에 따른 서류(전자문서를 포함한다)를 첨부하여 협회를 경유하여 시·도지사에게 제출하여야 한다. 다만, 「전자정부법」 제36조 제1항에 따른 행정정보의 공동이용을 통하여 첨부서류에 대한 정보를 확인할 수 있는 경우에는 그 확인으로 첨부서류를 갈음할 수 있다.
  1. 휴업·폐업의 경우 : 등록증 및 등록수첩
  2. 재개업의 경우 : 제2조 제1항 제2호(註: 등록기준 중 기술인력에 관한 사항을 확인할 수 있는 서류) 및 제3호(註: 금융회사 또는 소방산업공제조합에 출자·예치·담보한 금액 확인서)에 해당하는 서류

07 ①

① (×) 위반행위가 동시에 둘 이상 발생한 경우에는 그 중 중한 처분기준(중한 처분기준이 동일한 경우에는 그 중 하나의 처분기준을 말한다. 이하 같다)에 따르되, 둘 이상의 처분기준이 동일한 영업정지인 경우에는 중한 처분의 2분의 1까지 가중하여 처분할 수 있다. 〈소방시설업에 대한 행정처분기준〉 (소방시설공사업법 시행규칙 [별표 1])

08 ①

소방시설업의 업종별 등록기준 (소방시설공사업법 시행령 [별표 1])
1. 소방시설설계업

업종별 \ 항목		기술인력
전문소방시설 설계업		가. 주된 기술인력 : 소방기술사 1명 이상 나. 보조기술인력 : 1명 이상
일반 소방 시설 설계업	기계 분야	가. 주된 기술인력 : 소방기술사 또는 기계분야 소방설비기사 1명 이상 나. 보조기술인력 : 1명 이상
	전기 분야	가. 주된 기술인력 : 소방기술사 또는 전기분야 소방설비기사 1명 이상 나. 보조기술인력 : 1명 이상

09 ②

소방시설공사업법 제2조(정의)
① 이 법에서 사용하는 용어의 뜻은 다음과 같다.
　4. "소방기술자"란 제28조에 따라 소방기술 경력 등을 인정받은 사람과 다음 각 목의 어느 하나에 해당하는 사람으로서 소방시설업과 「소방시설 설치 및 관리에 관한 법률」에 따른 소방시설관리업의 기술인력으로 등록된 사람을 말한다.
　　가. 「소방시설 설치 및 관리에 관한 법률」에 따른 <u>소방시설관리사</u>
　　나. 국가기술자격 법령에 따른 <u>소방기술사, 소방설비기사, 소방설비산업기사, 위험물기능장, 위험물산업기사, 위험물기능사</u>

10 ③

③ (×) 감리업자는 감리원이 행정안전부령으로 정하는 기간 중 법에 따른 교육이나 「민방위기본법」 또는 「예비군법」에 따른 교육을 받는 경우나 「근로기준법」에 따른 유급휴가로 현장을 이탈하게 되는 경우에는 감리업무에 지장이 없도록 감리원의 업무를 대행할 사람을 감리현장에 <u>배치해야 한다.</u> 이 경우 감리원은 새로 배치되는 업무대행자에게 업무 인수·인계 등의 필요한 조치를 해야 한다. 〈소방공사 감리의 종류, 방법 및 대상〉 (소방시설공사업법 시행령 [별표 3])

11 ②

화재의 예방 및 안전관리에 관한 법률 제36조(피난계획의 수립 및 시행)
① 소방안전관리대상물의 관계인은 그 장소에 근무하거나 거주 또는 출입하는 사람들이 화재가 발생한 경우에 안전하게 피난할 수 있도록 피난계획을 수립·시행하여야 한다.
② 제1항의 피난계획에는 그 소방안전관리대상물의 구조, 피난시설 등을 고려하여 설정한 피난경로가 포함되어야 한다.
③ <u>소방안전관리대상물의 관계인</u>은 피난시설의 위치, 피난경로 또는 대피요령이 포함된 피난유도 안내정보를 <u>근무자 또는 거주자</u>에게 정기적으로 제공하여야 한다.

시행규칙 제34조(피난계획의 수립·시행)
① 법 제36조 제1항에 따른 피난계획(이하 "피난계획"이라 한다)에는 다음 각 호의 사항이 포함되어야 한다.
　1. 화재경보의 수단 및 방식
　2. 층별, 구역별 피난대상 인원의 연령별·성별 현황
　3. 피난약자의 현황
　4. 각 거실에서 옥외(옥상 또는 피난안전구역을 포함한다)로 이르는 피난경로
　5. 피난약자 및 피난약자를 동반한 사람의 피난동선과 피난방법
　6. 피난시설, 방화구획, 그 밖에 피난에 영향을 줄 수 있는 제반 사항
② 소방안전관리대상물의 관계인은 해당 <u>소방안전관리대상물의 구조·위치, 소방시설 등을 고려하여</u> 피난계획을 수립해야 한다.
③ 소방안전관리대상물의 관계인은 해당 소방안전관리대상물의 <u>피난시설이 변경된 경우에는 그 변경사항을 반영</u>하여 피난계획을 정비해야 한다.
④ 제1항부터 제3항까지에서 규정한 사항 외에 피난계획의 수립·시행에 필요한 세부 사항은 소방청장이 정하여 고시한다.

12 ②

화재의 예방 및 안전관리에 관한 법률 시행령 제37조(공동소방안전관리협의회의 구성·운영 등)
① 법 제35조 제4항에 따른 공동소방안전관리협의회(이하 "협의회"라 한다)는 같은 조 제1항 및 제2항에 따라 선임된 소방안전관리자 및 총괄소방안전관리자(이하 이 조에서 "총괄소방안전관리자등"이라 한다)로 구성한다.
② 총괄소방안전관리자등은 법 제35조 제4항에 따라 다음 각 호의 공동소방안전관리 업무를 협의회의 협의를 거쳐 공동으로 수행한다.
   1. 특정소방대상물 전체의 소방계획 수립 및 시행에 관한 사항
   2. 특정소방대상물 전체의 소방훈련·교육의 실시에 관한 사항
   3. 공용 부분의 소방시설 및 피난·방화시설의 유지·관리에 관한 사항
   4. 그 밖에 공동으로 소방안전관리를 할 필요가 있는 사항

13 ③

시행령 제43조(화재예방안전진단의 대상)
법 제41조 제1항에서 "대통령령으로 정하는 소방안전 특별관리시설물"이란 다음 각 호의 시설을 말한다.
1. 법 제40조 제1항 제1호에 따른 공항시설 중 여객터미널의 연면적이 1천제곱미터 이상인 공항시설
2. 법 제40조 제1항 제2호에 따른 철도시설 중 역 시설의 연면적이 5천제곱미터 이상인 철도시설
3. 법 제40조 제1항 제3호에 따른 도시철도시설 중 역사 및 역 시설의 연면적이 5천제곱미터 이상인 도시철도시설
4. 법 제40조 제1항 제4호에 따른 항만시설 중 여객이용시설 및 지원시설의 연면적이 5천제곱미터 이상인 항만시설
5. 법 제40조 제1항 제10호에 따른 전력용 및 통신용 지하구 중 「국토의 계획 및 이용에 관한 법률」 제2조 제9호에 따른 공동구
6. 법 제40조 제1항 제12호에 따른 천연가스 인수기지 및 공급망 중 「소방시설 설치 및 관리에 관한 법률 시행령」 별표 2 제17호 나목에 따른 가스시설
7. 제41조 제2항 제1호에 따른 발전소 중 연면적이 5천제곱미터 이상인 발전소
8. 제41조 제2항 제3호에 따른 가스공급시설 중 가연성 가스 탱크의 저장용량의 합계가 100톤 이상이거나 저장용량이 30톤 이상인 가연성 가스 탱크가 있는 가스공급시설

14 ②

화재의 예방 및 안전관리에 관한 법률 시행령 제20조(화재예방강화지구의 관리)
④ 시·도지사는 법 제18조 제6항에 따라 다음 각 호의 사항을 행정안전부령으로 정하는 화재예방강화지구 관리대장에 작성하고 관리해야 한다.
   1. 화재예방강화지구의 지정 현황
   2. 화재안전조사의 결과
   3. 법 제18조 제4항에 따른 소화기구, 소방용수시설 또는 그 밖에 소방에 필요한 설비(이하 "소방설비등"이라 한다)의 설치(보수, 보강을 포함한다) 명령 현황
   4. 법 제18조 제5항에 따른 소방훈련 및 교육의 실시 현황
   5. 그 밖에 화재예방 강화를 위하여 필요한 사항

15 ③

화재의 예방 및 안전관리에 관한 법률 제29조(건설현장 소방안전관리)
① 「소방시설 설치 및 관리에 관한 법률」 제15조 제1항에 따른 공사시공자가 화재발생 및 화재피해의 우려가 큰 대통령령으로 정하는 특정소방대상물(이하 "건설현장 소방안전관리대상물"이라 한다)을 신축·증축·개축·재축·이전·용도변경 또는 대수선 하는 경우에는 제24조 제1항에 따른 소방안전관리자로서 제34조에 따른 교육을 받은 사람을 소방시설공사 착공 신고일부터 건축물 사용승인일(「건축법」 제22조에 따라 건축물을 사용할 수 있게 된 날을 말한다)까지 소방안전관리자로 선임하고 행정안전부령으로 정하는 바에 따라 소방본부장 또는 소방서장에게 신고하여야 한다.

시행령 제29조(건설현장 소방안전관리대상물)
법 제29조 제1항에서 "대통령령으로 정하는 특정소방대상물"이란 다음 각 호의 어느 하나에 해당하는 특정소방대상물을 말한다.
1. 신축·증축·개축·재축·이전·용도변경 또는 대수선을 하려는 부분의 연면적의 합계가 1만5천제곱미터 이상인 것
2. 신축·증축·개축·재축·이전·용도변경 또는 대수선을 하려는 부분의 연면적이 5천제곱미터 이상인 것으로서 다음 각 목의 어느 하나에 해당하는 것
    가. 지하층의 층수가 2개 층 이상인 것
    나. 지상층의 층수가 11층 이상인 것
    다. 냉동창고, 냉장창고 또는 냉동·냉장창고

16 ①

소방시설 설치 및 관리에 관한 법률 시행령 제31조(방염대상물품 및 방염성능기준)
③ 소방본부장 또는 소방서장은 제1항에 따른 방염대상물품 외에 다음 각 호의 물품은 방염처리된 물품을 사용하도록 권장할 수 있다.
    1. 다중이용업소, 의료시설, 노유자 시설, 숙박시설 또는 장례식장에서 사용하는 침구류·소파 및 의자
    2. 건축물 내부의 천장 또는 벽에 부착하거나 설치하는 가구류

17 ②

특정소방대상물 (소방시설 설치 및 관리에 관한 법률 시행령 [별표 2])
11. 운동시설
    가. 탁구장, 체육도장, 테니스장, 체력단련장, 에어로빅장, 볼링장, 당구장, 실내낚시터, 골프연습장, 물놀이형 시설, 그 밖에 이와 비슷한 것으로서 근린생활시설에 해당하지 않는 것
    나. 체육관으로서 관람석이 없거나 관람석의 바닥면적이 1천㎡ 미만인 것
    다. 운동장 : 육상장, 구기장, 볼링장, 수영장, 스케이트장, 롤러스케이트장, 승마장, 사격장, 궁도장, 골프장 등과 이에 딸린 건축물로서 관람석이 없거나 관람석의 바닥면적이 1천㎡ 미만인 것

18 ②

건축허가등의 동의대상물 (소방시설 설치 및 관리에 관한 법률 시행령 제7조 제1항)
1. 연면적(「건축법 시행령」 제119조 제1항 제4호에 따라 산정된 면적)이 400제곱미터 이상인 건축물이나 시설. 다만, 다음 각 목의 어느 하나에 해당하는 건축물이나 시설은 해당 목에서 정한 기준 이상인 건축물이나 시설로

한다.
가. 「학교시설사업 촉진법」 제5조의2 제1항에 따라 건축등을 하려는 학교시설 : 100제곱미터
나. 별표 2의 특정소방대상물 중 노유자(老幼者) 시설 및 수련시설 : 200제곱미터
다. 「정신건강증진 및 정신질환자 복지서비스 지원에 관한 법률」 제3조 제5호에 따른 정신의료기관(입원실이 없는 정신건강의학과 의원은 제외) : 300제곱미터
라. 「장애인복지법」 제58조 제1항 제4호에 따른 장애인 의료재활시설(이하 "의료재활시설"이라 한다) : 300제곱미터
2. 지하층 또는 무창층이 있는 건축물로서 바닥면적이 150제곱미터(공연장의 경우에는 100제곱미터) 이상인 층이 있는 것
3. 차고·주차장 또는 주차 용도로 사용되는 시설로서 다음 각 목의 어느 하나에 해당하는 것
  가. 차고·주차장으로 사용되는 바닥면적이 200제곱미터 이상인 층이 있는 건축물이나 주차시설
  나. 승강기 등 기계장치에 의한 주차시설로서 자동차 20대 이상을 주차할 수 있는 시설
4. 층수(「건축법 시행령」 제119조 제1항 제9호에 따라 산정된 층수)가 6층 이상인 건축물
5. 항공기 격납고, 관망탑, 항공관제탑, 방송용 송수신탑
6. 별표 2의 특정소방대상물 중 의원(입원실이 있는 것으로 한정)·조산원·산후조리원, 위험물 저장 및 처리 시설, 발전시설 중 풍력발전소·전기저장시설, 지하구(地下溝)
7. 제1호 나목에 해당하지 않는 노유자 시설 중 다음의 어느 하나에 해당하는 시설. 다만, 가목2) 및 나목부터 바목까지의 시설 중 「건축법 시행령」 [별표 1]의 단독주택 또는 공동주택에 설치되는 시설은 제외한다.
  가. [별표 2] 제9호 가목에 따른 노인 관련 시설 중 다음의 어느 하나에 해당하는 시설
    1) 「노인복지법」 제31조 제1호에 따른 노인주거복지시설, 같은 조 제2호에 따른 노인의료복지시설 및 같은 조 제4호에 따른 재가노인복지시설
    2) 「노인복지법」 제31조 제7호에 따른 학대피해노인 전용쉼터
  나. 「아동복지법」 제52조에 따른 아동복지시설(아동상담소, 아동전용시설 및 지역아동센터는 제외)
  다. 「장애인복지법」 제58조 제1항 제1호에 따른 장애인 거주시설
  라. 정신질환자 관련 시설(「정신건강증진 및 정신질환자 복지서비스 지원에 관한 법률」 제27조 제1항 제2호에 따른 공동생활가정을 제외한 재활훈련시설과 같은 법 시행령 제16조 제3호에 따른 종합시설 중 24시간 주거를 제공하지 않는 시설은 제외)
  마. 별표 2 제9호 마목에 따른 노숙인 관련 시설 중 노숙인자활시설, 노숙인재활시설 및 노숙인요양시설
  바. 결핵환자나 한센인이 24시간 생활하는 노유자 시설
8. 「의료법」 제3조 제2항 제3호 라목에 따른 요양병원(이하 "요양병원"이라 한다). 다만, 의료재활시설은 제외한다.
9. [별표 2]의 특정소방대상물 중 공장 또는 창고시설로서 「화재의 예방 및 안전관리에 관한 법률 시행령」 별표 2에서 정하는 수량의 750배 이상의 특수가연물을 저장·취급하는 것
10. [별표 2] 제17호 나목에 따른 가스시설로서 지상에 노출된 탱크의 저장용량의 합계가 100톤 이상인 것

19 ①

① (×) 성능인증의 변경인증은 <u>한국소방산업기술원</u>에 위탁할 수 있다.

소방시설 설치 및 관리에 관한 법률 제50조(권한 또는 업무의 위임·위탁 등)
⑤ 소방청장은 다음 각 호의 업무를 대통령령으로 정하는 바에 따라 <u>소방기술과 관련된 법인 또는 단체</u>에 위탁할 수 있다.
  1. 표준자체점검비의 산정 및 공표
  2. 제25조 제5항 및 제6항에 따른 <u>소방시설관리사증의 발급·재발급</u>

3. 제34조 제1항에 따른 점검능력 평가 및 공시
4. 제34조 제4항에 따른 데이터베이스 구축·운영

20 ②

소방시설등 자체점검의 구분 및 대상, 점검자의 자격, 점검 장비, 점검 방법 및 횟수 등 자체점검 시 준수해야할 사항 (소방시설 설치 및 관리에 관한 법률 시행규칙 [별표 4])
3. 종합점검은 다음의 구분에 따라 실시한다.
　가. 종합점검은 다음의 어느 하나에 해당하는 특정소방대상물을 대상으로 한다.
　　1) 법 제22조 제1항 제1호에 해당하는 특정소방대상물
　　2) 스프링클러설비가 설치된 특정소방대상물
　　3) 물분무등소화설비[호스릴(hose reel) 방식의 물분무등소화설비만을 설치한 경우는 제외]가 설치된 연면적 5,000㎡ 이상인 특정소방대상물(제조소등은 제외)
　　4) 「다중이용업소의 안전관리에 관한 특별법 시행령」 제2조 제1호 나목, 같은 조 제2호(비디오물소극장업은 제외)·제6호·제7호·제7호의2 및 제7호의5의 다중이용업의 영업장이 설치된 특정소방대상물로서 연면적이 2,000㎡ 이상인 것
　　5) 제연설비가 설치된 터널
　　6) 「공공기관의 소방안전관리에 관한 규정」 제2조에 따른 공공기관 중 연면적(터널·지하구의 경우 그 길이와 평균 폭을 곱하여 계산된 값을 말한다)이 1,000㎡ 이상인 것으로서 옥내소화전설비 또는 자동화재탐지설비가 설치된 것. 다만, 「소방기본법」 제2조 제5호에 따른 소방대가 근무하는 공공기관은 제외한다.

21 ②

화학소방자동차에 갖추어야 하는 소화능력 및 설비의 기준 (위험물안전관리법 시행규칙 [별표 23])

구분	소화능력 및 설비의 기준
포수용액 방사차	포수용액의 방사능력이 매분 2,000ℓ 이상일 것
	소화약액탱크 및 소화약액혼합장치를 비치할 것
	10만ℓ 이상의 포수용액을 방사할 수 있는 양의 소화약제를 비치할 것
분말 방사차	분말의 방사능력이 매초 35kg 이상일 것
	분말탱크 및 가압용가스설비를 비치할 것
	1,400kg 이상의 분말을 비치할 것
할로젠화합물 방사차	할로젠화합물의 방사능력이 매초 40kg 이상일 것
	할로젠화합물탱크 및 가압용가스설비를 비치할 것
	1,000kg 이상의 할로젠화합물을 비치할 것
이산화탄소 방사차	이산화탄소의 방사능력이 매초 40kg 이상일 것
	이산화탄소저장용기를 비치할 것
	3,000kg 이상의 이산화탄소를 비치할 것
제독차	가성소오다 및 규조토를 각각 50kg 이상 비치할 것

22 ①

위험물 및 지정수량 (위험물안전관리법 시행령 [별표 1])

14. "알코올류"라 함은 1분자를 구성하는 탄소원자의 수가 1개부터 3개까지인 포화1가 알코올(변성알코올을 포함)을 말한다. 다만, 다음 각목의 1에 해당하는 것은 제외한다.
    가. 1분자를 구성하는 탄소원자의 수가 1개 내지 3개의 포화1가 알코올의 함유량이 60중량퍼센트 미만인 수용액
    나. 가연성액체량이 60중량퍼센트 미만이고 인화점 및 연소점(태그개방식인화점측정기에 의한 연소점을 말한다. 이하 같다)이 에틸알코올 60중량퍼센트 수용액의 인화점 및 연소점을 초과하는 것

23 ③

위험물안전관리법 제11조(제조소등의 폐지)

제조소등의 관계인(소유자·점유자 또는 관리자를 말한다. 이하 같다)은 당해 제조소등의 용도를 폐지(장래에 대하여 위험물시설로서의 기능을 완전히 상실시키는 것을 말한다)한 때에는 행정안전부령이 정하는 바에 따라 제조소등의 용도를 폐지한 날부터 14일 이내에 시·도지사에게 신고하여야 한다.

24 ①

위험물안전관리법 제17조(예방규정)

① 대통령령으로 정하는 제조소등의 관계인은 해당 제조소등의 화재예방과 화재 등 재해발생시의 비상조치를 위하여 행정안전부령으로 정하는 바에 따라 예방규정을 정하여 해당 제조소등의 사용을 시작하기 전에 시·도지사에게 제출하여야 한다. 예방규정을 변경한 때에도 또한 같다.
② 시·도지사는 제1항에 따라 제출한 예방규정이 제5조 제3항에 따른 기준에 적합하지 아니하거나 화재예방이나 재해발생시의 비상조치를 위하여 필요하다고 인정하는 때에는 이를 반려하거나 그 변경을 명할 수 있다.
③ 제1항에 따른 제조소등의 관계인과 그 종업원은 예방규정을 충분히 잘 익히고 준수하여야 한다.

25 ④

위험물 운송책임자의 감독 또는 지원의 방법과 위험물의 운송시에 준수하여야 하는 사항 (위험물안전관리법 시행규칙 [별표 21])

2. 이동탱크저장소에 의한 위험물의 운송시에 준수하여야 하는 기준
    가. 위험물운송자는 운송의 개시전에 이동저장탱크의 배출밸브 등의 밸브와 폐쇄장치, 맨홀 및 주입구의 뚜껑, 소화기 등의 점검을 충분히 실시할 것
    나. 위험물운송자는 장거리(고속국도에 있어서는 340km 이상, 그 밖의 도로에 있어서는 200km 이상)에 걸치는 운송을 하는 때에는 2명 이상의 운전자로 할 것. 다만, 다음의 1에 해당하는 경우에는 그러하지 아니하다.
        1) 제1호가목의 규정에 의하여 운송책임자를 동승시킨 경우
        2) 운송하는 위험물이 제2류 위험물·제3류 위험물(칼슘 또는 알루미늄의 탄화물과 이것만을 함유한 것에 한함)또는 제4류 위험물(특수인화물을 제외)인 경우
        3) 운송도중에 2시간 이내마다 20분 이상씩 휴식하는 경우
    (이하 생략)

제7회 소방관계법규 최종모의고사 정답 및 해설

2025 합격완성 소방관계법규 **최종모의고사**

01	02	03	04	05	06	07	08	09	10
④	②	④	②	①	④	②	②	③	①
11	12	13	14	15	16	17	18	19	20
②	①	③	③	④	④	④	③	②	①
21	22	23	24	25					
③	②	①	①	④					

01 ④

소방기본법 시행규칙 제6조(소방용수시설 및 비상소화장치의 설치기준)

① 특별시장·광역시장·특별자치시장·도지사 또는 특별자치도지사(이하 "시·도지사"라 한다)는 법 제10조 제1항의 규정에 의하여 설치된 소방용수시설에 대하여 별표 2의 소방용수표지를 보기 쉬운 곳에 설치하여야 한다.

③ 법 제10조 제2항에 따른 비상소화장치의 설치기준은 다음 각 호와 같다.

1. 비상소화장치는 비상소화장치함, 소화전, 소방호스(소화전의 방수구에 연결하여 소화용수를 방수하기 위한 도관으로서 호스와 연결금속구로 구성되어 있는 소방용릴호스 또는 소방용고무내장호스를 말한다), 관창(소방호스용 연결금속구 또는 중간연결금속구 등의 끝에 연결하여 소화용수를 방수하기 위한 나사식 또는 차입식 토출기구를 말한다)을 포함하여 구성할 것
2. 소방호스 및 관창은 「소방시설 설치 및 관리에 관한 법률」 제37조 제5항에 따라 소방청장이 정하여 고시하는 형식승인 및 제품검사의 기술기준에 적합한 것으로 설치할 것
3. 비상소화장치함은 「소방시설 설치 및 관리에 관한 법률」 제40조 제4항에 따라 소방청장이 정하여 고시하는 성능인증 및 제품검사의 기술기준에 적합한 것으로 설치할 것

④ 제3항에서 규정한 사항 외에 비상소화장치의 설치기준에 관한 세부 사항은 소방청장이 정한다.

02 ②

소방차 전용구역의 설치 방법 (소방기본법 시행령 [별표 2의5])

■ 비고
1. 전용구역 노면표지의 외곽선은 빗금무늬로 표시하되, 빗금은 두께를 30센티미터로 하여 50센티미터 간격으로 표시한다.
2. 전용구역 노면표지 도료의 색채는 황색을 기본으로 하되, 문자(P, 소방차 전용)는 백색으로 표시한다.

03 ④

소방기본법 시행규칙 제7조(소방용수시설 및 지리조사)

① 소방본부장 또는 소방서장은 원활한 소방활동을 위하여 다음 각호의 조사를 월 1회 이상 실시하여야 한다.
  1. 법 제10조의 규정에 의하여 설치된 소방용수시설에 대한 조사
  2. 소방대상물에 인접한 도로의 폭·교통상황, 도로주변의 토지의 고저·건축물의 개황 그 밖의 소방활동에 필요한 지리에 대한 조사

② 제1항의 조사결과는 전자적 처리가 불가능한 특별한 사유가 없으면 전자적 처리가 가능한 방법으로 작성·관리하여야 한다.

③ 제1항 제1호의 조사는 별지 제2호 서식에 의하고, 제1항 제2호의 조사는 별지 제3호서식에 의하되, 그 조사결

과를 <u>2년간 보관</u>하여야 한다.

04 ②

소방기본법 제19조(화재 등의 통지)
② 다음 각 호의 어느 하나에 해당하는 지역 또는 장소에서 화재로 오인할 만한 우려가 있는 불을 피우거나 연막(煙幕) 소독을 하려는 자는 시·도의 조례로 정하는 바에 따라 관할 소방본부장 또는 소방서장에게 신고하여야 한다.(각 호 생략)

소방기본법 제57조(과태료)
① 제19조 제2항에 따른 신고를 하지 아니하여 소방자동차를 출동하게 한 자에게는 <u>20만원 이하</u>의 과태료를 부과한다.
② 제1항에 따른 과태료는 조례로 정하는 바에 따라 관할 <u>소방본부장 또는 소방서장</u>이 부과·징수한다.

05 ①

소방의 화재조사에 관한 법률 제8조(화재현장 보존 등)
① <u>소방관서장은 화재조사를 위하여 필요한 범위에서 화재현장 보존조치를 하거나 화재현장과 그 인근 지역을 통제구역으로 설정할 수 있다.</u> 다만, <u>방화(放火) 또는 실화(失火)의 혐의로 수사의 대상이 된 경우에는 관할 경찰서장 또는 해양경찰서장</u>(이하 "경찰서장"이라 한다)이 통제구역을 설정한다.
② <u>누구든지 소방관서장 또는 경찰서장의 허가 없이 제1항에 따라 설정된 통제구역에 출입하여서는 아니 된다.</u>
③ 제1항에 따라 화재현장 보존조치를 하거나 통제구역을 설정한 경우 누구든지 소방관서장 또는 경찰서장의 허가 없이 화재현장에 있는 물건 등을 이동시키거나 변경·훼손하여서는 아니 된다. 다만, <u>공공의 이익에 중대한 영향을 미친다고 판단되거나 인명구조 등 긴급한 사유가 있는 경우에는 그러하지 아니하다.</u>
④ 화재현장 보존조치, 통제구역의 설정 및 출입 등에 필요한 사항은 대통령령으로 정한다.

시행령 제8조(화재현장 보존조치 통지 등)
소방관서장이나 관할 경찰서장 또는 해양경찰서장(이하 "경찰서장"이라 한다)은 법 제8조 제1항에 따라 화재현장 보존조치를 하거나 통제구역을 설정하는 경우 다음 각 호의 사항을 화재가 발생한 <u>소방대상물의 소유자·관리자 또는 점유자</u>(이하 "관계인"이라 한다)에게 알리고 해당 사항이 포함된 <u>표지를 설치</u>해야 한다.
1. 화재현장 보존조치나 통제구역 설정의 이유 및 주체
2. 화재현장 보존조치나 통제구역 설정의 범위
3. 화재현장 보존조치나 통제구역 설정의 기간

06 ④

소방시설공사업법 제22조의2(하도급계약의 적정성 심사 등)
① 발주자는 하수급인이 계약내용을 수행하기에 현저하게 부적당하다고 인정되거나 하도급계약금액이 대통령령으로 정하는 비율에 따른 금액에 미달하는 경우에는 하수급인의 시공 및 수행능력, 하도급계약 내용의 적정성 등을 심사할 수 있다. 이 경우, 국가, 지방자치단체 또는 대통령령으로 정하는 공공기관이 발주자인 때에는 적정성 심사를 실시하여야 한다.

시행령 제12조의2(하도급계약의 적정성 심사 등)
④ 발주자는 법 제22조의2 제2항에 따라 하수급인 또는 하도급계약 내용의 변경을 요구하려는 경우에는 법 제

21조의3 제4항에 따라 하도급에 관한 사항을 통보받은 날 또는 그 사유가 있음을 안 날부터 30일 이내에 서면으로 하여야 한다.

07 ②

방염처리업은 섬유류 방염업, 합성수지류 방염업, 합판·목재류 방염업으로 구분된다(소방시설공사업법 시행령 [별표 1]). 이 가운데 합성수지류 방염업은 제조설비, 가공설비, 성형설비 중 하나 이상의 설비를 갖추어야 한다. 감압설비는 합판·목재류 방염업의 방염처리시설이다.

08 ②

소방시설공사업법 제28조(소방기술 경력 등의 인정 등)
④ 소방청장은 제2항에 따라 자격수첩 또는 경력수첩을 발급받은 사람이 다음 각 호의 어느 하나에 해당하는 경우에는 행정안전부령으로 정하는 바에 따라 그 자격을 취소하거나 6개월 이상 2년 이하의 기간을 정하여 그 자격을 정지시킬 수 있다. 다만, 제1호와 제2호에 해당하는 경우에는 그 자격을 취소하여야 한다.
  1. 거짓이나 그 밖의 부정한 방법으로 자격수첩 또는 경력수첩을 발급받은 경우
  2. 제27조 제2항을 위반하여 자격수첩 또는 경력수첩을 다른 사람에게 빌려준 경우
  3. 제27조 제3항을 위반하여 동시에 둘 이상의 업체에 취업한 경우
  4. 이 법 또는 이 법에 따른 명령을 위반한 경우

09 ③

소방시설공사업법 제12조(시공)
① 제4조 제1항에 따라 소방시설공사업을 등록한 자(이하 "공사업자"라 한다)는 이 법이나 이 법에 따른 명령과 화재안전기준에 맞게 시공하여야 한다. 이 경우 소방시설의 구조와 원리 등에서 그 공법이 특수한 시공에 관하여는 제11조 제1항 단서를 준용한다.
  ※ 제11조 제1항 단서 : 다만, 「소방시설 설치 및 관리에 관한 법률」 제18조 제1항에 따른 중앙소방기술심의위원회의 심의를 거쳐 소방시설의 구조와 원리 등에서 특수한 설계로 인정된 경우는 화재안전기준을 따르지 아니할 수 있다.
② 공사업자는 소방시설공사의 책임시공 및 기술관리를 위하여 대통령령으로 정하는 바에 따라 소속 소방기술자를 공사 현장에 배치하여야 한다.

소방기술자의 배치기준 및 배치기간 (시행령 [별표 2])

소방기술자의 배치기준	소방시설공사 현장의 기준
가. 행정안전부령으로 정하는 특급기술자인 소방기술자(기계분야 및 전기분야)	1) 연면적 20만제곱미터 이상인 특정소방대상물의 공사 현장 2) 지하층을 포함한 층수가 40층 이상인 특정소방대상물의 공사 현장
나. 행정안전부령으로 정하는 고급기술자 이상의 소방기술자(기계분야 및 전기분야)	1) 연면적 3만제곱미터 이상 20만제곱미터 미만인 특정소방대상물(아파트는 제외)의 공사 현장 2) 지하층을 포함한 층수가 16층 이상 40층 미만인 특정소방대상물의 공사 현장

10 ①

소방시설공사업법 시행규칙 제6조(등록사항의 변경신고 등)
① 법 제6조에 따라 소방시설업자는 제5조 각 호의 어느 하나에 해당하는 등록사항이 변경된 경우에는 변경일부터 30일 이내에 별지 제7호 서식의 소방시설업 등록사항 변경신고서(전자문서로 된 소방시설업 등록사항 변경신고서를 포함한다)에 변경사항별로 다음 각 호의 구분에 따른 서류(전자문서를 포함한다)를 첨부하여 협회에 제출하여야 한다. 다만, 「전자정부법」 제36조 제1항에 따른 행정정보의 공동이용을 통하여 첨부서류에 대한 정보를 확인할 수 있는 경우에는 그 확인으로 첨부서류를 갈음할 수 있다.
  1. 상호(명칭) 또는 영업소 소재지가 변경된 경우: 소방시설업 등록증 및 등록수첩
  2. <u>대표자가 변경된 경우</u>: 다음 각 목의 서류
     가. 소방시설업 등록증 및 등록수첩
     나. 변경된 대표자의 성명, 주민등록번호 및 주소지 등의 인적사항이 적힌 서류
     다. <u>외국인</u>인 경우에는 제2조 제1항 제5호 각 목의 어느 하나에 해당하는 서류
     ※ 제2조 제1항 제5호 : ⅰ) 해당 국가의 정부나 공증인(법률에 따른 공증인의 자격을 가진 자만 해당한다), 그 밖의 권한이 있는 기관이 발행한 서류로서 해당 국가에 주재하는 우리나라 영사가 확인한 서류, ⅱ) 「외국공문서에 대한 인증의 요구를 폐지하는 협약」을 체결한 국가의 경우에는 해당 국가의 정부나 공증인(법률에 따른 공증인의 자격을 가진 자만 해당), 그 밖의 권한이 있는 기관이 발행한 서류로서 해당 국가의 아포스티유(Apostille: 외국 공문서에 대한 인증 요구 폐지 협약) 확인서 발급 권한이 있는 기관이 그 확인서를 발급한 서류
  3. <u>기술인력</u>이 변경된 경우: 다음 각 목의 서류
     가. 소방시설업 등록수첩
     나. <u>기술인력 증빙서류</u>

11 ②

화재의 예방 및 안전관리에 관한 법률 시행령 제24조(화재안전취약자 지원 대상 및 방법 등)
① 법 제23조 제1항에 따른 어린이, 노인, 장애인 등 화재의 예방 및 안전관리에 취약한 자(이하 "화재안전취약자"라 한다)에 대한 지원의 대상은 다음 각 호와 같다.
  1. 「국민기초생활 보장법」 제2조 제2호에 따른 <u>수급자</u>
  2. 「장애인복지법」 제6조에 따른 <u>중증장애인</u>
  3. 「한부모가족지원법」 제5조에 따른 지원대상자
  4. 「노인복지법」 제27조의2에 따른 <u>홀로 사는 노인</u>
  5. 「다문화가족지원법」 제2조 제1호에 따른 <u>다문화가족의 구성원</u>
  6. 그 밖에 화재안전에 취약하다고 소방관서장이 인정하는 사람

12 ①

특급 소방안전관리대상물의 범위 (화재의 예방 및 안전관리에 관한 법률 시행령 [별표 4])
「소방시설 설치 및 관리에 관한 법률 시행령」 [별표 2]의 특정소방대상물 중 다음의 어느 하나에 해당하는 것
1) <u>50층 이상</u>(지하층은 제외)이거나 지상으로부터 높이가 <u>200미터 이상</u>인 아파트
2) <u>30층 이상</u>(지하층을 포함)이거나 지상으로부터 높이가 <u>120미터 이상</u>인 특정소방대상물(아파트는 제외)
3) 2)에 해당하지 않는 특정소방대상물로서 연면적이 10만제곱미터 이상인 특정소방대상물(아파트는 제외)

13 ③

화재의 예방 및 안전관리에 관한 법률 제37조(소방안전관리대상물 근무자 및 거주자 등에 대한 소방훈련 등)
④ 소방본부장 또는 소방서장은 소방안전관리대상물 중 불특정 다수인이 이용하는 대통령령으로 정하는 특정소방대상물의 근무자등에게 불시에 소방훈련과 교육을 실시할 수 있다. 이 경우 소방본부장 또는 소방서장은 그 특정소방대상물 근무자등의 불편을 최소화하고 안전 등을 확보하는 대책을 마련하여야 하며, 소방훈련과 교육의 내용, 방법 및 절차 등은 행정안전부령으로 정하는 바에 따라 관계인에게 사전에 통지하여야 한다.

시행령 제39조(불시 소방훈련·교육의 대상)
법 제37조 제4항에서 "대통령령으로 정하는 특정소방대상물"이란 소방안전관리대상물 중 다음 각 호의 특정소방대상물을 말한다.
1. 「소방시설 설치 및 관리에 관한 법률 시행령」 별표 2 제7호에 따른 <u>의료시설</u>
2. 「소방시설 설치 및 관리에 관한 법률 시행령」 별표 2 제8호에 따른 <u>교육연구시설</u>
3. 「소방시설 설치 및 관리에 관한 법률 시행령」 별표 2 제9호에 따른 <u>노유자 시설</u>
4. 그 밖에 화재 발생 시 불특정 다수의 인명피해가 예상되어 <u>소방본부장 또는 소방서장이 소방훈련·교육이 필요하다고 인정하는 특정소방대상물</u>

14 ③

특수가연물 (화재의 예방 및 안전관리에 관한 법률 시행령 [별표 2])

품명		수량
<u>면화류</u>		<u>200킬로그램 이상</u>
<u>나무껍질 및 대팻밥</u>		<u>400킬로그램 이상</u>
넝마 및 종이부스러기		1,000킬로그램 이상
사류(絲類)		1,000킬로그램 이상
볏짚류		1,000킬로그램 이상
가연성 고체류		3,000킬로그램 이상
<u>석탄·목탄류</u>		<u>10,000킬로그램 이상</u>
가연성 액체류		2세제곱미터 이상
<u>목재가공품 및 나무부스러기</u>		<u>10세제곱미터 이상</u>
고무류·플라스틱류	발포시킨 것	20세제곱미터 이상
	그 밖의 것	3,000킬로그램 이상

15 ④

소방안전관리자 자격시험에 응시할 수 있는 사람의 자격 (화재의 예방 및 안전관리에 관한 법률 시행령 [별표 6])
2. 1급 소방안전관리자
    가. <u>대학 또는 고등학교에서 소방안전관리학과를 전공하고 졸업한 사람</u>(법령에 따라 이와 같은 수준의 학력이 있다고 인정되는 사람을 포함)으로서 해당 학과를 졸업한 후 <u>2년 이상</u> 2급 소방안전관리대상물 또는 3급 소방안전관리대상물의 소방안전관리자로 근무한 실무경력이 있는 사람
    나. 다음의 어느 하나에 해당하는 요건을 갖춘 후 <u>3년 이상</u> 2급 소방안전관리대상물 또는 3급 소방안전관리대상물의 소방안전관리자로 근무한 실무경력이 있는 사람
        1) <u>대학 또는 고등학교에서 소방안전 관련 교과목을 12학점 이상 이수하고 졸업한 사람</u>

2) 법령에 따라 1)에 해당하는 사람과 같은 수준의 학력이 있다고 인정되는 사람으로서 해당 학력 취득 과정에서 소방안전 관련 교과목을 12학점 이상 이수한 사람
3) 대학 또는 고등학교에서 소방안전 관련 학과를 전공하고 졸업한 사람(법령에 따라 이와 같은 수준의 학력이 있다고 인정되는 사람을 포함)

다. 소방행정학(소방학 및 소방방재학을 포함) 또는 소방안전공학(소방방재공학 및 안전공학을 포함) 분야에서 석사 이상 학위를 취득한 사람
라. 5년 이상 2급 소방안전관리대상물의 소방안전관리자로 근무한 실무경력이 있는 사람
마. 법 제34조 제1항 제1호에 따른 강습교육 중 이 영 제33조 제1호 및 제2호에 해당하는 사람을 대상으로 하는 강습교육을 수료한 사람
바. 2급 소방안전관리대상물의 소방안전관리자로 선임될 수 있는 자격을 갖춘 후 특급 또는 1급 소방안전관리대상물의 소방안전관리보조자로 5년 이상 근무한 실무경력이 있는 사람
사. 2급 소방안전관리대상물의 소방안전관리자로 선임될 수 있는 자격을 갖춘 후 2급 소방안전관리대상물의 소방안전관리보조자로 7년 이상 근무한 실무경력(특급 또는 1급 소방안전관리대상물의 소방안전관리보조자로 근무한 실무경력이 있는 경우에는 이를 포함하여 합산한다)이 있는 사람
아. 산업안전기사 또는 산업안전산업기사의 자격을 취득한 후 2년 이상 2급 소방안전관리대상물 또는 3급 소방안전관리대상물의 소방안전관리자로 근무한 실무경력이 있는 사람
자. 제1호에 따라 특급 소방안전관리대상물의 소방안전관리자 시험응시 자격이 인정되는 사람

16 ④

소방시설 설치 및 관리에 관한 법률 제37조(소방용품의 형식승인 등)
① 대통령령으로 정하는 소방용품을 제조하거나 수입하려는 자는 소방청장의 형식승인을 받아야 한다. 다만, 연구개발 목적으로 제조하거나 수입하는 소방용품은 그러하지 아니하다.
② 제1항에 따른 형식승인을 받으려는 자는 행정안전부령으로 정하는 기준에 따라 형식승인을 위한 시험시설을 갖추고 소방청장의 심사를 받아야 한다. 다만, 소방용품을 수입하는 자가 판매를 목적으로 하지 아니하고 자신의 건축물에 직접 설치하거나 사용하려는 경우 등 행정안전부령으로 정하는 경우에는 시험시설을 갖추지 아니할 수 있다

제40조(소방용품의 성능인증 등)
① 소방청장은 제조자 또는 수입자 등의 요청이 있는 경우 소방용품에 대하여 성능인증을 할 수 있다.
② 제1항에 따라 성능인증을 받은 자는 그 소방용품에 대하여 소방청장의 제품검사를 받아야 한다.
③ 제1항에 따른 성능인증의 대상·신청·방법 및 성능인증서 발급에 관한 사항과 제2항에 따른 제품검사의 구분·대상·절차·방법·합격표시 및 수수료 등에 필요한 사항은 행정안전부령으로 정한다.
④ 제1항에 따른 성능인증 및 제2항에 따른 제품검사의 기술기준 등에 필요한 사항은 소방청장이 정하여 고시한다.
⑤ 제2항에 따른 제품검사에 합격하지 아니한 소방용품에는 성능인증을 받았다는 표시를 하거나 제품검사에 합격하였다는 표시를 하여서는 아니 되며, 제품검사를 받지 아니하거나 합격표시를 하지 아니한 소방용품을 판매 또는 판매 목적으로 진열하거나 소방시설공사에 사용하여서는 아니 된다.
⑥ 하나의 소방용품에 성능인증 사항이 두 가지 이상 결합된 경우에는 해당 성능인증 시험을 모두 실시하고 하나의 성능인증을 할 수 있다.
⑦ 제6항에 따른 성능인증의 방법 및 절차 등에 필요한 사항은 행정안전부령으로 정한다.

17 ④

특정소방대상물의 관계인이 특정소방대상물에 설치·관리해야 하는 소방시설의 종류 (소방시설 설치 및 관리에 관한 법률 시행령 [별표 4])
5. 소화활동설비
   라. 비상콘센트설비를 설치해야 하는 특정소방대상물(위험물 저장 및 처리 시설 중 가스시설 및 지하구는 제외)은 다음의 어느 하나에 해당하는 것으로 한다.
      1) 층수가 11층 이상인 특정소방대상물의 경우에는 11층 이상의 층
      2) 지하층의 층수가 3층 이상이고 지하층의 바닥면적의 합계가 1천㎡ 이상인 것은 지하층의 모든 층
      3) 지하가 중 터널로서 길이가 500m 이상인 것

18 ③

소방시설 설치 및 관리에 관한 법률 제15조(건설현장의 임시소방시설 설치 및 관리)
① 「건설산업기본법」 제2조 제4호에 따른 건설공사를 하는 자(이하 "공사시공자"라 한다)는 특정소방대상물의 신축·증축·개축·재축·이전·용도변경·대수선 또는 설비 설치 등을 위한 공사 현장에서 인화성(引火性) 물품을 취급하는 작업 등 대통령령으로 정하는 작업(이하 "화재위험작업"이라 한다)을 하기 전에 설치 및 철거가 쉬운 화재대비시설(이하 "임시소방시설"이라 한다)을 설치하고 관리하여야 한다.

시행령 제18조(화재위험작업 및 임시소방시설 등)
① 법 제15조 제1항에서 "인화성(引火性) 물품을 취급하는 작업 등 대통령령으로 정하는 작업"이란 다음 각 호의 어느 하나에 해당하는 작업을 말한다.
   1. 인화성·가연성·폭발성 물질을 취급하거나 가연성 가스를 발생시키는 작업
   2. 용접·용단(금속·유리·플라스틱 따위를 녹여서 절단하는 일을 말한다) 등 불꽃을 발생시키거나 화기(火氣)를 취급하는 작업
   3. 전열기구, 가열전선 등 열을 발생시키는 기구를 취급하는 작업
   4. 알루미늄, 마그네슘 등을 취급하여 폭발성 부유분진(공기 중에 떠다니는 미세한 입자를 말한다)을 발생시킬 수 있는 작업
   5. 그 밖에 제1호부터 제4호까지와 비슷한 작업으로 소방청장이 정하여 고시하는 작업

19 ②

특정소방대상물 (소방시설 설치 및 관리에 관한 법률 시행령 [별표 2])
1. 공동주택
   가. 아파트등 : 주택으로 쓰는 층수가 5층 이상인 주택
   나. 연립주택 : 주택으로 쓰는 1개 동의 바닥면적(2개 이상의 동을 지하주차장으로 연결하는 경우에는 각각의 동으로 본다) 합계가 660㎡를 초과하고, 층수가 4개 층 이하인 주택
   다. 다세대주택 : 주택으로 쓰는 1개 동의 바닥면적(2개 이상의 동을 지하주차장으로 연결하는 경우에는 각각의 동으로 본다) 합계가 660㎡ 이하이고, 층수가 4개 층 이하인 주택
   라. 기숙사 : 학교 또는 공장 등의 학생 또는 종업원 등을 위하여 쓰는 것으로서 1개 동의 공동취사시설 이용 세대 수가 전체의 50퍼센트 이상인 것(「교육기본법」 제27조 제2항에 따른 학생복지주택 및 「공공주택 특별법」 제2조 제1호의3에 따른 공공매입임대주택 중 독립된 주거의 형태를 갖추지 않은 것을 포함)

20 ①

① (×) 소방시설 설치 및 관리에 관한 법률 시행규칙 제10조(평가단의 구성) ② 평가단장은 화재예방 업무를 담당하는 부서의 장 또는 제3항에 따라 임명 또는 위촉된 평가단원 중에서 학식·경험·전문성 등을 종합적으로 고려하여 소방청장 또는 소방본부장이 임명하거나 위촉한다.

21 ③

위험물안전관리법 시행령 제19조의2(사고조사위원회의 구성 등)
① 법 제22조의2 제3항에 따른 사고조사위원회(이하 이 조에서 "위원회"라 한다)는 위원장 1명을 포함하여 7명 이내의 위원으로 구성한다.
② 위원회의 위원은 다음 각 호의 어느 하나에 해당하는 사람 중에서 소방청장, 소방본부장 또는 소방서장이 임명하거나 위촉하고, 위원장은 위원 중에서 소방청장, 소방본부장 또는 소방서장이 임명하거나 위촉한다.
  1. 소속 소방공무원
  2. 기술원의 임직원 중 위험물 안전관리 관련 업무에 5년 이상 종사한 사람
  3. 「소방기본법」 제40조에 따른 한국소방안전원(이하 "안전원"이라 한다)의 임직원 중 위험물 안전관리 관련 업무에 5년 이상 종사한 사람
  4. 위험물로 인한 사고의 원인·피해 조사 및 위험물 안전관리 관련 업무 등에 관한 학식과 경험이 풍부한 사람
③ 제2항 제2호부터 제4호까지의 규정에 따라 위촉되는 민간위원의 임기는 2년으로 하며, 한 차례만 연임할 수 있다.
④ 위원회에 출석한 위원에게는 예산의 범위에서 수당, 여비, 그 밖에 필요한 경비를 지급할 수 있다. 다만, 공무원인 위원이 그 소관 업무와 직접적으로 관련되어 위원회에 출석하는 경우에는 지급하지 않는다.

22 ②

위험물의 운반에 관한 기준 (위험물안전관리법 시행규칙 [별표 19])
Ⅱ. 적재방법
  1. 위험물은 Ⅰ의 규정에 의한 운반용기에 다음 각목의 기준에 따라 수납하여 적재하여야 한다. 다만, 덩어리 상태의 황을 운반하기 위하여 적재하는 경우 또는 위험물을 동일구내에 있는 제조소등의 상호간에 운반하기 위하여 적재하는 경우에는 그러하지 아니하다(중요기준).
    가. 위험물이 온도변화 등에 의하여 누설되지 아니하도록 운반용기를 밀봉하여 수납할 것. 다만, 온도변화 등에 의한 위험물로부터의 가스의 발생으로 운반용기안의 압력이 상승할 우려가 있는 경우(발생한 가스가 독성 또는 인화성을 갖는 등 위험성이 있는 경우를 제외)에는 가스의 배출구(위험물의 누설 및 다른 물질의 침투를 방지하는 구조로 된 것에 한함)를 설치한 운반용기에 수납할 수 있다.
    나. 수납하는 위험물과 위험한 반응을 일으키지 아니하는 등 당해 위험물의 성질에 적합한 재질의 운반용기에 수납할 것
    다. 고체위험물은 운반용기 내용적의 95% 이하의 수납율로 수납할 것
    라. 액체위험물은 운반용기 내용적의 98% 이하의 수납율로 수납하되, 55도의 온도에서 누설되지 아니하도록 충분한 공간용적을 유지하도록 할 것
    마. 하나의 외장용기에는 다른 종류의 위험물을 수납하지 아니할 것
    바. 제3류 위험물은 다음의 기준에 따라 운반용기에 수납할 것
      1) 자연발화성물질에 있어서는 불활성 기체를 봉입하여 밀봉하는 등 공기와 접하지 아니하도록 할 것
      2) 자연발화성물질외의 물품에 있어서는 파라핀·경유·등유 등의 보호액으로 채워 밀봉하거나 불활성 기체를 봉입하여 밀봉하는 등 수분과 접하지 아니하도록 할 것

3) 라목의 규정에 불구하고 자연발화성물질중 알킬알루미늄등은 운반용기의 내용적의 90% 이하의 수납율로 수납하되, 50℃의 온도에서 5% 이상의 공간용적을 유지하도록 할 것

23 ①

옥내저장소의 위치·구조 및 설비의 기준 (시행규칙 [별표 5])
Ⅲ. 복합용도 건축물의 옥내저장소의 기준
옥내저장소중 지정수량의 20배 이하의 것(옥내저장소외의 용도로 사용하는 부분이 있는 건축물에 설치하는 것에 한함)의 위치·구조 및 설비의 기술기준은 Ⅰ제3호, 제11호 내지 제17호의 규정에 의하는 외에 다음 각호의 기준에 의하여야 한다.
1. 옥내저장소는 벽·기둥·바닥 및 보가 내화구조인 건축물의 <u>1층 또는 2층의 어느 하나의 층</u>에 설치하여야 한다.
2. 옥내저장소의 용도에 사용되는 부분의 바닥은 지면보다 높게 설치하고 그 <u>층고를 6m 미만</u>으로 하여야 한다.
3. 옥내저장소의 용도에 사용되는 부분의 <u>바닥면적은 75㎡</u> 이하로 하여야 한다.
4. 옥내저장소의 용도에 사용되는 부분은 벽·기둥·바닥·보 및 지붕(상층이 있는 경우에는 상층의 바닥)을 내화구조로 하고, 출입구외의 개구부가 없는 두께 <u>70mm 이상의 철근콘크리트조 또는 이와 동등 이상의 강도</u>가 있는 구조의 바닥 또는 벽으로 당해 건축물의 다른 부분과 구획되도록 하여야 한다.
5. 옥내저장소의 용도에 사용되는 부분의 출입구에는 수시로 열 수 있는 <u>자동폐쇄방식의 60분+방화문 또는 60분방화문</u>을 설치하여야 한다.
6. 옥내저장소의 용도에 사용되는 부분에는 창을 설치하지 아니하여야 한다.
7. 옥내저장소의 용도에 사용되는 부분의 환기설비 및 배출설비에는 방화상 유효한 댐퍼 등을 설치하여야 한다.

24 ①

주유취급소의 위치·구조 및 설비의 기준 (시행규칙 [별표 13])
ⅩⅤ. 고객이 직접 주유하는 주유취급소의 특례
    2. 셀프용고정주유설비의 기준은 다음의 각목과 같다.
        마. 1회의 연속주유량 및 주유시간의 상한을 미리 설정할 수 있는 구조일 것. 이 경우 연속주유량 및 주유시간의 상한은 다음과 같다.
           1) 휘발유는 100L 이하, 4분 이하로 할 것
           2) 경유는 600L 이하, 12분 이하로 할 것
    3. 셀프용고정급유설비의 기준은 다음 각목과 같다.
        다. 1회의 연속급유량 및 급유시간의 상한을 미리 설정할 수 있는 구조일 것. 이 경우 <u>급유량의 상한은 100L 이하, 급유시간의 상한은 6분 이하</u>로 한다.

25 ④

위험물안전관리법 시행규칙 제2조(정의)
이 규칙에서 사용하는 용어의 뜻은 다음과 같다.
1. <u>"고속국도"</u>란 「도로법」 제10조 제1호에 따른 고속국도를 말한다.
2. <u>"도로"</u>란 다음 각 목의 어느 하나에 해당하는 것을 말한다.
    가. 「도로법」 제2조 제1호에 따른 도로
    나. 「항만법」 제2조 제5호에 따른 항만시설 중 임항교통시설에 해당하는 도로
    다. 「사도법」 제2조의 규정에 의한 사도
    라. 그 밖에 <u>일반교통에 이용되는 너비 2미터 이상의 도로로서 자동차의 통행이 가능한 것</u>

제8회 소방관계법규 최종모의고사 정답 및 해설

2025 합격완성 소방관계법규 최종모의고사

01	02	03	04	05	06	07	08	09	10
②	①	②	④	④	③	③	②	②	①
11	12	13	14	15	16	17	18	19	20
②	③	③	④	④	④	②	④	①	④
21	22	23	24	25					
③	③	③	①	③					

01 ②

소방신호의 방법 (소방기본법 시행규칙 [별표 4])

신호방법 종별	타종신호	싸이렌신호
경계신호	1타와 연2타를 반복	5초 간격을 두고 30초씩 3회
발화신호	난타	5초 간격을 두고 5초씩 3회
해제신호	상당한 간격을 두고 1타씩 반복	1분간 1회
훈련신호	연3타 반복	10초 간격을 두고 1분씩 3회

■ 비고
1. 소방신호의 방법은 그 전부 또는 일부를 함께 사용할 수 있다.
2. 게시판을 철거하거나 통풍대 또는 기를 내리는 것으로 소방활동이 해제되었음을 알린다.
3. 소방대의 비상소집을 하는 경우에는 훈련신호를 사용할 수 있다.

02 ①

① (○) 소방대장이 정한 소방활동구역을 출입한 사람 ☞ 200만원 이하의 과태료
② (×) 강제처분을 방해한 자 또는 정당한 사유 없이 그 처분에 따르지 아니한 사람 ☞ 300만원 이하의 벌금
③ (×) 정당한 사유 없이 소방대의 생활안전활동을 방해한 사람 ☞ 100만원 이하의 벌금
④ (×) 정당한 사유 없이 소방대가 현장에 도착할 때까지 사람을 구출하는 조치 또는 불을 끄거나 불이 번지지 아니하도록 하는 조치를 하지 아니한 사람 ☞ 100만원 이하의 벌금

03 ②

② (×) 끼임, 고립 등에 따른 위험제거 및 구출 활동은 생활안전활동에 속한다(소방기본법 제16조의3).

소방기본법 제16조의2(소방지원활동)
① 소방청장·소방본부장 또는 소방서장은 공공의 안녕질서 유지 또는 복리증진을 위하여 필요한 경우 소방활동 외에 다음 각 호의 활동(이하 "소방지원활동"이라 한다)을 하게 할 수 있다
  1. 산불에 대한 예방·진압 등 지원활동
  2. 자연재해에 따른 급수·배수 및 제설 등 지원활동
  3. 집회·공연 등 각종 행사 시 사고에 대비한 근접대기 등 지원활동

4. 화재, 재난·재해로 인한 피해복구 지원활동
　　5. 삭제
　　6. 그 밖에 행정안전부령으로 정하는 활동
② 소방지원활동은 제16조의 소방활동 수행에 지장을 주지 아니하는 범위에서 할 수 있다.
③ 유관기관·단체 등의 요청에 따른 소방지원활동에 드는 비용은 지원요청을 한 유관기관·단체 등에게 부담하게 할 수 있다. 다만, 부담금액 및 부담방법에 관하여는 지원요청을 한 유관기관·단체 등과 협의하여 결정한다.

04 ④

① (○) 소방의 화재조사에 관한 법률 제12조(소방공무원과 경찰공무원의 협력 등) ① 소방공무원과 경찰공무원(제주특별자치도의 자치경찰공무원을 포함한다)은 다음 각 호(* 화재현장의 출입·보존 및 통제에 관한 사항, 화재조사에 필요한 증거물의 수집 및 보존에 관한 사항, 관계인등에 대한 진술 확보에 관한 사항, 그 밖에 화재조사에 필요한 사항)의 사항에 대하여 서로 협력하여야 한다.
② (○) 법 제2조(정의) ① 이 법에서 사용하는 용어의 뜻은 다음과 같다.
　3. "화재조사관"이란 화재조사에 전문성을 인정받아 화재조사를 수행하는 소방공무원을 말한다.
③ (○) 법 제9조(출입·조사 등) ③ 제1항에 따라 화재조사를 하는 화재조사관은 관계인의 정당한 업무를 방해하거나 화재조사를 수행하면서 알게 된 비밀을 다른 용도로 사용하거나 다른 사람에게 누설하여서는 아니 된다.
④ (×) 법 제16조(화재증명원의 발급) ① 소방관서장은 화재와 관련된 이해관계인 또는 화재발생 내용 입증이 필요한 사람이 화재를 증명하는 서류(이하 이 조에서 "화재증명원"이라 한다) 발급을 신청하는 때에는 화재증명원을 발급하여야 한다.

05 ④

소방시설공사업법 제4조(소방시설업의 등록)
① 특정소방대상물의 소방시설공사등을 하려는 자는 업종별로 자본금(개인인 경우에는 자산 평가액을 말한다), 기술인력 등 대통령령으로 정하는 요건을 갖추어 특별시장·광역시장·특별자치시장·도지사 또는 특별자치도지사(이하 "시·도지사"라 한다)에게 소방시설업을 등록하여야 한다.

시행규칙 제2조의2(등록신청 서류의 보완)
협회는 제2조에 따라 받은 소방시설업의 등록신청 서류가 다음 각 호의 어느 하나에 해당되는 경우에는 10일 이내의 기간을 정하여 이를 보완하게 할 수 있다.
1. 첨부서류(전자문서를 포함한다)가 첨부되지 아니한 경우
2. 신청서(전자문서로 된 소방시설업 등록신청서를 포함한다) 및 첨부서류(전자문서를 포함한다)에 기재되어야 할 내용이 기재되어 있지 아니하거나 명확하지 아니한 경우

시행규칙 제2조의3(등록신청 서류의 검토·확인 및 송부)
① 협회는 제2조에 따라 소방시설업 등록신청 서류를 받았을 때에는 영 제2조 및 영 별표 1에 따른 등록기준에 맞는지를 검토·확인하여야 한다.
② 협회는 제1항에 따른 검토·확인을 마쳤을 때에는 제2조에 따라 받은 소방시설업 등록신청 서류에 그 결과를 기재한 별지 제1호의2 서식에 따른 소방시설업 등록신청서 서면심사 및 확인 결과를 첨부하여 접수일(제2조의2에 따라 신청서류의 보완을 요구한 경우에는 그 보완이 완료된 날을 말한다. 이하 같다)부터 7일 이내에 신청인의 주된 영업소 소재지(법인의 경우에는 등기사항전부증명서상 본점소재지, 개인사업자의 경우에는 사업자 등록상의 사업장 소재지를 말한다)를 관할하는 특별시장·광역시장·특별자치시장·도지사 또는 특별

자치도지사(이하 "시·도지사"라 한다)에게 보내야 한다.

시행규칙 제3조(소방시설업 등록증 및 등록수첩의 발급)
시·도지사는 제2조에 따른 접수일부터 15일 이내에 협회를 경유하여 별지 제3호서식에 따른 소방시설업 등록증 및 별지 제4호서식에 따른 소방시설업 등록수첩을 신청인에게 발급해 주어야 한다.

06 ③

소방시설공사업법 시행규칙 제25조의2(소방기술자 양성·인정 교육훈련의 실시 등)
① 법 제28조의2 제2항에 따른 소방기술자 양성·인정 교육훈련기관(이하 "소방기술자 양성·인정 교육훈련기관"이라 한다)의 지정 요건은 다음 각 호와 같다.
　1. 전국 4개 이상의 시·도에 이론교육과 실습교육이 가능한 교육·훈련장을 갖출 것
　2. 소방기술자 양성·인정 교육훈련을 실시할 수 있는 전담인력을 6명 이상 갖출 것
　3. 교육과목별 교재 및 강사 매뉴얼을 갖출 것
　4. 교육훈련의 신청·수료, 성과측정, 경력관리 등에 필요한 교육훈련 관리시스템을 구축·운영할 것

07 ③

소방시설공사업법 제21조의4(공사대금의 지급보증 등)
① 수급인이 국가, 지방자치단체 또는 대통령령으로 정하는 공공기관 외의 자가 발주하는 공사를 도급받은 경우로서 수급인이 발주자에게 계약의 이행을 보증하는 때에는 발주자도 수급인에게 공사대금의 지급을 보증하거나 담보를 제공하여야 한다. 다만, 발주자는 공사대금의 지급보증 또는 담보 제공을 하기 곤란한 경우에는 수급인이 그에 상응하는 보험 또는 공제에 가입할 수 있도록 계약의 이행보증을 받은 날부터 30일 이내에 보험료 또는 공제료(이하 "보험료등"이라 한다)를 지급하여야 한다.
② 발주자 및 수급인은 소규모공사 등 대통령령으로 정하는 소방시설공사의 경우 제1항에 따른 계약이행의 보증이나 공사대금의 지급보증, 담보의 제공 또는 보험료등의 지급을 아니할 수 있다.
③ 발주자가 제1항에 따른 공사대금의 지급보증, 담보의 제공 또는 보험료등의 지급을 하지 아니한 때에는 수급인은 10일 이내 기간을 정하여 발주자에게 그 이행을 촉구하고 공사를 중지할 수 있다. 발주자가 촉구한 기간 내에 그 이행을 하지 아니한 때에는 수급인은 도급계약을 해지할 수 있다.
④ 제3항에 따라 수급인이 공사를 중지하거나 도급계약을 해지한 경우에는 발주자는 수급인에게 공사 중지나 도급계약의 해지에 따라 발생하는 손해배상을 청구하지 못한다.

시행령 제11조의6(공사대금의 지급보증 등의 예외가 되는 소방시설공사의 범위)
법 제21조의4 제2항에서 "소규모공사 등 대통령령으로 정하는 소방시설공사"란 다음 각 호의 소방시설공사를 말한다.
1. 공사 1건의 도급금액이 1천만원 미만인 소규모 소방시설공사
2. 공사기간이 3개월 이내인 단기의 소방시설공사

08 ②

소방시설공사업법 제13조(착공신고)
① 공사업자는 대통령령으로 정하는 소방시설공사를 하려면 행정안전부령으로 정하는 바에 따라 그 공사의 내용, 시공 장소, 그 밖에 필요한 사항을 소방본부장이나 소방서장에게 신고하여야 한다.
② 공사업자가 제1항에 따라 신고한 사항 가운데 행정안전부령으로 정하는 중요한 사항을 변경하였을 때에는 행정안전부령으로 정하는 바에 따라 변경신고를 하여야 한다. 이 경우 중요한 사항에 해당하지 아니하는 변

경 사항은 다음 각 호의 어느 하나에 해당하는 서류에 포함하여 소방본부장이나 소방서장에게 보고하여야 한다.
1. 제14조 제1항 또는 제2항에 따른 완공검사 또는 부분완공검사를 신청하는 서류
2. 제20조에 따른 공사감리 결과보고서

③ 소방본부장 또는 소방서장은 제1항 또는 제2항 전단에 따른 착공신고 또는 변경신고를 받은 날부터 2일 이내에 신고수리 여부를 신고인에게 통지하여야 한다.

④ 소방본부장 또는 소방서장이 제3항에서 정한 기간 내에 신고수리 여부 또는 민원 처리 관련 법령에 따른 처리기간의 연장을 신고인에게 통지하지 아니하면 그 기간(민원처리 관련 법령에 따라 처리기간이 연장 또는 재연장된 경우에는 해당 처리기간을 말한다)이 끝난 날의 다음 날에 신고를 수리한 것으로 본다.

09 ②

소방공사 감리원의 배치기준 및 배치기간 (소방시설공사업법 시행령 [별표 4])
- 비고
  다. 소방시설공사 현장의 연면적 합계가 20만제곱미터 이상인 경우에는 20만제곱미터를 초과하는 연면적에 대하여 10만제곱미터(20만제곱미터를 초과하는 연면적이 10만제곱미터에 미달하는 경우에는 10만제곱미터로 본다)마다 보조감리원 1명 이상을 추가로 배치해야 한다.

10 ①

설계업자의 사업수행능력 평가기준 (소방시설공사업법 시행규칙 [별표 4의3])

평가항목	배점범위	평가방법
참여소방기술자	50	참여한 소방기술자의 등급·실적 및 경력 등에 따라 평가
유사용역 수행 실적	15	업체의 수행 실적에 따라 평가
신용도	10	관계 법령에 따른 입찰참가 제한, 영업정지 등의 처분내용에 따라 평가 및 재정상태 건실도(健實度)에 따라 평가
기술개발 및 투자 실적 등	15	기술개발 실적, 투자 실적 및 교육 실적에 따라 평가
업무 중첩도	10	참여소방기술자의 업무 중첩 정도에 따라 평가

11 ②

화재의 예방 및 안전관리에 관한 법률 제27조(관계인 등의 의무)
① 특정소방대상물의 관계인은 그 특정소방대상물에 대하여 제24조 제5항에 따른 소방안전관리업무를 수행하여야 한다.
② 소방안전관리대상물의 관계인은 소방안전관리자가 소방안전관리업무를 성실하게 수행할 수 있도록 지도·감독하여야 한다.
③ 소방안전관리자는 인명과 재산을 보호하기 위하여 소방시설·피난시설·방화시설 및 방화구획 등이 법령에 위반된 것을 발견한 때에는 지체 없이 소방안전관리대상물의 관계인에게 소방대상물의 개수·이전·제거·수리 등 필요한 조치를 할 것을 요구하여야 하며, 관계인이 시정하지 아니하는 경우 소방본부장 또는 소방서장에게 그 사실을 알려야 한다. 이 경우 소방안전관리자는 공정하고 객관적으로 그 업무를 수행하여야 한다.
④ 소방안전관리자로부터 제3항에 따른 조치요구 등을 받은 소방안전관리대상물의 관계인은 지체 없이 이에 따라야 하며, 이를 이유로 소방안전관리자를 해임하거나 보수(報酬)의 지급을 거부하는 등 불이익한 처우를 하여서는 아니 된다.

시행령 제7조(화재안전조사의 항목)
소방청장, 소방본부장 또는 소방서장은 법 제7조 제1항에 따라 다음 각 호의 항목에 대하여 화재안전조사를 실시한다.
2. 법 제24조, 제25조, 제27조 및 제29조에 따른 소방안전관리 업무 수행에 관한 사항

12 ③

특수가연물의 저장 및 취급 기준 (화재의 예방 및 안전관리에 관한 법률 시행령 [별표 3])
특수가연물은 다음 각 목의 기준에 따라 쌓아 저장해야 한다. 다만, 석탄·목탄류를 발전용(發電用)으로 저장하는 경우는 제외한다.
가. 품명별로 구분하여 쌓을 것
나. 다음의 기준에 맞게 쌓을 것 (이하 생략)

구분	살수설비를 설치하거나 방사능력 범위에 해당 특수가연물이 포함되도록 대형수동식소화기를 설치하는 경우	그 밖의 경우
높이	15미터 이하	10미터 이하
쌓는 부분의 바닥면적	200제곱미터(석탄·목탄류의 경우에는 300제곱미터) 이하	50제곱미터(석탄·목탄류의 경우에는 200제곱미터) 이하

13 ③

① (○) 화재의 예방 및 안전관리에 관한 법률 시행령 제20조(화재예방강화지구의 관리) ④ 시·도지사는 법 제18조 제6항에 따라 다음 각 호의 사항을 행정안전부령으로 정하는 화재예방강화지구 관리대장에 작성하고 관리해야 한나. (이하 생략)
② (○) 법 제18조(화재예방강화지구의 지정 등) ⑤ 소방관서장은 화재예방강화지구 안의 관계인에 대하여 대통령령으로 정하는 바에 따라 소방에 필요한 훈련 및 교육을 실시할 수 있다.
③ (×) 시행령 제20조(화재예방강화지구의 관리) ③ 소방관서장은 제2항에 따라 훈련 및 교육을 실시하려는 경우에는 화재예방강화지구 안의 관계인에게 훈련 또는 교육 10일 전까지 그 사실을 통보해야 한다.
④ (○) 시행령 제20조(화재예방강화지구의 관리) ① 소방관서장은 법 제18조 제3항에 따라 화재예방강화지구 안의 소방대상물의 위치·구조 및 설비 등에 대한 화재안전조사를 연 1회 이상 실시해야 한다.

14 ③

보일러 등의 설비 또는 기구 등의 위치·구조 및 관리와 화재예방을 위하여 불을 사용할 때 지켜야 하는 사항 (화재의 예방 및 안전관리에 관한 법률 시행령 [별표 1])
1. 보일러
    다. 기체연료를 사용할 때에는 다음 사항을 지켜야 한다.
        1) 보일러를 설치하는 장소에는 환기구를 설치하는 등 가연성 가스가 머무르지 않도록 할 것
        2) 연료를 공급하는 배관은 금속관으로 할 것
        3) 화재 등 긴급 시 연료를 차단할 수 있는 개폐밸브를 연료용기 등으로부터 0.5미터 이내에 설치할 것
        4) 보일러가 설치된 장소에는 가스누설경보기를 설치할 것

15 ④

④ (×) 화재의 예방 및 안전관리에 관한 법률 시행령 제23조(심의회의 운영) ③ 제1항 및 제2항에서 규정한 사항 외에 심의회의 운영 등에 필요한 사항은 소방청장이 정한다.

16 ④

소방시설 설치 및 관리에 관한 법률 시행규칙 제2조(기술기준의 제정·개정 절차)
① 국립소방연구원장은 화재안전기준 중 기술기준(이하 "기술기준"이라 한다)을 제정·개정하려는 경우 제정안·개정안을 작성하여 「소방시설 설치 및 관리에 관한 법률」(이하 "법"이라 한다) 제18조 제1항에 따른 중앙소방기술심의위원회(이하 "중앙위원회"라 한다)의 심의·의결을 거쳐야 한다. 이 경우 제정안·개정안의 작성을 위해 소방 관련 기관·단체 및 개인 등의 의견을 수렴할 수 있다.
② 국립소방연구원장은 제1항에 따라 중앙위원회의 심의·의결을 거쳐 다음 각 호의 사항이 포함된 승인신청서를 소방청장에게 제출해야 한다.
   1. 기술기준의 제정안 또는 개정안
   2. 기술기준의 제정 또는 개정 이유
   3. 기술기준의 심의 경과 및 결과
③ 제2항에 따라 승인신청서를 제출받은 소방청장은 제정안 또는 개정안이 화재안전기준 중 성능기준 등을 충족하는지를 검토하여 승인 여부를 결정하고 국립소방연구원장에게 통보해야 한다.
④ 제3항에 따라 승인을 통보받은 국립소방연구원장은 승인받은 기술기준을 관보에 게재하고, 국립소방연구원 인터넷 홈페이지를 통해 공개해야 한다.
⑤ 제1항부터 제4항까지에서 규정한 사항 외에 기술기준의 제정·개정을 위하여 필요한 사항은 국립소방연구원장이 정한다.

17 ②

소방시설 설치 및 관리에 관한 법률 시행령 제38조(시험의 시행방법)
① 관리사시험은 제1차시험과 제2차시험으로 구분하여 시행한다. 이 경우 소방청장은 제1차시험과 제2차시험을 같은 날에 시행할 수 있다.
② 제1차시험은 선택형을 원칙으로 하고, 제2차시험은 논문형을 원칙으로 하되, 제2차시험에는 기입형을 포함할 수 있다.
③ 제1차시험에 합격한 사람에 대해서는 다음 회의 관리사시험만 제1차시험을 면제한다. 다만, 면제받으려는 시험의 응시자격을 갖춘 경우로 한정한다.
④ 제2차시험은 제1차시험에 합격한 사람만 응시할 수 있다. 다만, 제1항 후단에 따라 제1차시험과 제2차시험을 병행하여 시행하는 경우에 제1차시험에 불합격한 사람의 제2차시험 응시는 무효로 한다.

18 ④

특정소방대상물의 관계인이 특정소방대상물에 설치·관리해야 하는 소방시설의 종류 (소방시설 설치 및 관리에 관한 법률 시행령 [별표 4])
2. 경보설비
  가. 단독경보형 감지기를 설치해야 하는 특정소방대상물은 다음의 어느 하나에 해당하는 것으로 한다. 이 경우 5)의 연립주택 및 다세대주택에 설치하는 단독경보형 감지기는 연동형으로 설치해야 한다.
    1) 교육연구시설 내에 있는 기숙사 또는 합숙소로서 연면적 2천㎡ 미만인 것
    2) 수련시설 내에 있는 기숙사 또는 합숙소로서 연면적 2천㎡ 미만인 것

3) 다목7)에 해당하지 않는 수련시설(숙박시설이 있는 것만 해당)
4) **연면적 400㎡ 미만의 유치원**
5) 공동주택 중 연립주택 및 다세대주택

19 ①

소방시설 설치 및 관리에 관한 법률 시행규칙 제9조(성능위주설계 기준)
① 법 제8조 제7항에 따른 성능위주설계의 기준은 다음 각 호와 같다.
  1. 소방자동차 진입(통로) 동선 및 소방관 진입 경로 확보
  2. 화재·피난 모의실험을 통한 화재위험성 및 피난안전성 검증
  3. 건축물의 규모와 특성을 고려한 최적의 소방시설 설치
  4. 소화수 공급시스템 최적화를 통한 화재피해 최소화 방안 마련
  5. 특별피난계단을 포함한 피난경로의 안전성 확보
  6. 건축물의 용도별 방화구획의 적정성
  7. 침수 등 재난상황을 포함한 지하층 안전확보 방안 마련
② 제1항에 따른 성능위주설계의 세부 기준은 소방청장이 정한다.

20 ④

소방시설 설치 및 관리에 관한 법률 시행령 제15조(특정소방대상물의 증축 또는 용도변경 시의 소방시설기준 적용의 특례)
① 법 제13조 제3항에 따라 소방본부장 또는 소방서장은 특정소방대상물이 증축되는 경우에는 기존 부분을 포함한 특정소방대상물의 전체에 대하여 증축 당시의 소방시설의 설치에 관한 대통령령 또는 화재안전기준을 적용해야 한다. 다만, 다음 각 호의 어느 하나에 해당하는 경우에는 기존 부분에 대해서는 증축 당시의 소방시설의 설치에 관한 대통령령 또는 화재안전기준을 적용하지 않는다.
  1. 기존 부분과 증축 부분이 내화구조(耐火構造)로 된 바닥과 벽으로 구획된 경우
  2. 기존 부분과 증축 부분이 「건축법 시행령」 제46조 제1항 제2호에 따른 자동방화셔터(이하 "자동방화셔터"라 한다) 또는 같은 영 제64조 제1항 제1호에 따른 60분+ 방화문(이하 "60분+ 방화문"이라 한다)으로 구획되어 있는 경우
  3. 자동차 생산공장 등 화재 위험이 낮은 특정소방대상물 내부에 연면적 33제곱미터 이하의 직원 휴게실을 증축하는 경우
  4. 자동차 생산공장 등 화재 위험이 낮은 특정소방대상물에 캐노피(기둥으로 받치거나 매달아 놓은 덮개를 말하며, 3면 이상에 벽이 없는 구조의 것을 말한다)를 설치하는 경우
② 법 제13조 제3항에 따라 소방본부장 또는 소방서장은 특정소방대상물이 용도변경되는 경우에는 용도변경되는 부분에 대해서만 용도변경 당시의 소방시설의 설치에 관한 대통령령 또는 화재안전기준을 적용한다. 다만, 다음 각 호의 어느 하나에 해당하는 경우에는 특정소방대상물 전체에 대하여 용도변경 전에 해당 특정소방대상물에 적용되던 소방시설의 설치에 관한 대통령령 또는 화재안전기준을 적용한다.
  1. 특정소방대상물의 구조·설비가 화재연소 확대 요인이 적어지거나 피난 또는 화재진압활동이 쉬워지도록 변경되는 경우
  2. 용도변경으로 인하여 천장·바닥·벽 등에 고정되어 있는 가연성 물질의 양이 줄어드는 경우

21 ③

③ (×) 5개 이하의 제조소등이 동일구내에 위치하고, 아울러 상호 100미터 이내의 거리에 있는 경우

위험물안전관리법 시행령 제12조(1인의 안전관리자를 중복하여 선임할 수 있는 경우 등)
① 법 제15조 제8항 전단에 따라 다수의 제조소등을 설치한 자가 1인의 안전관리자를 중복하여 선임할 수 있는 경우는 다음 각 호의 어느 하나와 같다.
  1. 보일러·버너 또는 이와 비슷한 것으로서 위험물을 소비하는 장치로 이루어진 7개 이하의 일반취급소와 그 일반취급소에 공급하기 위한 위험물을 저장하는 저장소[일반취급소 및 저장소가 모두 동일구내(같은 건물 안 또는 같은 울 안을 말한다. 이하 같다)에 있는 경우에 한한다. 이하 제2호에서 같다]를 동일인이 설치한 경우
  2. 위험물을 차량에 고정된 탱크 또는 운반용기에 옮겨 담기 위한 5개 이하의 일반취급소[일반취급소간의 거리(보행거리를 말한다. 제3호 및 제4호에서 같다)가 300미터 이내인 경우에 한한다]와 그 일반취급소에 공급하기 위한 위험물을 저장하는 저장소를 동일인이 설치한 경우
  3. 동일구내에 있거나 상호 100미터 이내의 거리에 있는 저장소로서 저장소의 규모, 저장하는 위험물의 종류 등을 고려하여 행정안전부령이 정하는 저장소를 동일인이 설치한 경우
  4. 다음 각목의 기준에 모두 적합한 5개 이하의 제조소등을 동일인이 설치한 경우
    가. 각 제조소등이 동일구내에 위치하거나 상호 100미터 이내의 거리에 있을 것
    나. 각 제조소등에서 저장 또는 취급하는 위험물의 최대수량이 지정수량의 3천배 미만일 것. 다만, 저장소의 경우에는 그러하지 아니하다.
  5. 그 밖에 제1호 또는 제2호의 규정에 의한 제조소등과 비슷한 것으로서 행정안전부령이 정하는 제조소등을 동일인이 설치한 경우

22 ③

위험물안전관리법 시행령 제8조(탱크안전성능검사의 대상이 되는 탱크 등)
① 법 제8조 제1항 전단에 따라 탱크안전성능검사를 받아야 하는 위험물탱크는 제2항에 따른 탱크안전성능검사별로 다음 각 호의 어느 하나에 해당하는 탱크로 한다.
  1. 기초·지반검사 : 옥외탱크저장소의 액체위험물탱크 중 그 용량이 100만리터 이상인 탱크
  2. 충수(充水)·수압검사 : 액체위험물을 저장 또는 취급하는 탱크. 다만, 다음 각 목의 어느 하나에 해당하는 탱크는 제외한다.
    가. 제조소 또는 일반취급소에 설치된 탱크로서 용량이 지정수량 미만인 것
    나. 「고압가스 안전관리법」 제17조 제1항에 따른 특정설비에 관한 검사에 합격한 탱크
    다. 「산업안전보건법」 제84조 제1항에 따른 안전인증을 받은 탱크
  3. 용접부검사 : 제1호에 따른 탱크. 다만, 탱크의 저부에 관계된 변경공사(탱크의 옆판과 관련되는 공사를 포함하는 것을 제외한다)시에 행하여진 법 제18조 제3항에 따른 정기검사에 의하여 용접부에 관한 사항이 행정안전부령으로 정하는 기준에 적합하다고 인정된 탱크를 제외한다.
  4. 암반탱크검사 : 액체위험물을 저장 또는 취급하는 암반내의 공간을 이용한 탱크

23 ③

위험물안전관리법 시행규칙 제63조의2(예방규정의 이행 실태 평가)
① 법 제17조 제4항에 따른 예방규정의 이행 실태 평가는 다음 각 호의 구분에 따라 실시한다.
  1. 최초평가: 법 제17조 제1항 전단에 따라 예방규정을 최초로 제출한 날부터 3년이 되는 날이 속하는 연도에 실시
  2. 정기평가: 최초평가 또는 직전 정기평가를 실시한 날을 기준으로 4년마다 실시. 다만, 제3호에 따라 수시평가를 실시한 경우에는 수시평가를 실시한 날을 기준으로 4년마다 실시한다.
  3. 수시평가: 위험물의 누출·화재·폭발 등의 사고가 발생한 경우 소방청장이 제조소등의 관계인 또는 종업

원의 예방규정 준수 여부를 평가할 필요가 있다고 인정하는 경우에 실시

24 ①

주유취급소의 위치·구조 및 설비의 기준 (위험물안전관리법 시행규칙 [별표 13])
Ⅵ. 건축물 등의 구조
  아. 전기자동차용 충전설비는 다음의 기준에 적합할 것
    5) 충전기기와 인터페이스[충전기기에서 전기자동차에 전기를 공급하기 위하여 연결하는 커넥터(connector), 케이블 등을 말한다. 이하 같다]는 다음의 기준에 적합할 것
      가) 충전기기는 방폭성능을 갖출 것. 다만, 다음의 기준을 모두 갖춘 경우에는 방폭성능을 갖추지 않을 수 있다.
        (1) 충전기기의 전원공급을 긴급히 차단할 수 있는 장치를 사무소 내부 또는 충전기기 주변에 설치할 것
        (2) 충전기기를 폭발위험장소 외의 장소에 설치할 것
      나) 인터페이스의 구성 부품은 「전기용품 및 생활용품 안전관리법」에 따른 기준에 적합할 것
    6) 충전작업에 필요한 주차장을 설치하는 경우에는 다음의 기준에 적합할 것
      가) 주유공지, 급유공지 및 충전공지 외의 장소로서 주유를 위한 자동차 등의 진입·출입에 지장을 주지 않는 장소에 설치할 것
      나) 주차장의 주위를 페인트 등으로 표시하여 그 범위를 알아보기 쉽게 할 것
      다) 지면에 직접 주차하는 구조로 할 것

25 ③

제조소의 위치·구조 및 설비의 기준 (위험물안전관리법 시행규칙 [별표 4])
Ⅱ. 보유공지

취급하는 위험물의 최대수량	공지의 너비
지정수량의 10배 이하	3m 이상
지정수량의 10배 초과	5m 이상

Ⅷ. 기타 설비
  7. 피뢰설비
    지정수량의 10배 이상의 위험물을 취급하는 제조소(제6류 위험물을 취급하는 위험물제조소를 제외)에는 피뢰침(「산업표준화법」 제12조에 따른 한국산업표준 중 피뢰설비 표준에 적합한 것을 말한다. 이하 같다)을 설치하여야 한다. 다만, 제조소의 주위의 상황에 따라 안전상 지장이 없는 경우에는 피뢰침을 설치하지 아니할 수 있다.

제9회 소방관계법규 최종모의고사 정답 및 해설

2025 합격완성 소방관계법규 **최종모의고사**

01	02	03	04	05	06	07	08	09	10
③	①	④	③	①	②	①	③	④	②
11	12	13	14	15	16	17	18	19	20
②	②	④	②	①	①	③	④	③	④
21	22	23	24	25					
②	③	③	②	①					

01 ③

소방기본법 제16조의4(소방자동차의 보험 가입 등)
① 시·도지사는 소방자동차의 공무상 운행 중 교통사고가 발생한 경우 그 운전자의 법률상 분쟁에 소요되는 비용을 지원할 수 있는 보험에 가입하여야 한다.
② 국가는 제1항에 따른 보험 가입비용의 일부를 지원할 수 있다.

02 ①

① (×) 소방안전교육훈련의 대상은 어린이집의 영유아, 유치원의 유아, 학교의 학생, 장애인복지시설에 거주하거나 해당 시설을 이용하는 장애인이다.
② (○), ③ (○), ④ (○) 소방안전교육훈련의 시설, 장비, 강사자격 및 교육방법 등의 기준 (소방기본법 시행규칙 [별표 3의3])

03 ④

소방기본법 제25조(강제처분 등)
① 소방본부장, 소방서장 또는 소방대장은 사람을 구출하거나 불이 번지는 것을 막기 위하여 필요할 때에는 화재가 발생하거나 불이 번질 우려가 있는 소방대상물 및 토지를 일시적으로 사용하거나 그 사용의 제한 또는 소방활동에 필요한 처분을 할 수 있다.
② 소방본부장, 소방서장 또는 소방대장은 사람을 구출하거나 불이 번지는 것을 막기 위하여 긴급하다고 인정할 때에는 제1항에 따른 소방대상물 또는 토지 외의 소방대상물과 토지에 대하여 제1항에 따른 처분을 할 수 있다.
③ 소방본부장, 소방서장 또는 소방대장은 소방활동을 위하여 긴급하게 출동할 때에는 소방자동차의 통행과 소방활동에 방해가 되는 주차 또는 정차된 차량 및 물건 등을 제거하거나 이동시킬 수 있다.
④ 소방본부장, 소방서장 또는 소방대장은 제3항에 따른 소방활동에 방해가 되는 주차 또는 정차된 차량의 제거나 이동을 위하여 관할 지방자치단체 등 관련 기관에 견인차량과 인력 등에 대한 지원을 요청할 수 있고, 요청을 받은 관련 기관의 장은 정당한 사유가 없으면 이에 협조하여야 한다.
⑤ 시·도지사는 제4항에 따라 견인차량과 인력 등을 지원한 자에게 시·도의 조례로 정하는 바에 따라 비용을 지급할 수 있다.

04 ③

소방기본법 제19조(화재 등의 통지)

① 화재 현장 또는 구조·구급이 필요한 사고 현장을 발견한 사람은 그 현장의 상황을 <u>소방본부, 소방서 또는 관계 행정기관</u>에 지체 없이 알려야 한다.
② 다음 각 호의 어느 하나에 해당하는 지역 또는 장소에서 화재로 오인할 만한 우려가 있는 불을 피우거나 연막(煙幕) 소독을 하려는 자는 시·도의 조례로 정하는 바에 따라 관할 <u>소방본부장 또는 소방서장에게 신고</u>하여야 한다.
　1. 시장지역
　2. 공장·창고가 밀집한 지역
　3. 목조건물이 밀집한 지역
　4. <u>위험물의 저장 및 처리시설이 밀집한 지역</u>
　5. 석유화학제품을 생산하는 공장이 있는 지역
　6. 그 밖에 시·도의 조례로 정하는 지역 또는 장소

제57조(과태료)
① 제19조 제2항에 따른 신고를 하지 아니하여 소방자동차를 출동하게 한 자에게는 <u>20만원 이하의 과태료</u>를 부과한다.

05 ①

소방의 화재조사에 관한 법률 시행령 제10조(관계인등에 대한 출석요구 및 질문 등)
① 소방관서장은 법 제10조 제1항에 따라 관계인등의 출석을 요구하려면 <u>출석일 3일 전까지</u> 다음 각 호의 사항을 관계인등에게 알려야 한다.
　1. <u>출석 일시와 장소</u>
　2. <u>출석 요구 사유</u>
　3. <u>그 밖에 화재조사와 관련하여 필요한 사항</u>
② 관계인등은 제1항에 따라 지정된 출석 일시에 출석하는 경우 업무 또는 생활에 지장이 있을 때에는 소방관서장에게 <u>출석 일시를 변경하여 줄 것을 신청</u>할 수 있다. 이 경우 소방관서장은 화재조사의 목적을 달성할 수 있는 범위에서 출석 일시를 변경할 수 있다.

소방의 화재조사에 관한 법률 제23조(과태료)
① 다음 각 호의 어느 하나에 해당하는 사람에게는 <u>200만원 이하의 과태료</u>를 부과한다.
　3. 정당한 사유 없이 제10조 제1항에 따른 <u>출석을 거부하거나 질문에 대하여 거짓으로 진술한 사람</u>

06 ②

착공신고 대상인 소방시설공사 (소방시설공사업법 시행령 제4조)
법 제13조제1항에서 "대통령령으로 정하는 소방시설공사"란 다음 각 호의 어느 하나에 해당하는 소방시설공사를 말한다. 다만, 「위험물안전관리법」 제2조 제1항 제6호에 따른 제조소등 또는 「다중이용업소의 안전관리에 관한 특별법」 제2조 제1항 제4호에 따른 다중이용업소에서의 소방시설공사는 제외한다.
1. 특정소방대상물에 다음 각 목의 어느 하나에 해당하는 설비를 <u>신설하는 공사</u>
　가. 옥내소화전설비(호스릴옥내소화전설비를 포함), 옥외소화전설비, 스프링클러설비·간이스프링클러설비(캐비닛형 간이스프링클러설비를 포함) 및 화재조기진압용 스프링클러설비(이하 "스프링클러설비등"), 물분무소화설비·포소화설비·이산화탄소소화설비·할론소화설비·할로겐화합물 및 불활성기체 소화설비·미분무소화설비·강화액소화설비 및 분말소화설비(이하 "물분무등소화설비"), 연결송수관설비, 연결살수설비, 제연설비(소방용 외의 용도와 겸용되는 제연설비를 「건설산업기본법 시행령」 [별표 1]에 따른 기계설비·가스공사업자가 공사하는 경우는 제외), 소화용수설비(소화용수설비를 「건설산업기본법 시행령」 [별표 1]

에 따른 기계설비·가스공사업자 또는 상·하수도설비공사업자가 공사하는 경우는 제외) 또는 연소방지설비
    나. 자동화재탐지설비, 비상경보설비, 비상방송설비(소방용 외의 용도와 겸용되는 비상방송설비를 「정보통신공사업법」에 따른 정보통신공사업자가 공사하는 경우는 제외), 비상콘센트설비(비상콘센트설비를 「전기공사업법」에 따른 전기공사업자가 공사하는 경우는 제외) 또는 무선통신보조설비(소방용 외의 용도와 겸용되는 무선통신보조설비를 「정보통신공사업법」에 따른 정보통신공사업자가 공사하는 경우는 제외)
2. 특정소방대상물에 다음의 어느 하나에 해당하는 설비 또는 구역 등을 증설하는 공사
    가. 옥내·옥외소화전설비
    나. 스프링클러설비·간이스프링클러설비 또는 물분무등소화설비의 방호구역, 자동화재탐지설비의 경계구역, 제연설비의 제연구역(소방용 외의 용도와 겸용되는 제연설비를 「건설산업기본법 시행령」 [별표 1]에 따른 기계설비·가스공사업자가 공사하는 경우는 제외), 연결살수설비의 살수구역, 연결송수관설비의 송수구역, 비상콘센트설비의 전용회로, 연소방지설비의 살수구역
3. 특정소방대상물에 설치된 소방시설등을 구성하는 다음의 어느 하나에 해당하는 것의 전부 또는 일부를 개설(改設), 이전(移轉) 또는 정비(整備)하는 공사. 다만, 고장 또는 파손 등으로 인하여 작동시킬 수 없는 소방시설을 긴급히 교체하거나 보수하여야 하는 경우에는 신고하지 않을 수 있다.
    가. 수신반(受信盤)
    나. 소화펌프
    다. 동력(감시)제어반

07 ①

소방시설공사업법 제4조(소방시설업의 등록)
① 특정소방대상물의 소방시설공사등을 하려는 자는 업종별로 자본금(개인인 경우에는 자산 평가액을 말한다), 기술인력 등 대통령령으로 정하는 요건을 갖추어 특별시장·광역시장·특별자치시장·도지사 또는 특별자치도지사(이하 "시·도지사"라 한다)에게 소방시설업을 등록하여야 한다.

08 ③

ㄱ, ㄷ, ㄹ, ㅁ의 4개이다.
소방시설설계업에서 기계분야 및 전기분야의 대상이 되는 소방시설의 범위(소방시설공사업법 시행령 [별표1])
가. 기계분야
    1) 소화기구, 자동소화장치, 옥내소화전설비, 스프링클러설비등, 물분무등소화설비, 옥외소화전설비, 피난기구, 인명구조기구, 상수도소화용수설비, 소화수조·저수조, 그 밖의 소화용수설비, 제연설비, 연결송수관설비, 연결살수설비 및 연소방지설비
    2) 기계분야 소방시설에 부설되는 전기시설. 다만, 비상전원, 동력회로, 제어회로, 기계분야 소방시설을 작동하기 위하여 설치하는 화재감지기에 의한 화재감지장치 및 전기신호에 의한 소방시설의 작동장치는 제외한다.
나. 전기분야
    1) 단독경보형감지기, 비상경보설비, 비상방송설비, 누전경보기, 자동화재탐지설비, 시각경보기, 화재알림설비, 자동화재속보설비, 가스누설경보기, 통합감시시설, 유도등, 비상조명등, 휴대용비상조명등, 비상콘센트설비 및 무선통신보조설비
    2) 기계분야 소방시설에 부설되는 전기시설 중 가목2) 단서의 전기시설

09 ④

소방시설공사업법 제8조(소방시설업의 운영)
④ 소방시설업자는 행정안전부령으로 정하는 관계 서류를 제15조 제1항에 따른 하자보수 보증기간 동안 보관하여야 한다.

시행규칙 제8조(소방시설업자가 보관하여야 하는 관계 서류)
법 제8조 제4항에서 "행정안전부령으로 정하는 관계 서류"란 다음 각 호의 구분에 따른 해당 서류(전자문서를 포함한다)를 말한다.
1. 소방시설설계업 : 별지 제10호 서식의 소방시설 설계기록부 및 소방시설 설계도서
2. 소방시설공사업 : 별지 제11호 서식의 소방시설공사 기록부
3. 소방공사감리업 : 별지 제12호 서식의 소방공사 감리기록부, 별지 제13호 서식의 소방공사 감리일지 및 소방시설의 완공 당시 설계도서

10 ②

화재의 예방 및 안전관리에 관한 법률 제46조(청문)
소방청장 또는 시·도지사는 다음 각 호의 어느 하나에 해당하는 처분을 하려면 청문을 하여야 한다.
1. 제31조 제1항에 따른 소방안전관리자의 자격 취소
2. 제42조 제2항에 따른 진단기관의 지정 취소

소방시설공사업법 제32조(청문)
제9조 제1항에 따른 소방시설업 등록취소처분이나 영업정지처분 또는 제28조 제4항에 따른 소방기술 인정 자격 취소처분을 하려면 청문을 하여야 한다.

위험물안전관리법 제29조(청문)
시·도지사, 소방본부장 또는 소방서장은 다음 각 호의 어느 하나에 해당하는 처분을 하고자 하는 경우에는 청문을 실시하여야 한다.
1. 제12조의 규정에 따른 제조소등 설치허가의 취소
2. 제16조 제5항의 규정에 따른 탱크시험자의 등록취소

소방시설 설치 및 관리에 관한 법률 제49조(청문)
소방청장 또는 시·도지사는 다음 각 호의 어느 하나에 해당하는 처분을 하려면 청문을 하여야 한다.
1. 제28조에 따른 관리사 자격의 취소 및 정지
2. 제35조제1항에 따른 관리업의 등록취소 및 영업정지
3. 제39조에 따른 소방용품의 형식승인 취소 및 제품검사 중지
4. 제42조에 따른 성능인증의 취소
5. 제43조 제5항에 따른 우수품질인증의 취소
6. 제47조에 따른 전문기관의 지정취소 및 업무정지

11 ②

② (×) 화재의 예방 및 안전관리에 관한 법률 시행규칙 제18조(소방안전관리자 자격증의 발급 및 재발급 등) ③ 제2항에 따라 소방안전관리자 자격증을 발급받은 사람이 그 자격증을 잃어버렸거나 자격증이 못 쓰게 된

경우에는 별지 제20호 서식의 소방안전관리자 자격증 재발급 신청서(전자문서를 포함한다)를 작성하여 소방청장에게 자격증의 재발급을 신청할 수 있다. 이 경우 소방청장은 신청자에게 자격증을 <u>3일 이내</u>에 <u>재발급</u>하고 별지 제22호 서식의 소방안전관리자 자격증 재발급대장에 재발급 사항을 기록하고 관리해야 한다.

12 ②

화재의 예방 및 안전관리에 관한 법률 제36조(피난계획의 수립 및 시행)
③ 소방안전관리대상물의 관계인은 피난시설의 위치, 피난경로 또는 대피요령이 포함된 피난유도 안내정보를 근무자 또는 거주자에게 정기적으로 제공하여야 한다.

시행규칙 제35조(피난유도 안내정보의 제공)
① 법 제36조 제3항에 따른 피난유도 안내정보는 다음 각 호의 어느 하나의 방법으로 제공한다.
    1. <u>연 2회</u> 피난안내 교육을 실시하는 방법
    2. <u>분기별 1회</u> 이상 피난안내방송을 실시하는 방법
    3. 피난안내도를 층마다 보기 쉬운 위치에 게시하는 방법
    4. 엘리베이터, 출입구 등 시청이 용이한 장소에 <u>피난안내영상</u>을 제공하는 방법

13 ④

설문은 화재의 예방 및 안전관리에 관한 법률 제17조 제1항에 규정된 내용이며 위반시 300만원 이하의 과태료를 부과한다(제52조 제1항). ①의 <u>이동식 난로의 사용에 있어서 준수사항</u>을 위반하면 제17조 제4항, 제52조 제2항에 따라 <u>200만원 이하의 과태료</u>를 부과한다.

화재의 예방 및 안전관리에 관한 법률 제17조(화재의 예방조치 등)
① 누구든지 화재예방강화지구 및 이에 준하는 대통령령으로 정하는 장소에서는 다음 각 호의 어느 하나에 해당하는 행위를 하여서는 아니 된다. 다만, 행정안전부령으로 정하는 바에 따라 안전조치를 한 경우에는 그러하지 아니한다.
    1. 모닥불, 흡연 등 화기의 취급
    2. <u>풍등 등 소형열기구 날리기</u>
    3. <u>용접·용단 등 불꽃을 발생시키는 행위</u>
    4. 그 밖에 <u>대통령령으로 정하는 화재 발생 위험이 있는 행위</u>

시행령 제16조(화재의 예방조치 등)
② 법 제17조 제1항 제4호에서 "대통령령으로 정하는 화재 발생 위험이 있는 행위"란 「위험물안전관리법」 제2조 제1항 제1호에 따른 위험물을 방치하는 행위를 말한다.

법 제52조(과태료)
① 다음 각 호의 어느 하나에 해당하는 자에게는 **300만원 이하의 과태료**를 부과한다.
    1. 정당한 사유 없이 **제17조 제1항 각 호의 어느 하나에 해당하는 행위**를 한 자

14 ②

화재의 예방 및 안전관리에 관한 법률 제24조(특정소방대상물의 소방안전관리)
⑤ 특정소방대상물(소방안전관리대상물은 제외한다)의 관계인과 소방안전관리대상물의 소방안전관리자는 다

음 각 호의 업무를 수행한다. 다만, 제1호·제2호·제5호 및 제7호의 업무는 소방안전관리대상물의 경우에만 해당한다.
1. 제36조에 따른 피난계획에 관한 사항과 대통령령으로 정하는 사항이 포함된 소방계획서의 작성 및 시행
2. 자위소방대(自衛消防隊) 및 초기대응체계의 구성, 운영 및 교육
3. 「소방시설 설치 및 관리에 관한 법률」 제16조에 따른 피난시설, 방화구획 및 방화시설의 관리
4. 소방시설이나 그 밖의 소방 관련 시설의 관리
5. 제37조에 따른 소방훈련 및 교육
6. 화기(火氣) 취급의 감독
7. 행정안전부령으로 정하는 바에 따른 소방안전관리에 관한 업무수행에 관한 기록·유지(제3호·제4호 및 제6호의 업무를 말한다)
8. 화재발생 시 초기대응
9. 그 밖에 소방안전관리에 필요한 업무

15 ①

소방시설을 설치하지 않을 수 있는 특정소방대상물 및 소방시설의 범위 (소방시설 설치 및 관리에 관한 법률 시행령 [별표 6])

구분	특정소방대상물	설치하지 않을 수 있는 소방시설
1. 화재 위험도가 낮은 특정소방대상물	석재, 불연성금속, 불연성 건축재료 등의 가공공장·기계조립공장 또는 불연성 물품을 저장하는 창고	옥외소화전 및 연결살수설비
2. 화재안전기준을 적용하기 어려운 특정소방대상물	펄프공장의 작업장, 음료수 공장의 세정 또는 충전을 하는 작업장, 그 밖에 이와 비슷한 용도로 사용하는 것	스프링클러설비, 상수도소화용수설비 및 연결살수설비
	정수장, 수영장, 목욕장, 농예·축산·어류양식용 시설, 그 밖에 이와 비슷한 용도로 사용되는 것	자동화재탐지설비, 상수도소화용수설비 및 연결살수설비
3. 화재안전기준을 달리 적용해야 하는 특수한 용도 또는 구조를 가진 특정소방대상물	원자력발전소, 중·저준위방사성폐기물의 저장시설	연결송수관설비 및 연결살수설비
4. 「위험물 안전관리법」 제19조에 따른 자체소방대가 설치된 특정소방대상물	자체소방대가 설치된 제조소등에 부속된 사무실	옥내소화전설비, 소화용수설비, 연결살수설비 및 연결송수관설비

16 ①

소방시설 설치 및 관리에 관한 법률 시행령 제9조(성능위주설계를 해야 하는 특정소방대상물의 범위)
법 제8조 제1항에서 "대통령령으로 정하는 특정소방대상물"이란 다음 각 호의 어느 하나에 해당하는 특정소방대상물(신축하는 것만 해당한다)을 말한다.
1. 연면적 20만제곱미터 이상인 특정소방대상물. 다만, 별표 2 제1호 가목에 따른 아파트등(이하 "아파트등"이라 한다)은 제외한다.
2. 50층 이상(지하층은 제외한다)이거나 지상으로부터 높이가 200미터 이상인 아파트등
3. 30층 이상(지하층을 포함한다)이거나 지상으로부터 높이가 120미터 이상인 특정소방대상물(아파트등은 제외

한다)
4. 연면적 3만제곱미터 이상인 특정소방대상물로서 다음 각 목의 어느 하나에 해당하는 특정소방대상물
   가. 별표 2 제6호 나목의 철도 및 도시철도 시설
   나. 별표 2 제6호 다목의 공항시설
5. 별표 2 제16호의 창고시설 중 연면적 10만제곱미터 이상인 것 또는 지하층의 층수가 2개 층 이상이고 지하층의 바닥면적의 합계가 3만제곱미터 이상인 것
6. 하나의 건축물에 「영화 및 비디오물의 진흥에 관한 법률」 제2조 제10호에 따른 영화상영관이 10개 이상인 특정소방대상물
7. 「초고층 및 지하연계 복합건축물 재난관리에 관한 특별법」 제2조 제2호에 따른 지하연계 복합건축물에 해당하는 특정소방대상물
8. 별표 2 제27호의 터널 중 수저(水底)터널 또는 길이가 5천미터 이상인 것

17 ③

소방시설 설치 및 관리에 관한 법률 시행령 제2조(정의)
이 영에서 사용하는 용어의 뜻은 다음과 같다.
1. "무창층"(無窓層)이란 지상층 중 다음 각 목의 요건을 모두 갖춘 개구부(건축물에서 채광·환기·통풍 또는 출입 등을 위하여 만든 창·출입구, 그 밖에 이와 비슷한 것을 말한다. 이하 같다)의 면적의 합계가 해당 층의 바닥면적(「건축법 시행령」 제119조 제1항 제3호에 따라 산정된 면적을 말한다. 이하 같다)의 30분의 1 이하가 되는 층을 말한다.
   가. 크기는 지름 50센티미터 이상의 원이 통과할 수 있을 것
   나. 해당 층의 바닥면으로부터 개구부 밑부분까지의 높이가 1.2미터 이내일 것
   다. 도로 또는 차량이 진입할 수 있는 빈터를 향할 것
   라. 화재 시 건축물로부터 쉽게 피난할 수 있도록 창살이나 그 밖의 장애물이 설치되지 않을 것
   마. 내부 또는 외부에서 쉽게 부수거나 열 수 있을 것
2. "피난층"이란 곧바로 지상으로 갈 수 있는 출입구가 있는 층을 말한다.

18 ④

소방시설 설치 및 관리에 관한 법률 제14조(특정소방대상물별로 설치하여야 하는 소방시설의 정비 등)
① 제12조 제1항에 따라 대통령령으로 소방시설을 정할 때에는 특정소방대상물의 규모·용도·수용인원 및 이용자 특성 등을 고려하여야 한다.
② 소방청장은 건축 환경 및 화재위험특성 변화사항을 효과적으로 반영할 수 있도록 제1항에 따른 소방시설 규정을 3년에 1회 이상 정비하여야 한다. (이하 생략)

19 ③

특정소방대상물의 관계인이 특정소방대상물에 설치·관리해야 하는 소방시설의 종류 (소방시설 설치 및 관리에 관한 법률 시행령 [별표 4])
1. 소화설비
   다. 옥내소화전설비를 설치해야 하는 특정소방대상물은 다음의 어느 하나에 해당하는 것으로 한다. 다만, 위험물 저장 및 처리 시설 중 가스시설, 지하구 및 업무시설 중 무인변전소(방재실 등에서 스프링클러설비 또는 물분무등소화설비를 원격으로 조정할 수 있는 무인변전소로 한정)은 제외한다.
      1) 다음의 어느 하나에 해당하는 경우에는 모든 층

가) 연면적 3천㎡ 이상인 것(지하가 중 터널은 제외)
나) 지하층·무창층(축사는 제외)으로서 바닥면적이 600㎡ 이상인 층이 있는 것
다) 층수가 4층 이상인 것 중 바닥면적이 600㎡ 이상인 층이 있는 것
2)~5) 생략

20 ④

위험물안전관리법 제28조(안전교육)
① 안전관리자·탱크시험자·위험물운반자·위험물운송자 등 위험물의 안전관리와 관련된 업무를 수행하는 자로서 대통령령이 정하는 자는 해당 업무에 관한 능력의 습득 또는 향상을 위하여 소방청장이 실시하는 교육을 받아야 한다.

시행령 제20조(안전교육대상자)
법 제28조 제1항에서 "대통령령이 정하는 자"란 다음 각 호의 자를 말한다.
1. 안전관리자로 선임된 자
2. 탱크시험자의 기술인력으로 종사하는 자
3. 법 제20조 제2항에 따른 위험물운반자로 종사하는 자
4. 법 제21조 제1항에 따른 위험물운송자로 종사하는 자

21 ②

제조소등의 변경허가를 받아야 하는 경우 (시행규칙 [별표 1의2])
10. 주유취급소
   가. 지하에 매설하는 탱크의 변경 중 다음의 어느 하나에 해당하는 경우
      1) 탱크의 위치를 이전하는 경우
      2) 탱크전용실을 보수하는 경우
      3) 탱크를 신설·교체 또는 철거하는 경우
      4) 탱크를 보수(탱크본체를 절개하는 경우에 한함)하는 경우
      5) 탱크의 노즐 또는 맨홀을 신설하는 경우(노즐 또는 맨홀의 지름이 250㎜를 초과하는 경우에 한함)
      6) 특수누설방지구조를 보수하는 경우
   나. 옥내에 설치하는 탱크의 변경 중 다음의 어느 하나에 해당하는 경우
      1) 탱크의 위치를 이전하는 경우
      2) 탱크를 신설·교체 또는 철거하는 경우
      3) 탱크를 보수(탱크본체를 절개하는 경우에 한함)하는 경우
      4) 탱크의 노즐 또는 맨홀을 신설하는 경우(노즐 또는 맨홀의 지름이 250㎜를 초과하는 경우에 한함)

22 ③

게시판에는 저장 또는 취급하는 위험물의 유별·품명 및 저장최대수량 또는 취급최대수량, 지정수량의 배수 및 안전관리자의 성명 또는 직명을 기재하여야 한다. 제조소에는 보기 쉬운 곳에 해당 제조소가 금연구역임을 알리는 표지를 설치해야 한다(시행규칙 [별표 4]).

23 ③

제조소의 위치·구조 및 설비의 기준 (시행규칙 [별표 4])

① (×) 나목 내지 라목의 규정에 의한 것 외의 건축물 그 밖의 공작물로서 <u>주거용</u>으로 사용되는 것(제조소가 설치된 부지내에 있는 것을 제외)에 있어서는 <u>10m</u> 이상
② (×) 「문화재보호법」의 규정에 의한 <u>유형문화재</u>와 기념물 중 지정문화재에 있어서는 <u>50m 이상</u>
③ (○) 고압가스, 액화석유가스 또는 도시가스를 저장 또는 취급하는 시설로서 다음의 1에 해당하는 것에 있어서는 <u>20m 이상</u>. 다만, 당해 시설의 배관 중 제조소가 설치된 부지 내에 있는 것은 제외한다. (이하 생략)
④ (×) 학교·병원·극장 그 밖에 다수인을 수용하는 시설로서 다음의 1에 해당하는 것에 있어서는 <u>30m 이상</u> (이하 생략)
2) 「의료법」 제3조 제2항 제3호에 따른 <u>병원급 의료기관</u>

24 ②

② (×) 옥외저장소에 선반을 설치하는 경우에는 다음의 기준에 의할 것 (시행규칙 [별표 11])
1) <u>선반은 불연재료로 만들고 견고한 지반면에 고정할 것</u>
2) 선반은 당해 선반 및 그 부속설비의 자중·저장하는 위험물의 중량·풍하중·지진의 영향 등에 의하여 생기는 응력에 대하여 안전할 것
3) 선반의 높이는 <u>6m</u>를 초과하지 아니할 것
4) 선반에는 위험물을 수납한 용기가 쉽게 낙하하지 아니하는 조치를 강구할 것

25 ①

위험물의 운반에 관한 기준 (위험물안전관리법 시행규칙 [별표 19])
Ⅴ. 위험물의 위험등급
  1. <u>위험등급Ⅰ의 위험물</u>
    가. 제1류 위험물 중 아염소산염류, 염소산염류, <u>과염소산염류</u>, 무기과산화물 그 밖에 지정수량이 50㎏인 위험물
    나. 제3류 위험물 중 칼륨, 나트륨, <u>알킬알루미늄</u>, 알킬리튬, 황린 그 밖에 지정수량이 10㎏ 또는 20㎏인 위험물
    다. 제4류 위험물 중 특수인화물
    라. 제5류 위험물 중 지정수량이 10㎏인 위험물
    마. 제6류 위험물
  2. <u>위험등급Ⅱ의 위험물</u>
    가. 제1류 위험물 중 브로민산염류, 질산염류, <u>아이오딘산염류</u> 그 밖에 지정수량이 300㎏인 위험물
    나. 제2류 위험물 중 황화인, 적린, 황 그 밖에 지정수량이 100㎏인 위험물
    다. 제3류 위험물 중 알칼리금속(칼륨 및 나트륨을 제외) 및 알칼리토금속, 유기금속화합물(알킬알루미늄 및 알킬리튬을 제외) 그 밖에 지정수량이 50㎏인 위험물
    라. 제4류 위험물 중 제1석유류 및 알코올류
    마. 제5류 위험물 중 제1호 라목에 정하는 위험물 외의 것
  3. 위험등급Ⅲ의 위험물 : 제1호 및 제2호에 정하지 아니한 위험물

제10회 소방관계법규 최종모의고사 정답 및 해설

2025 합격완성 소방관계법규 **최종모의고사**

01	02	03	04	05	06	07	08	09	10
④	③	③	②	②	②	①	④	③	③
11	12	13	14	15	16	17	18	19	20
④	②	③	②	③	④	④	②	②	①
21	22	23	24	25					
④	③	②	②	②					

01 ④

소방기본법 제21조(소방자동차의 우선 통행 등)
① 모든 차와 사람은 소방자동차(지휘를 위한 자동차와 구조·구급차를 포함한다. 이하 같다)가 화재진압 및 구조·구급 활동을 위하여 출동을 할 때에는 이를 방해하여서는 아니 된다.
② 소방자동차가 화재진압 및 구조·구급 활동을 위하여 출동하거나 훈련을 위하여 필요할 때에는 사이렌을 사용할 수 있다.
③ 모든 차와 사람은 소방자동차가 화재진압 및 구조·구급 활동을 위하여 제2항에 따라 사이렌을 사용하여 출동하는 경우에는 다음 각 호의 행위를 하여서는 아니 된다.
  1. 소방자동차에 진로를 양보하지 아니하는 행위
  2. 소방자동차 앞에 끼어들거나 소방자동차를 가로막는 행위
  3. 그 밖에 소방자동차의 출동에 지장을 주는 행위
④ 제3항의 경우를 제외하고 소방자동차의 우선 통행에 관하여는 「도로교통법」에서 정하는 바에 따른다.

제50조(벌칙)
다음 각 호의 어느 하나에 해당하는 사람은 5년 이하의 징역 또는 5천만원 이하의 벌금에 처한다.
2. 제21조 제1항을 위반하여 소방자동차의 출동을 방해한 사람

제56조(과태료)
② 다음 각 호의 어느 하나에 해당하는 자에게는 200만원 이하의 과태료를 부과한다.
3의2. 제21조 제3항을 위반하여 소방자동차의 출동에 지장을 준 자

02 ③

소방기본법 제20조의2(자체소방대의 설치·운영 등)
① 관계인은 화재를 진압하거나 구조·구급 활동을 하기 위하여 상설 조직체(「위험물안전관리법」 제19조 및 그 밖의 다른 법령에 따라 설치된 자체소방대를 포함하며, 이하 이 조에서 "자체소방대"라 한다)를 설치·운영할 수 있다.
② 자체소방대는 소방대가 현장에 도착한 경우 소방대장의 지휘·통제에 따라야 한다.
③ 소방청장, 소방본부장 또는 소방서장은 자체소방대의 역량 향상을 위하여 필요한 교육·훈련 등을 지원할 수 있다.
④ 제3항에 따른 교육·훈련 등의 지원에 필요한 사항은 행정안전부령으로 정한다.

시행규칙 제11조(자체소방대의 교육·훈련 등의 지원)
법 제20조의2 제3항에 따라 소방청장, 소방본부장 또는 소방서장은 같은 조 제1항에 따른 자체소방대(이하 "자체소방대"라 한다)의 역량 향상을 위하여 다음 각 호에 해당하는 교육·훈련 등을 지원할 수 있다.
1. 「소방공무원 교육훈련규정」 제2조에 따른 교육훈련기관에서의 자체소방대 교육훈련과정
2. 자체소방대에서 수립하는 교육·훈련 계획의 지도·자문
3. 「소방공무원임용령」 제2조 제3호에 따른 소방기관과 자체소방대와의 합동 소방훈련
4. 소방기관에서 실시하는 자체소방대의 현장실습
5. 그 밖에 소방청장이 자체소방대의 역량 향상을 위하여 필요하다고 인정하는 교육·훈련

03 ③

소방기본법 시행령 제7조의14(전용구역 방해행위의 기준)
법 제21조의2 제2항에 따른 방해행위의 기준은 다음 각 호와 같다.
1. 전용구역에 물건 등을 쌓거나 주차하는 행위
2. 전용구역의 앞면, 뒷면 또는 양 측면에 물건 등을 쌓거나 주차하는 행위. 다만, 「주차장법」 제19조에 따른 부설주차장의 주차구획 내에 주차하는 경우는 제외한다.
3. 전용구역 진입로에 물건 등을 쌓거나 주차하여 전용구역으로의 진입을 가로막는 행위
4. 전용구역 노면표지를 지우거나 훼손하는 행위
5. 그 밖의 방법으로 소방자동차가 전용구역에 주차하는 것을 방해하거나 전용구역으로 진입하는 것을 방해하는 행위

04 ②

소방의 화재조사에 관한 법률 시행령 제3조(화재조사의 내용·절차)
② 화재조사는 다음 각 호의 절차에 따라 실시한다.
 1. 현장출동 중 조사: 화재발생 접수, 출동 중 화재상황 파악 등
 2. 화재현장 조사: 화재의 발화(發火)원인, 연소상황 및 피해상황 조사 등
 3. 정밀조사: 감식·감정, 화재원인 판정 등
 4. 화재조사 결과 보고

05 ②

소방공사 감리의 대상 (소방시설공사업법 시행령 [별표 3])

종류	대상
상주공사감리	1. 연면적 3만제곱미터 이상의 특정소방대상물(아파트는 제외)에 대한 소방시설의 공사 2. 지하층을 포함한 층수가 16층 이상으로서 500세대 이상인 아파트에 대한 소방시설의 공사
일반공사감리	상주 공사감리에 해당하지 않는 소방시설의 공사

06 ②

② (×) 소방시설공사업법 제21조(소방시설공사등의 도급) ② 소방시설공사는 다른 업종의 공사와 분리하여 도급하여야 한다. 다만, 공사의 성질상 또는 기술관리상 분리하여 도급하는 것이 곤란한 경우로서 대통령령으로 정하는 경우에는 다른 업종의 공사와 분리하지 아니하고 도급할 수 있다.

07 ①

소방시설업의 업종별 등록기준 및 영업범위 (소방시설공사업법 시행령 [별표 1])
1. 소방시설설계업
- 비고
4. "보조기술인력"이란 다음 각 목의 어느 하나에 해당하는 사람을 말한다.
    가. <u>소방기술사, 소방설비기사 또는 소방설비산업기사</u> 자격을 취득한 사람
    나. <u>소방공무원으로 재직한 경력이 3년 이상인 사람으로서 자격수첩을 발급받은 사람</u>
    다. 법 제28조 제3항에 따라 <u>행정안전부령으로 정하는 소방기술과 관련된 자격·경력 및 학력을 갖춘 사람으로서 자격수첩을 발급받은 사람</u>

08 ④

소방시설공사업법 시행규칙 제7조(지위승계 신고 등)
① 법 제7조 제1항 및 제2항에 따라 소방시설업자 지위 승계를 신고하려는 자는 그 상속일, 양수일, 합병일 또는 인수일부터 <u>30일 이내</u>에 다음 각 호의 구분에 따른 서류(전자문서를 포함한다)를 협회에 제출해야 한다. (각 호 생략)
④ 제1항에 따른 지위승계 신고 서류를 제출받은 협회는 접수일부터 <u>7일 이내</u>에 지위를 승계한 사실을 확인한 후 그 결과를 시·도지사에게 보고하여야 한다.
⑤ 시·도지사는 제4항에 따라 소방시설업의 지위승계 신고의 확인 사실을 보고받은 날부터 <u>3일 이내</u>에 협회를 경유하여 법 제7조 제1항에 따른 지위승계인에게 등록증 및 등록수첩을 발급하여야 한다.

09 ③

<u>전문</u> 소방시설공사업과 일반 소방시설공사업 모두 법인의 자본금은 <u>1억원</u> 이상이고, 개인의 자산평가액은 <u>1억원</u> 이상이다.

10 ③

ㄱ, ㄷ, ㅁ의 3개이다.

화재의 예방 및 안전관리에 관한 법률 제36조(피난계획의 수립 및 시행)
① 소방안전관리대상물의 관계인은 그 장소에 근무하거나 거주 또는 출입하는 사람들이 화재가 발생한 경우에 안전하게 피난할 수 있도록 피난계획을 수립·시행하여야 한다.

시행규칙 제34조(피난계획의 수립·시행)
① 법 제36조 제1항에 따른 피난계획에는 다음 각 호의 사항이 포함되어야 한다.
    1. 화재경보의 수단 및 방식
    2. 층별, 구역별 피난대상 인원의 연령별·성별 현황
    3. 피난약자의 현황
    4. 각 거실에서 옥외(옥상 또는 피난안전구역을 포함한다)로 이르는 피난경로
    5. 피난약자 및 피난약자를 동반한 사람의 피난동선과 피난방법
    6. 피난시설, 방화구획, 그 밖에 피난에 영향을 줄 수 있는 제반 사항

11 ④

② (×) 지상층의 층수가 <u>11층 이상</u>인 특정소방대상물(아파트는 제외) ☞ 1급 소방안전관리대상물

화재의 예방 및 안전관리에 관한 법률 제24조(특정소방대상물의 소방안전관리)
② 다른 안전관리자(다른 법령에 따라 전기·가스·위험물 등의 안전관리 업무에 종사하는 자를 말한다. 이하 같다)는 소방안전관리대상물 중 소방안전관리업무의 전담이 필요한 대통령령으로 정하는 소방안전관리대상물의 소방안전관리자를 겸할 수 없다. 다만, 다른 법령에 특별한 규정이 있는 경우에는 그러하지 아니하다.

시행령 제26조(소방안전관리업무 전담 대상물)
법 제24조 제2항 본문에서 "대통령령으로 정하는 소방안전관리대상물"이란 다음 각 호의 소방안전관리대상물을 말한다.
1. 별표 4 제1호에 따른 <u>특급 소방안전관리대상물</u>
2. 별표 4 제2호에 따른 <u>1급 소방안전관리대상물</u>

12 ②

화재의 예방 및 안전관리에 관한 법률 2조(정의)
① 이 법에서 사용하는 용어의 뜻은 다음과 같다.
　3. "화재안전조사"란 <u>소방청장, 소방본부장 또는 소방서장</u>(이하 "소방관서장"이라 한다)이 소방대상물, 관계지역 또는 관계인에 대하여 소방시설등(「소방시설 설치 및 관리에 관한 법률」 제2조제1항제2호에 따른 소방시설등을 말한다. 이하 같다)이 소방 관계 법령에 적합하게 설치·관리되고 있는지, 소방대상물에 화재의 발생 위험이 있는지 등을 확인하기 위하여 실시하는 <u>현장조사·문서열람·보고요구</u> 등을 하는 활동을 말한다.

13 ③

ㄱ, ㄷ, ㄹ, ㅁ의 4개이다.

화재의 예방 및 안전관리에 관한 법률 제18조(화재예방강화지구의 지정 등)
① 시·도지사는 다음 각 호의 어느 하나에 해당하는 지역을 화재예방강화지구로 지정하여 관리할 수 있다.
　1. 시장지역
　2. 공장·창고가 <u>밀집</u>한 지역
　3. <u>목조건물이 밀집한 지역</u>
　4. 노후·불량건축물이 밀집한 지역
　5. 위험물의 저장 및 처리 시설이 밀집한 지역
　6. <u>석유화학제품을 생산하는 공장이 있는 지역</u>
　7. 「산업입지 및 개발에 관한 법률」 제2조 제8호에 따른 산업단지
　8. <u>소방시설·소방용수시설 또는 소방출동로가 없는 지역</u>
　9. 「물류시설의 개발 및 운영에 관한 법률」 제2조 제6호에 따른 <u>물류단지</u>
　10. 그 밖에 제1호부터 제9호까지에 준하는 지역으로서 소방관서장이 화재예방강화지구로 지정할 필요가 있다고 인정하는 지역

14 ②

화재의 예방 및 안전관리에 관한 법률 시행규칙 제29조(실무교육의 실시)
① <u>소방청장</u>은 법 제34조 제1항 제2호에 따른 실무교육(이하 "실무교육"이라 한다)의 대상·일정·횟수 등을 포함한 실무교육의 실시 계획을 <u>매년</u> 수립·시행해야 한다.
② 소방청장은 실무교육을 실시하려는 경우에는 실무교육 실시 <u>30일 전</u>까지 일시·장소, 그 밖에 실무교육 실시에 필요한 사항을 인터넷 홈페이지에 공고하고 교육대상자에게 통보해야 한다.
③ 소방안전관리자는 소방안전관리자로 선임된 날부터 <u>6개월 이내</u>에 실무교육을 받아야 하며, 그 이후에는 <u>2년마다</u>(최초 실무교육을 받은 날을 기준일로 하여 매 2년이 되는 해의 기준일과 같은 날 전까지를 말한다) <u>1회 이상</u> 실무교육을 받아야 한다. 다만, 소방안전관리 강습교육 또는 실무교육을 받은 후 1년 이내에 소방안전관리자로 선임된 사람은 해당 강습교육을 수료하거나 실무교육을 이수한 날에 실무교육을 이수한 것으로 본다.
④ 소방안전관리보조자는 그 선임된 날부터 6개월(영 별표 5 제2호마목에 따라 소방안전관리보조자로 지정된 사람의 경우 3개월을 말한다) 이내에 실무교육을 받아야 하며, 그 이후에는 2년마다(최초 실무교육을 받은 날을 기준일로 하여 매 2년이 되는 해의 기준일과 같은 날 전까지를 말한다) 1회 이상 실무교육을 받아야 한다. 다만, 소방안전관리자 강습교육 또는 실무교육이나 소방안전관리보조자 실무교육을 받은 후 <u>1년 이내</u>에 소방안전관리보조자로 선임된 사람은 해당 강습교육을 수료하거나 실무교육을 이수한 날에 실무교육을 이수한 것으로 본다.

15 ③

소방시설 설치 및 관리에 관한 법률 제25조(소방시설관리사)
① 소방시설관리사(이하 "관리사"라 한다)가 되려는 사람은 <u>소방청장이 실시하는 관리사시험에 합격하여야 한다.</u>
② 제1항에 따른 관리사시험의 응시자격, 시험방법, 시험과목, 시험위원, 그 밖에 관리사시험에 필요한 사항은 대통령령으로 정한다.
③ 관리사시험의 <u>최종 합격자 발표일을 기준</u>으로 제27조의 <u>결격사유</u>에 해당하는 사람은 관리사 시험에 응시할 수 없다.
④ 소방기술사 등 대통령령으로 정하는 사람에 대하여는 대통령령으로 정하는 바에 따라 제2항에 따른 관리사 시험 과목 가운데 일부를 면제할 수 있다.
⑤ 소방청장은 제1항에 따른 관리사시험에 합격한 사람에게는 행정안전부령으로 정하는 바에 따라 소방시설관리사증을 발급하여야 한다.
⑥ 제5항에 따라 소방시설관리사증을 발급받은 사람이 소방시설관리사증을 <u>잃어버렸거나 못 쓰게 된 경우</u>에는 행정안전부령으로 정하는 바에 따라 소방시설관리사증을 재발급받을 수 있다.
⑦ 관리사는 제5항 또는 제6항에 따라 발급 또는 재발급받은 소방시설관리사증을 다른 사람에게 빌려주거나 빌려서는 아니 되며, 이를 알선하여서도 아니 된다.
⑧ 관리사는 <u>동시에 둘 이상의 업체에 취업하여서는 아니 된다.</u>
⑨ 제22조 제1항에 따른 기술자격자 및 제29조 제2항에 따라 관리업의 기술인력으로 등록된 관리사는 이 법과 이 법에 따른 명령에 따라 성실하게 자체점검 업무를 수행하여야 한다.

16 ④

소방시설 설치 및 관리에 관한 법률 제17조(소방용품의 내용연수 등)
① 특정소방대상물의 관계인은 내용연수가 경과한 소방용품을 교체하여야 한다. 이 경우 내용연수를 설정하여야 하는 소방용품의 종류 및 그 내용연수 연한에 필요한 사항은 대통령령으로 정한다

시행령 제19조(내용연수 설정대상 소방용품)
① 법 제17조 제1항 후단에 따라 내용연수를 설정해야 하는 소방용품은 분말형태의 소화약제를 사용하는 소화기로 한다.
② 제1항에 따른 소방용품의 내용연수는 10년으로 한다.

17 ④

소방시설 설치 및 관리에 관한 법률 제7조(소방시설의 내진설계기준)
「지진·화산재해대책법」 제14조 제1항 각 호의 시설 중 대통령령으로 정하는 특정소방대상물에 대통령령으로 정하는 소방시설을 설치하려는 자는 지진이 발생할 경우 소방시설이 정상적으로 작동될 수 있도록 소방청장이 정하는 내진설계기준에 맞게 소방시설을 설치하여야 한다.

시행령 제8조(소방시설의 내진설계)
① 법 제7조에서 "대통령령으로 정하는 특정소방대상물"이란 「건축법」 제2조 제1항 제2호에 따른 건축물로서 「지진·화산재해대책법 시행령」 제10조 제1항 각 호에 해당하는 시설을 말한다.
② 법 제7조에서 "대통령령으로 정하는 소방시설"이란 소방시설 중 옥내소화전설비, 스프링클러설비 및 물분무등소화설비를 말한다.

18 ②

특정소방대상물 (소방시설 설치 및 관리에 관한 법률 시행령 [별표 2])
■ 비고
2. 둘 이상의 특정소방대상물이 다음 각 목의 어느 하나에 해당되는 구조의 복도 또는 통로(이하 이 표에서 "연결통로")로 연결된 경우에는 이를 하나의 특정소방대상물로 본다.
　가. 내화구조로 된 연결통로가 다음의 어느 하나에 해당되는 경우
　　1) 벽이 없는 구조로서 그 길이가 6m 이하인 경우
　　2) 벽이 있는 구조로서 그 길이가 10m 이하인 경우. 다만, 벽 높이가 바닥에서 천장까지의 높이의 2분의 1 이상인 경우에는 벽이 있는 구조로 보고, 벽 높이가 바닥에서 천장까지의 높이의 2분의 1 미만인 경우에는 벽이 없는 구조로 본다.
　나. 내화구조가 아닌 연결통로로 연결된 경우
　다. 컨베이어로 연결되거나 플랜트설비의 배관 등으로 연결되어 있는 경우
　라. 지하보도, 지하상가, 지하가로 연결된 경우
　마. 자동방화셔터 또는 60분+ 방화문이 설치되지 않은 피트(전기설비 또는 배관설비 등이 설치되는 공간을 말한다)로 연결된 경우
　바. 지하구로 연결된 경우

19 ②

특정소방대상물의 관계인이 특정소방대상물에 설치·관리해야 하는 소방시설의 종류 (소방시설 설치 및 관리에 관한 법률 시행령 [별표 4])
1. 소화설비
　라. 스프링클러설비를 설치해야 하는 특정소방대상물(위험물 저장 및 처리 시설 중 가스시설 및 지하구는 제외)은 다음의 어느 하나에 해당하는 것으로 한다.

4) 판매시설, 운수시설 및 창고시설(물류터미널로 한정)로서 바닥면적의 합계가 5천㎡ 이상이거나 수용인원이 500명 이상인 경우에는 모든 층

20 ①

위험물 및 지정수량 (위험물관리법 시행령 [별표 1])
- 비고
4. "철분"이라 함은 철의 분말로서 53마이크로미터의 표준체를 통과하는 것이 50중량퍼센트 미만인 것은 제외한다.
5. "금속분"이라 함은 알칼리금속·알칼리토류금속·철 및 마그네슘외의 금속의 분말을 말하고, 구리분·니켈분 및 150마이크로미터의 체를 통과하는 것이 50중량퍼센트 미만인 것은 제외한다.

21 ④

위험물관리법 제16조(탱크시험자의 등록 등)
④ 다음 각 호의 어느 하나에 해당하는 자는 탱크시험자로 등록하거나 탱크시험자의 업무에 종사할 수 없다.
1. 피성년후견인
2. 삭제
3. 이 법, 「소방기본법」, 「화재의 예방 및 안전관리에 관한 법률」, 「소방시설 설치 및 관리에 관한 법률」 또는 「소방시설공사업법」에 따른 금고 이상의 실형의 선고를 받고 그 집행이 종료(집행이 종료된 것으로 보는 경우를 포함한다)되거나 집행이 면제된 날부터 2년이 지나지 아니한 자
4. 이 법, 「소방기본법」, 「화재의 예방 및 안전관리에 관한 법률」, 「소방시설 설치 및 관리에 관한 법률」 또는 「소방시설공사업법」에 따른 금고 이상의 형의 집행유예 선고를 받고 그 유예기간 중에 있는 자
5. 제5항의 규정에 따라 탱크시험자의 등록이 취소(제1호에 해당하여 자격이 취소된 경우는 제외한다)된 날부터 2년이 지나지 아니한 자
6. 법인으로서 그 대표자가 제1호 내지 제5호의 1에 해당하는 경우

22 ③

위험물 운송책임자의 감독 또는 지원의 방법과 위험물의 운송시에 준수하여야 하는 사항 (위험물안전관리법 시행규칙 [별표 21])
2. 이동탱크저장소에 의한 위험물의 운송시에 준수하여야 하는 기준은 다음 각목과 같다.
    마. 위험물(제4류 위험물에 있어서는 특수인화물 및 제1석유류에 한함)을 운송하게 하는 자는 별지 제48호 서식의 위험물안전카드를 위험물운송자로 하여금 휴대하게 할 것
    ※ ①, ②, ④는 제4류 위험물

23 ②

위험물안전관리법 제15조(위험물안전관리자)
② 제1항의 규정에 따라 안전관리자를 선임한 제조소등의 관계인은 그 안전관리자를 해임하거나 안전관리자가 퇴직한 때에는 해임하거나 퇴직한 날부터 30일 이내에 다시 안전관리자를 선임하여야 한다.
③ 제조소등의 관계인은 제1항 및 제2항에 따라 안전관리자를 선임한 경우에는 선임한 날부터 14일 이내에 행정안전부령으로 정하는 바에 따라 소방본부장 또는 소방서장에게 신고하여야 한다.
④ 제조소등의 관계인이 안전관리자를 해임하거나 안전관리자가 퇴직한 경우 그 관계인 또는 안전관리자는 소방본부장이나 소방서장에게 그 사실을 알려 해임되거나 퇴직한 사실을 확인받을 수 있다.

⑤ 제1항의 규정에 따라 안전관리자를 선임한 제조소등의 관계인은 안전관리자가 여행·질병 그 밖의 사유로 인하여 일시적으로 직무를 수행할 수 없거나 안전관리자의 해임 또는 퇴직과 동시에 다른 안전관리자를 선임하지 못하는 경우에는 국가기술자격법에 따른 위험물의 취급에 관한 자격취득자 또는 위험물안전에 관한 기본지식과 경험이 있는 자로서 행정안전부령이 정하는 자를 대리자(代理者)로 지정하여 그 직무를 대행하게 하여야 한다. 이 경우 대리자가 안전관리자의 직무를 대행하는 기간은 30일을 초과할 수 없다.

24 ②

위험물안전관리법 시행령 제16조(정기점검의 대상인 제조소등)
법 제18조 제1항에서 "대통령령이 정하는 제조소등"이라 함은 다음 각호의 1에 해당하는 제조소등을 말한다.
1. 제15조 제1항 각 호의 어느 하나에 해당하는 제조소등(註: 예방규정을 정하여야 하는 제조소등)
2. 지하탱크저장소
3. 이동탱크저장소
4. 위험물을 취급하는 탱크로서 지하에 매설된 탱크가 있는 제조소·주유취급소 또는 일반취급소

시행령 제15조(관계인이 예방규정을 정하여야 하는 제조소등) 법 제17조 제1항에서 "대통령령이 정하는 제조소등"이라 함은 다음 각호의 1에 해당하는 제조소등을 말한다.
1. 지정수량의 10배 이상의 위험물을 취급하는 제조소
2. 지정수량의 100배 이상의 위험물을 저장하는 옥외저장소
3. 지정수량의 150배 이상의 위험물을 저장하는 옥내저장소
4. 지정수량의 200배 이상의 위험물을 저장하는 옥외탱크저장소
5. 암반탱크저장소
6. 이송취급소
7. 지정수량의 10배 이상의 위험물을 취급하는 일반취급소. 다만, 제4류 위험물(특수인화물을 제외한다)만을 지정수량의 50배 이하로 취급하는 일반취급소(제1석유류·알코올류의 취급량이 지정수량의 10배 이하인 경우에 한한다)로서 다음 각목의 어느 하나에 해당하는 것을 제외한다.
   가. 보일러·버너 또는 이와 비슷한 것으로서 위험물을 소비하는 장치로 이루어진 일반취급소
   나. 위험물을 용기에 옮겨 담거나 차량에 고정된 탱크에 주입하는 일반취급소

25 ②

지하탱크저장소의 위치·구조 및 설비의 기준 (위험물안전관리법 시행규칙 [별표 8])
Ⅰ. 지하탱크저장소의 기준(Ⅱ 및 Ⅲ에 정하는 것을 제외)
   1. 위험물을 저장 또는 취급하는 지하탱크(이하 Ⅰ, 별표 13 Ⅲ 및 별표 18 Ⅲ에서 "지하저장탱크")는 지면하에 설치된 탱크전용실에 설치하여야 한다. 다만, 제4류 위험물의 지하저장탱크가 다음 가목 내지 마목의 기준에 적합한 때에는 그러하지 아니하다. (각 목 생략)
   2. 탱크전용실은 지하의 가장 가까운 벽·피트·가스관 등의 시설물 및 대지경계선으로부터 0.1m 이상 떨어진 곳에 설치하고, 지하저장탱크와 탱크전용실의 안쪽과의 사이는 0.1m 이상의 간격을 유지하도록 하며, 당해 탱크의 주위에 마른 모래 또는 습기 등에 의하여 응고되지 아니하는 입자지름 5㎜ 이하의 마른 자갈분을 채워야 한다.
   3. 지하저장탱크의 윗부분은 지면으로부터 0.6m 이상 아래에 있어야 한다.
   4. 지하저장탱크를 2 이상 인접해 설치하는 경우에는 그 상호간에 1m(당해 2 이상의 지하저장탱크의 용량의 합계가 지정수량의 100배 이하인 때에는 0.5m) 이상의 간격을 유지하여야 한다. 다만, 그 사이에 탱크전용실의 벽이나 두께 20㎝ 이상의 콘크리트 구조물이 있는 경우에는 그러하지 아니하다. (이하 생략)

제11회 소방관계법규 최종모의고사 정답 및 해설

2025 합격완성 소방관계법규 최종모의고사

01	02	03	04	05	06	07	08	09	10
④	④	④	③	③	④	②	③	②	①
11	12	13	14	15	16	17	18	19	20
①	②	④	④	④	①	④	②	③	④
21	22	23	24	25					
②	①	①	③	④					

01 ④

소방기본법 제9조(소방장비 등에 대한 국고보조)
① 국가는 소방장비의 구입 등 시·도의 소방업무에 필요한 경비의 일부를 보조한다.
② 제1항에 따른 보조 대상사업의 범위와 기준보조율은 대통령령으로 정한다.

시행령 제2조(국고보조 대상사업의 범위와 기준보조율)
① 법 제9조 제2항에 따른 국고보조 대상사업의 범위는 다음 각 호와 같다.
  1. 다음 각 목의 소방활동장비와 설비의 구입 및 설치
    가. 소방자동차
    나. 소방헬리콥터 및 소방정
    다. 소방전용통신설비 및 전산설비
    라. 그 밖에 방화복 등 소방활동에 필요한 소방장비
  2. 소방관서용 청사의 건축(「건축법」 제2조 제1항 제8호에 따른 건축을 말한다)
③ 제1항에 따른 국고보조 대상사업의 기준보조율은 「보조금 관리에 관한 법률 시행령」에서 정하는 바에 따른다.

02 ④

소방기본법 제48조(감독)
① 소방청장은 안전원의 업무를 감독한다.
② 소방청장은 안전원에 대하여 업무·회계 및 재산에 관하여 필요한 사항을 보고하게 하거나, 소속 공무원으로 하여금 안전원의 장부·서류 및 그 밖의 물건을 검사하게 할 수 있다.
③ 소방청장은 제2항에 따른 보고 또는 검사의 결과 필요하다고 인정되면 시정명령 등 필요한 조치를 할 수 있다.

03 ④

소방기본법 제24조(소방활동 종사 명령)
① 소방본부장, 소방서장 또는 소방대장은 화재, 재난·재해, 그 밖의 위급한 상황이 발생한 현장에서 소방활동을 위하여 필요할 때에는 그 관할구역에 사는 사람 또는 그 현장에 있는 사람으로 하여금 사람을 구출하는 일 또는 불을 끄거나 불이 번지지 아니하도록 하는 일을 하게 할 수 있다. 이 경우 소방본부장, 소방서장 또는 소방대장은 소방활동에 필요한 보호장구를 지급하는 등 안전을 위한 조치를 하여야 한다.
③ 제1항에 따른 명령에 따라 소방활동에 종사한 사람은 시·도지사로부터 소방활동의 비용을 지급받을 수 있다.

다만, 다음 각 호의 어느 하나에 해당하는 사람의 경우에는 그러하지 아니하다.
1. 소방대상물에 화재, 재난·재해, 그 밖의 위급한 상황이 발생한 경우 그 관계인
2. 고의 또는 과실로 화재 또는 구조·구급 활동이 필요한 상황을 발생시킨 사람
3. 화재 또는 구조·구급 현장에서 물건을 가져간 사람

04 ③

소방기본법 제23조(소방활동구역의 설정)
① 소방대장은 화재, 재난·재해, 그 밖의 위급한 상황이 발생한 현장에 소방활동구역을 정하여 소방활동에 필요한 사람으로서 대통령령으로 정하는 사람 외에는 그 구역에 출입하는 것을 제한할 수 있다.
② 경찰공무원은 소방대가 제1항에 따른 소방활동구역에 있지 아니하거나 소방대장의 요청이 있을 때에는 제1항에 따른 조치를 할 수 있다.

시행령 제8조(소방활동구역의 출입자)
법 제23조 제1항에서 "대통령령으로 정하는 사람"이란 다음 각 호의 사람을 말한다.
1. 소방활동구역 안에 있는 소방대상물의 소유자·관리자 또는 점유자
2. 전기·가스·수도·통신·교통의 업무에 종사하는 사람으로서 원활한 소방활동을 위하여 필요한 사람
3. 의사·간호사 그 밖의 구조·구급업무에 종사하는 사람
4. 취재인력 등 보도업무에 종사하는 사람
5. 수사업무에 종사하는 사람
6. 그 밖에 소방대장이 소방활동을 위하여 출입을 허가한 사람

05 ③

소방의 화재조사에 관한 법률 시행규칙 제8조(화재조사 결과의 공표)
① 소방관서장은 법 제14조 제1항에 따라 다음 각 호의 경우에는 화재조사 결과를 공표할 수 있다.
  1. 국민이 유사한 화재로부터 피해를 입지 않도록 하기 위해 필요한 경우
  2. 사회적 관심이 집중되어 국민의 알 권리 충족 등 공공의 이익을 위해 필요한 경우
② 소방관서장은 제1항에 따라 화재조사의 결과를 공표할 때에는 다음 각 호의 사항을 포함시켜야 한다.
  1. 화재원인에 관한 사항
  2. 화재로 인한 인명·재산피해에 관한 사항
  3. 화재발생 건축물과 구조물에 관한 사항
  4. 그 밖에 화재예방을 위해 공표할 필요가 있다고 소방관서장이 인정하는 사항

06 ④

소방시설공사업법 제16조(감리)
① 제4조 제1항에 따라 소방공사감리업을 등록한 자(이하 "감리업자"라 한다)는 소방공사를 감리할 때 다음 각 호의 업무를 수행하여야 한다.
  1. 소방시설등의 설치계획표의 적법성 검토
  2. 소방시설등 설계도서의 적합성(적법성과 기술상의 합리성을 말한다. 이하 같다) 검토
  3. 소방시설등 설계 변경 사항의 적합성 검토
  4. 「소방시설 설치 및 관리에 관한 법률」 제2조제1항제7호의 소방용품의 위치·규격 및 사용 자재의 적합성 검토
  5. 공사업자가 한 소방시설등의 시공이 설계도서와 화재안전기준에 맞는지에 대한 지도·감독

6. 완공된 소방시설등의 성능시험
  7. 공사업자가 작성한 시공 상세 도면의 적합성 검토
  8. 피난시설 및 방화시설의 적법성 검토
  9. 실내장식물의 불연화(不燃化)와 방염 물품의 적법성 검토
② 용도와 구조에서 특별히 안전성과 보안성이 요구되는 소방대상물로서 대통령령으로 정하는 장소에서 시공되는 소방시설물에 대한 감리는 감리업자가 아닌 자도 할 수 있다.
③ 감리업자는 제1항 각 호의 업무를 수행할 때에는 대통령령으로 정하는 감리의 종류 및 대상에 따라 공사기간 동안 소방시설공사 현장에 소속 감리원을 배치하고 업무수행 내용을 감리일지에 기록하는 등 대통령령으로 정하는 감리의 방법에 따라야 한다.

07 ②

소방시설공사업법 제23조(도급계약의 해지)
특정소방대상물의 관계인 또는 발주자는 해당 도급계약의 수급인이 다음 각 호의 어느 하나에 해당하는 경우에는 도급계약을 해지할 수 있다.
1. 소방시설업이 등록취소되거나 영업정지된 경우
2. 소방시설업을 휴업하거나 폐업한 경우
3. 정당한 사유 없이 30일 이상 소방시설공사를 계속하지 아니하는 경우
4. 제22조의2 제2항에 따른 요구에 정당한 사유 없이 따르지 아니하는 경우

소방시설공사업법 제22조의2(하도급계약의 적정성 심사 등)
② 발주자는 제1항에 따라 심사한 결과 하수급인의 시공 및 수행능력 또는 하도급계약 내용이 적정하지 아니한 경우에는 그 사유를 분명하게 밝혀 수급인에게 하수급인 또는 하도급계약 내용의 변경을 요구할 수 있다. 이 경우 제1항 후단에 따라 적정성 심사를 하였을 때에는 하수급인 또는 하도급계약 내용의 변경을 요구하여야 한다.

08 ③

소방시설공사업법 제28조(소방기술 경력 등의 인정 등)
④ 소방청장은 제2항에 따라 자격수첩 또는 경력수첩을 발급받은 사람이 다음 각 호의 어느 하나에 해당하는 경우에는 행정안전부령으로 정하는 바에 따라 그 자격을 취소하거나 6개월 이상 2년 이하의 기간을 정하여 그 자격을 정지시킬 수 있다. 다만, 제1호와 제2호에 해당하는 경우에는 그 자격을 취소하여야 한다.
  1. 거짓이나 그 밖의 부정한 방법으로 자격수첩 또는 경력수첩을 발급받은 경우
  2. 제27조 제2항을 위반하여 자격수첩 또는 경력수첩을 다른 사람에게 빌려준 경우
  3. 제27조 제3항을 위반하여 동시에 둘 이상의 업체에 취업한 경우
  4. 이 법 또는 이 법에 따른 명령을 위반한 경우

09 ②

소방시설공사업법 제11조(설계)
① 제4조 제1항에 따라 소방시설설계업을 등록한 자(이하 "설계업자"라 한다)는 이 법이나 이 법에 따른 명령과 화재안전기준에 맞게 소방시설을 설계하여야 한다. 다만, 「소방시설 설치 및 관리에 관한 법률」 제18조 제1항에 따른 중앙소방기술심의위원회의 심의를 거쳐 소방시설의 구조와 원리 등에서 특수한 설계로 인정된 경우는 화재안전기준을 따르지 아니할 수 있다.
② 제1항 본문에도 불구하고 「소방시설 설치 및 관리에 관한 법률」 제8조 제1항에 따른 특정소방대상물(신축하

는 것만 해당한다)에 대해서는 그 용도, 위치, 구조, 수용 인원, 가연물(可燃物)의 종류 및 양 등을 고려하여 설계(이하 "성능위주설계"라 한다)하여야 한다.
③ 성능위주설계를 할 수 있는 자의 자격, 기술인력 및 자격에 따른 설계의 범위와 그 밖에 필요한 사항은 대통령령으로 정한다.

10 ①

① (×) 소방기술과 안전관리에 관한 각종 간행물 발간은 한국소방안전원의 업무이다.

소방시설공사업법 제30조의3(협회의 업무) 협회의 업무는 다음 각 호와 같다.
1. 소방시설업의 기술발전과 소방기술의 진흥을 위한 조사·연구·분석 및 평가
2. 소방산업의 발전 및 소방기술의 향상을 위한 지원
3. 소방시설업의 기술발전과 관련된 국제교류·활동 및 행사의 유치
4. 이 법에 따른 위탁 업무의 수행

11 ①

특수가연물 (화재의 예방 및 안전관리에 관한 법률 시행령 [별표 2])
"가연성 액체류"란 다음 각 목의 것을 말한다.
가. 1기압과 섭씨 20도 이하에서 액상인 것으로서 가연성 액체량이 40중량퍼센트 이하이면서 인화점이 섭씨 40도 이상 섭씨 70도 미만이고 연소점이 섭씨 60도 이상인 것
나. 1기압과 섭씨 20도에서 액상인 것으로서 가연성 액체량이 40중량퍼센트 이하이고 인화점이 섭씨 70도 이상 섭씨 250도 미만인 것
다. 동물의 기름과 살코기 또는 식물의 씨나 과일의 살에서 추출한 것으로서 다음의 어느 하나에 해당하는 것
  1) 1기압과 섭씨 20도에서 액상이고 인화점이 250도 미만인 것으로서 「위험물안전관리법」 제20조 제1항에 따른 용기기준과 수납·저장기준에 적합하고 용기외부에 물품명·수량 및 "화기엄금" 등의 표시를 한 것
  2) 1기압과 섭씨 20도에서 액상이고 인화점이 섭씨 250도 이상인 것

12 ②

화재의 예방 및 안전관리에 관한 법률 시행령 제21조(화재안전영향평가의 방법·절차·기준 등)
③ 소방청장은 다음 각 호의 사항이 포함된 화재안전영향평가의 기준을 법 제22조에 따른 화재안전영향평가심의회(이하 "심의회"라 한다)의 심의를 거쳐 정한다.
1. 법령이나 정책의 화재위험 유발요인
2. 법령이나 정책이 소방대상물의 재료, 공간, 이용자 특성 및 화재 확산 경로에 미치는 영향
3. 법령이나 정책이 화재피해에 미치는 영향 등 사회경제적 파급 효과
4. 화재위험 유발요인을 제어 또는 관리할 수 있는 법령이나 정책의 개선 방안

13 ④

화재의 예방 및 안전관리에 관한 법률 제14조(화재안전조사 결과에 따른 조치명령)
① 소방관서장은 화재안전조사 결과에 따른 소방대상물의 위치·구조·설비 또는 관리의 상황이 화재예방을 위하여 보완될 필요가 있거나 화재가 발생하면 인명 또는 재산의 피해가 클 것으로 예상되는 때에는 행정안전부령으로 정하는 바에 따라 관계인에게 그 소방대상물의 개수(改修)·이전·제거, 사용의 금지 또는 제한, 사용폐쇄, 공사의 정지 또는 중지, 그 밖에 필요한 조치를 명할 수 있다.

제15조(손실보상)
<u>소방청장 또는 시·도지사</u>는 제14조 제1항에 따른 명령으로 인하여 손실을 입은 자가 있는 경우에는 대통령령으로 정하는 바에 따라 보상하여야 한다.

시행령 제14조(손실보상)
① 법 제15조에 따라 소방청장 또는 시·도지사가 손실을 보상하는 경우에는 <u>시가(時價)</u>로 보상해야 한다.
② 제1항에 따른 손실보상에 관하여는 소방청장 또는 시·도지사와 손실을 입은 자가 협의해야 한다.
③ 소방청장 또는 시·도지사는 제2항에 따른 보상금액에 관한 협의가 성립되지 않은 경우에는 그 보상금액을 지급하거나 공탁하고 이를 <u>상대방</u>에게 알려야 한다.
④ 제3항에 따른 보상금의 지급 또는 공탁의 통지에 불복하는 자는 지급 또는 공탁의 통지를 받은 날부터 <u>30일 이내</u>에 「공익사업을 위한 토지 등의 취득 및 보상에 관한 법률」제49조에 따른 중앙토지수용위원회 또는 관할 지방토지수용위원회에 재결(裁決)을 신청할 수 있다.

14 ④

화재의 예방 및 안전관리에 관한 법률 제28조(소방안전관리자 선임명령 등)
① <u>소방본부장 또는 소방서장</u>은 제24조 제1항에 따른 소방안전관리자 또는 소방안전관리보조자를 선임하지 아니한 소방안전관리대상물의 관계인에게 소방안전관리자 또는 소방안전관리보조자를 선임하도록 명할 수 있다.
② <u>소방본부장 또는 소방서장</u>은 제24조 제5항에 따른 업무를 다하지 아니하는 특정소방대상물의 관계인 또는 소방안전관리자에게 그 업무의 이행을 명할 수 있다.

15 ④

소방시설 설치 및 관리에 관한 법률 시행규칙 제3조(건축허가등의 동의 요구)
③ 제1항에 따른 <u>동의 요구를 받은 소방본부장 또는 소방서장</u>은 법 제6조제4항에 따라 건축허가등의 동의 요구 서류를 접수한 날부터 <u>5일</u>[허가를 신청한 건축물 등이 「화재의 예방 및 안전관리에 관한 법률 시행령」별표 4 제1호 가목(註: 특급 소방안전관리대상물)의 어느 하나에 해당하는 경우에는 <u>10일</u>] <u>이내에 건축허가등의 동의 여부를 회신해야 한다.</u>
④ <u>소방본부장 또는 소방서장은 제3항에도 불구하고 제2항에 따른 동의요구서 및 첨부서류의 보완이 필요한 경우에는 4일 이내의 기간을 정하여 보완을 요구할 수 있다.</u> 이 경우 보완 기간은 제3항에 따른 회신 기간에 산입하지 않으며 보완 기간 내에 보완하지 않는 경우에는 동의요구서를 반려해야 한다.

16 ①

특정소방대상물의 소방시설 설치의 면제 기준 (소방시설 설치 및 관리에 관한 법률 시행령 [별표 5])

설치가 면제되는 소방시설	설치가 면제되는 기준
3. 스프링클러설비	가. 스프링클러설비를 설치해야 하는 특정소방대상물(발전시설 중 전기저장시설은 제외)에 적응성 있는 자동소화장치 또는 물분무등소화설비를 화재안전기준에 적합하게 설치한 경우에는 그 설비의 유효범위에서 설치가 면제된다. 나. <u>스프링클러설비를 설치해야 하는 전기저장시설에 소화설비를 소방청장이 정하여 고시하는 방법에 따라 설치한 경우에는</u> 그 설비의 유효범위에서 설치가 면제된다.

8. 비상경보설비 또는 단독경보형 감지기	비상경보설비 또는 단독경보형 감지기를 설치해야 하는 특정소방대상물에 자동화재탐지설비 또는 화재알림설비를 화재안전기준에 적합하게 설치한 경우에는 그 설비의 유효범위에서 설치가 면제된다.
12. 자동화재속보설비	자동화재속보설비를 설치해야 하는 특정소방대상물에 화재알림설비를 화재안전기준에 적합하게 설치한 경우에는 그 설비의 유효범위에서 설치가 면제된다.
13. 누전경보기	누전경보기를 설치해야 하는 특정소방대상물 또는 그 부분에 아크경보기(옥내배전선로의 단선이나 선로 손상 등으로 인하여 발생하는 아크를 감지하고 경보하는 장치) 또는 전기 관련 법령에 따른 지락차단장치를 설치한 경우에는 그 설비의 유효범위에서 설치가 면제된다.
21. 연소방지설비	연소방지설비를 설치해야 하는 특정소방대상물에 스프링클러설비, 물분무소화설비 또는 미분무소화설비를 화재안전기준에 적합하게 설치한 경우에는 그 설비의 유효범위에서 설치가 면제된다.

17 ④

④ (×) 의약품 판매소, 의료기기 판매소 및 자동차영업소로서 같은 건축물에 해당 용도로 쓰는 바닥면적의 합계가 1천㎡ 미만인 것

18 ②

소방시설 설치 및 관리에 관한 법률 제23조(소방시설등의 자체점검 결과의 조치 등)
① 특정소방대상물의 관계인은 제22조 제1항에 따른 자체점검 결과 소화펌프 고장 등 대통령령으로 정하는 중대위반사항(이하 이 조에서 "중대위반사항"이라 한다)이 발견된 경우에는 지체 없이 수리 등 필요한 조치를 하여야 한다.

시행령 제34조(소방시설등의 자체점검 결과의 조치 등)
법 제23조 제1항에서 "소화펌프 고장 등 대통령령으로 정하는 중대위반사항"이란 다음 각 호의 어느 하나에 해당하는 경우를 말한다.
1. 소화펌프(가압송수장치를 포함한다. 이하 같다), 동력·감시 제어반 또는 소방시설용 전원(비상전원을 포함한다)의 고장으로 소방시설이 작동되지 않는 경우
2. 화재 수신기의 고장으로 화재경보음이 자동으로 울리지 않거나 화재 수신기와 연동된 소방시설의 작동이 불가능한 경우
3. 소화배관 등이 폐쇄·차단되어 소화수(消火水) 또는 소화약제가 자동 방출되지 않는 경우
4. 방화문 또는 자동방화셔터가 훼손되거나 철거되어 본래의 기능을 못하는 경우

19 ③

① (×) **위험물안전관리법 제1조(목적)** 이 법은 위험물의 저장·취급 및 운반과 이에 따른 안전관리에 관한 사항을 규정함으로써 위험물로 인한 위해를 방지하여 공공의 안전을 확보함을 목적으로 한다.
② (×) **제3조의2(국가의 책무)** ② 국가는 지방자치단체가 위험물에 의한 사고의 예방·대비 및 대응을 위한 시책을 추진하는 데에 필요한 행정적·재정적 지원을 하여야 한다.
③ (○), ④ (×) **제2조(정의)** ①이 법에서 사용하는 용어의 정의는 다음과 같다.
  2. "지정수량"이라 함은 위험물의 종류별로 위험성을 고려하여 대통령령이 정하는 수량으로서 제6호의 규정에 의한 제조소등의 설치허가 등에 있어서 최저의 기준이 되는 수량을 말한다.
  5. "취급소"라 함은 지정수량 이상의 위험물을 제조외의 목적으로 취급하기 위한 대통령령이 정하는 장소로

서 제6조 제1항의 규정에 따른 허가(註: 시·도지사의 허가)를 받은 장소를 말한다.

20 ④

위험물안전관리법 제7조(군용위험물시설의 설치 및 변경에 대한 특례)
① 군사목적 또는 군부대시설을 위한 제조소등을 설치하거나 그 위치·구조 또는 설비를 변경하고자 하는 군부대의 장은 대통령령이 정하는 바에 따라 미리 제조소등의 소재지를 관할하는 시·도지사와 협의하여야 한다.
② 군부대의 장이 제1항의 규정에 따라 제조소등의 소재지를 관할하는 시·도지사와 협의한 경우에는 제6조 제1항의 규정에 따른 허가를 받은 것으로 본다.
③ 군부대의 장은 제1항의 규정에 따라 협의한 제조소등에 대하여는 제8조 및 제9조의 규정에 불구하고 탱크안전성능검사와 완공검사를 자체적으로 실시할 수 있다. 이 경우 완공검사를 자체적으로 실시한 군부대의 장은 <u>지체없이</u> 행정안전부령이 정하는 사항을 시·도지사에게 통보하여야 한다.

21 ②

위험물안전관리법 제13조(과징금처분)
① 시·도지사는 제12조 각 호의 어느 하나에 해당하는 경우로서 제조소등에 대한 사용의 정지가 그 이용자에게 심한 불편을 주거나 그 밖에 공익을 해칠 우려가 있는 때에는 사용정지처분에 갈음하여 <u>2억원 이하</u>의 과징금을 부과할 수 있다.

22 ①

제조소의 위치·구조 및 설비의 기준 (위험물안전관리법 시행규칙 [별표 4])
Ⅲ. 표지 및 게시판
　1. 제조소에는 보기 쉬운 곳에 다음 각목의 기준에 따라 "<u>위험물 제조소</u>"라는 표시를 한 표지를 설치하여야 한다.
　　가. 표지는 <u>한변의 길이가 0.3m 이상, 다른 한변의 길이가 0.6m 이상</u>인 직사각형으로 할 것
　　나. 표지의 바탕은 백색으로, 문자는 흑색으로 할 것
　2. 제조소에는 보기 쉬운 곳에 다음 각목의 기준에 따라 방화에 관하여 필요한 사항을 게시한 게시판을 설치하여야 한다.
　　가. 게시판은 한변의 길이가 0.3m 이상, 다른 한변의 길이가 0.6m 이상인 직사각형으로 할 것
　　나. 게시판에는 저장 또는 취급하는 위험물의 유별·품명 및 저장최대수량 또는 취급최대수량, 지정수량의 배수 및 안전관리자의 성명 또는 직명을 기재할 것
　　다. 나목의 게시판의 <u>바탕은 백색으로, 문자는 흑색</u>으로 할 것
　　라. 나목의 게시판 외에 저장 또는 취급하는 위험물에 따라 다음의 규정에 의한 주의사항을 표시한 게시판을 설치할 것
　　　1) 제1류 위험물 중 알칼리금속의 과산화물과 이를 함유한 것 또는 제3류 위험물 중 금수성물질에 있어서는 "물기엄금"
　　　2) 제2류 위험물(인화성고체를 제외)에 있어서는 "화기주의"
　　　3) 제2류 위험물 중 인화성고체, 제3류 위험물 중 자연발화성물질, <u>제4류 위험물 또는 제5류 위험물</u>에 있어서는 "<u>화기엄금</u>"
　　마. 라목의 게시판의 색은 "<u>물기엄금</u>"을 표시하는 것에 있어서는 <u>청색바탕에 백색문자</u>로, "화기주의" 또는 "화기엄금"을 표시하는 것에 있어서는 적색바탕에 백색문자로 할 것

23 ①

옥내저장소의 위치·구조 및 설비의 기준 (위험물관리법 시행규칙 [별표 5])

Ⅰ. 옥내저장소의 기준
  6. 하나의 저장창고의 바닥면적(2 이상의 구획된 실이 있는 경우에는 각 실의 바닥면적의 합계)은 다음 각목의 구분에 의한 면적 이하로 하여야 한다. 이 경우 가목의 위험물과 나목의 위험물을 같은 저장창고에 저장하는 때에는 가목의 위험물을 저장하는 것으로 보아 그에 따른 바닥면적을 적용한다.
    가. 다음의 위험물을 저장하는 창고 : 1,000㎡
      1) 제1류 위험물 중 아염소산염류, 염소산염류, 과염소산염류, 무기과산화물 그 밖에 지정수량이 50kg인 위험물
      2) 제3류 위험물 중 칼륨, 나트륨, 알킬알루미늄, 알킬리튬 그 밖에 지정수량이 10kg인 위험물 및 황린
      3) 제4류 위험물 중 특수인화물, 제1석유류 및 알코올류
      4) 제5류 위험물 중 유기과산화물, 질산에스터류 그 밖에 지정수량이 10kg인 위험물
      5) 제6류 위험물
    나. 가목의 위험물 외의 위험물을 저장하는 창고 : 2,000㎡
    다. 가목의 위험물과 나목의 위험물을 내화구조의 격벽으로 완전히 구획된 실에 각각 저장하는 창고 : 1,500㎡(가목의 위험물을 저장하는 실의 면적은 500㎡를 초과할 수 없다)

24 ③

제조소의 위치·구조 및 설비의 기준 (위험물안전관리법 시행규칙 [별표 4])

Ⅴ. 채광·조명 및 환기설비
  1. 위험물을 취급하는 건축물에는 다음 각목의 기준에 의하여 위험물을 취급하는데 필요한 채광·조명 및 환기의 설비를 설치하여야 한다.
    다. 환기설비는 다음의 기준에 의할 것
      1) 환기는 자연배기방식으로 할 것
      2) 급기구는 당해 급기구가 설치된 실의 바닥면적 150㎡마다 1개 이상으로 하되, 급기구의 크기는 800㎠ 이상으로 할 것. 다만 바닥면적이 150㎡ 미만인 경우에는 다음의 크기로 하여야 한다.

바닥면적	급기구의 면적
60㎡ 미만	150㎠ 이상
60㎡ 이상 90㎡ 미만	300㎠ 이상
90㎡ 이상 120㎡ 미만	450㎠ 이상
120㎡ 이상 150㎡ 미만	600㎠ 이상

      3) 급기구는 낮은 곳에 설치하고 가는 눈의 구리망 등으로 인화방지망을 설치할 것
      4) 환기구는 지붕위 또는 지상 2m 이상의 높이에 회전식 고정벤티레이터 또는 루프팬 방식(roof fan: 지붕에 설치하는 배기장치)으로 설치할 것

25 ④

위험물안전관리법 시행령 제18조(자체소방대를 설치하여야 하는 사업소)

① 법 제19조에서 "대통령령이 정하는 제조소등"이란 다음 각 호의 어느 하나에 해당하는 제조소등을 말한다.
  1. 제4류 위험물을 취급하는 제조소 또는 일반취급소. 다만, 보일러로 위험물을 소비하는 일반취급소 등 행정안전부령으로 정하는 일반취급소는 제외한다.
  2. 제4류 위험물을 저장하는 옥외탱크저장소

제12회 소방관계법규 최종모의고사 정답 및 해설

2025 합격완성 소방관계법규 최종모의고사

01	02	03	04	05	06	07	08	09	10
①	④	④	②	③	③	③	②	④	①
11	12	13	14	15	16	17	18	19	20
③	②	③	①	②	①	①	③	②	④
21	22	23	24	25					
③	③	④	④	①					

01 ①

① (○) 소방본부에 설치하는 119종합상황실에는 「지방자치단체에 두는 국가공무원의 정원에 관한 법률」에도 불구하고 대통령령으로 정하는 바에 따라 경찰공무원을 둘 수 있다(소방기본법 제4조 제2항).
② (×) 소방청장은 다음 각 호에 해당하는 사람을 명예직 소방대원으로 위촉할 수 있다(제7조 제3항)
 1. 「의사상자 등 예우 및 지원에 관한 법률」 제2조에 따른 의사상자(義死傷者)로서 같은 법 제3조 제3호(註: 천재지변, 수난, 화재, 건물·축대·제방의 붕괴 등으로 위해에 처한 다른 사람의 생명·신체 또는 재산을 구하다가 사망하거나 부상을 입는 구조행위를 한 때) 또는 제4호(註: 천재지변, 수난, 화재, 건물·축대·제방의 붕괴 등으로 일어날 수 있는 불특정 다수인의 위해를 방지하기 위하여 긴급한 조치를 하다가 사망하거나 부상을 입는 구조행위를 한 때)에 해당하는 사람
 2. 소방행정 발전에 공로가 있다고 인정되는 사람
③ (×) 소방청장은 화재, 재난·재해, 그 밖의 위급한 상황으로부터 국민의 생명·신체 및 재산을 보호하기 위하여 소방업무에 관한 종합계획(이하 이 조에서 "종합계획"이라 한다)을 5년마다 수립·시행하여야 하고, 이에 필요한 재원을 확보하도록 노력하여야 한다(제6조 제1항).
④ (×) 소방업무를 수행하는 소방본부장 또는 소방서장은 그 소재지를 관할하는 특별시장·광역시장·특별자치시장·도지사 또는 특별자치도지사(이하 "시·도지사"라 한다)의 지휘와 감독을 받는다(제3조 제2항).

02 ④

소방기본법 시행령 제7조의15(운행기록장치 장착 소방자동차의 범위)
법 제21조의3 제1항에서 "대통령령으로 정하는 소방자동차"란 「소방장비관리법 시행령」 제6조 및 별표 1 제1호 가목에 따른 다음 각 호의 소방자동차를 말한다.
1. 소방펌프차 2. 소방물탱크차
3. 소방화학차 4. 소방고가차(消防高架車)
5. 무인방수차 6. 구조차
7. 그 밖에 소방청장이 소방자동차의 안전한 운행 및 교통사고 예방을 위하여 운행기록장치 장착이 필요하다고 인정하여 정하는 소방자동차

03 ④

소방기본법 제16조의3(생활안전활동)
① 소방청장·소방본부장 또는 소방서장은 신고가 접수된 생활안전 및 위험제거 활동(화재, 재난·재해, 그 밖의 위급한 상황에 해당하는 것은 제외한다)에 대응하기 위하여 소방대를 출동시켜 다음 각 호의 활동(이하 "생활안전활동"이라 한다)을 하게 하여야 한다.

1. 붕괴, 낙하 등이 우려되는 고드름, 나무, 위험 구조물 등의 제거활동
2. 위해동물, 벌 등의 포획 및 퇴치 활동
3. 끼임, 고립 등에 따른 위험제거 및 구출 활동
4. 단전사고 시 비상전원 또는 조명의 공급
5. 그 밖에 방치하면 급박해질 우려가 있는 위험을 예방하기 위한 활동

② 누구든지 정당한 사유 없이 제1항에 따라 출동하는 소방대의 생활안전활동을 방해하여서는 아니 된다.

제54조(벌칙)
다음 각 호의 어느 하나에 해당하는 자는 100만원 이하의 벌금에 처한다.
1의2. 제16조의3 제2항을 위반하여 정당한 사유 없이 소방대의 생활안전활동을 방해한 자

04 ②

ㄱ. 국가는 소방산업(소방용 기계·기구의 제조, 연구·개발 및 판매 등에 관한 일련의 산업을 말한다. 이하 같다)의 육성·진흥을 위하여 필요한 계획의 수립 등 행정상·재정상의 지원시책을 마련하여야 한다(소방기본법 제39조의3).

ㄴ. 소방청장은 소방기술 및 소방산업의 국제경쟁력과 국제적 통용성을 높이기 위하여 다음 각 호의 사업을 추진하여야 한다(제39조의7 제2항).
  1. 소방기술 및 소방산업의 국제 협력을 위한 조사·연구
  2. 소방기술 및 소방산업에 관한 국제 전시회, 국제 학술회의 개최 등 국제 교류
  3. 소방기술 및 소방산업의 국외시장 개척
  4. 그 밖에 소방기술 및 소방산업의 국제경쟁력과 국제적 통용성을 높이기 위하여 필요하다고 인정하는 사업

ㄷ. 국가는 소방산업과 관련된 기술(이하 "소방기술"이라 한다)의 개발을 촉진하기 위하여 기술개발을 실시하는 자에게 그 기술개발에 드는 자금의 전부나 일부를 출연하거나 보조할 수 있다(제39조의5 제1항).

ㄹ. 국가는 우수소방제품의 전시·홍보를 위하여 「대외무역법」 제4조 제2항에 따른 무역전시장 등을 설치한 자에게 다음 각 호에서 정한 범위에서 재정적인 지원을 할 수 있다(제39조의5).
  1. 소방산업전시회 운영에 따른 경비의 일부
  2. 소방산업전시회 관련 국외 홍보비
  3. 소방산업전시회 기간 중 국외의 구매자 초청 경비

05 ③

소방의 화재조사에 관한 법률 제2조(정의)
① 이 법에서 사용하는 용어의 뜻은 다음과 같다.
  4. "관계인등"이란 화재가 발생한 소방대상물의 소유자·관리자 또는 점유자(이하 "관계인"이라 한다) 및 다음 각 목의 사람을 말한다.
    가. 화재 현장을 발견하고 신고한 사람
    나. 화재 현장을 목격한 사람
    다. 소화활동을 행하거나 인명구조활동(유도대피 포함)에 관계된 사람
    라. 화재를 발생시키거나 화재발생과 관계된 사람

06 ③

① (×) "발주자"란 소방시설의 설계, 시공, 감리 및 방염(이하 "소방시설공사등"이라 한다)을 소방시설업자에게 도급하는 자를 말한다. 다만, 수급인으로서 도급받은 공사를 하도급하는 자는 제외한다.

② (×) "소방시설설계업"이란 소방시설공사에 기본이 되는 공사계획, 설계도면, 설계 설명서, 기술계산서 및 이와 관련된 서류(이하 "설계도서"라 한다)를 작성(이하 "설계"라 한다)하는 영업을 말한다.
④ (×) "방염처리업"이란 「소방시설 설치 및 관리에 관한 법률」 제20조 제1항에 따른 방염대상물품에 대하여 방염처리(이하 "방염"이라 한다)하는 영업을 말한다.

07 ③

소방시설업의 업종별 등록기준 및 영업범위 (소방시설공사업법 시행령 [별표 1])
2. 소방시설공사업
■ 비고
5. 소방시설공사업을 하려는 자가 소방시설설계업 또는 소방시설관리업 중 어느 하나를 함께 하려는 경우 소방시설설계업 또는 소방시설관리업 기술인력으로 등록된 기술인력은 다음 각 목의 기준에 따라 소방시설공사업 등록 시 갖추어야 하는 해당 자격을 가진 기술인력으로 볼 수 있다.
  가. 전문 소방시설공사업과 전문 소방시설설계업을 함께 하는 경우: 소방기술사 자격을 취득한 사람
  나. 전문 소방시설공사업과 일반 소방시설설계업을 함께 하는 경우: 소방기술사 자격을 취득하거나 기계분야 및 전기분야 소방설비기사 자격을 함께 취득한 사람
  다. 일반 소방시설공사업과 전문 소방시설설계업을 함께 하는 경우: 소방기술사 자격을 취득한 사람
  라. 일반 소방시설공사업과 일반 소방시설설계업을 함께 하는 경우: 소방기술사 자격을 취득하거나 기계분야 또는 전기분야 소방설비기사 자격을 취득한 사람
  마. 전문 소방시설공사업과 소방시설관리업을 함께 하는 경우: 소방시설관리사와 소방설비기사(기계분야 및 전기분야의 자격을 함께 취득한 사람) 또는 소방기술사 자격을 함께 취득한 사람
  바. 일반 소방시설공사업 기계분야와 소방시설관리업을 함께 하는 경우: 소방기술사 또는 기계분야 소방설비기사와 소방시설관리사 자격을 함께 취득한 사람
  사. 일반 소방시설공사업 전기분야와 소방시설관리업을 함께 하는 경우: 소방기술사 또는 전기분야 소방설비기사와 소방시설관리사 자격을 함께 취득한 사람

08 ②

① (×) **소방시설공사업법 제26조(시공능력 평가 및 공시)** ① 소방청장은 관계인 또는 발주자가 적절한 공사업자를 선정할 수 있도록 하기 위하여 공사업자의 신청이 있으면 그 공사업자의 소방시설공사 실적, 자본금 등에 따라 시공능력을 평가하여 공시할 수 있다.
② (○) **시행규칙 제22조(소방시설공사 시공능력 평가의 신청)** ① 법 제26조 제1항에 따라 소방시설공사의 시공능력을 평가받으려는 공사업자는 법 제26조 제2항에 따라 별지 제32호서식의 소방시설공사 시공능력평가신청서에 다음 각 호의 서류를 첨부하여 협회에 매년 2월 15일까지 제출해야 하며… (이하 생략)
③ (×) **시행규칙 제23조(시공능력의 평가)** ② 제1항에 따라 평가된 시공능력은 공사업자가 도급받을 수 있는 1건의 공사도급금액으로 하고, 시공능력 평가의 유효기간은 공시일부터 1년간으로 한다. 다만, 다음 각 호의 어느 하나에 해당하는 사유로 평가된 시공능력의 유효기간은 그 시공능력 평가 결과의 공시일부터 다음 해의 정기 공시일(제3항 본문에 따라 공시한 날을 말한다)의 전날까지로 한다.
  1. 법 제4조에 따라 소방시설공사업을 등록한 경우
  2. 법 제7조 제1항이나 제2항에 따라 소방시설공사업을 상속·양수·합병하거나 소방시설 전부를 인수한 경우
  3. 제22조 제1항 각 호의 서류가 거짓으로 확인되어 제4항에 따라 새로 평가한 경우
④ (×) **시행규칙 제23조(시공능력의 평가)** ③ 협회는 시공능력을 평가한 경우에는 그 사실을 해당 공사업자의 등록수첩에 기재하여 발급하고, 매년 7월 31일까지 각 공사업자의 시공능력을 일간신문 또는 인터넷 홈페이지를 통하여 공시하여야 한다. (이하 생략)

09 ④

소방시설업의 업종별 영업범위 (소방시설공사업법 시행령 [별표 1])

업종별	항목		영업범위
전문 소방시설설계업			모든 특정소방대상물에 설치되는 소방시설의 설계
일반 소방시설 설계업	기계 분야		가. 아파트에 설치되는 기계분야 소방시설(제연설비는 제외)의 설계 나. 연면적 3만제곱미터(공장의 경우에는 1만제곱미터) 미만의 특정소방대상물(제연설비가 설치되는 특정소방대상물은 제외)에 설치되는 기계분야 소방시설의 설계 다. 위험물제조소등에 설치되는 기계분야 소방시설의 설계
	전기 분야		가. 아파트에 설치되는 전기분야 소방시설의 설계 나. 연면적 3만제곱미터(공장의 경우에는 1만제곱미터) 미만의 특정소방대상물에 설치되는 전기분야 소방시설의 설계 다. 위험물제조소등에 설치되는 전기분야 소방시설의 설계

10 ①

소방시설공사업법 시행령 제12조의3(하도급계약심사위원회의 구성 및 운영)
① 법 제22조의2 제4항에 따른 하도급계약심사위원회(이하 "위원회"라 한다)는 위원장 1명과 부위원장 1명을 포함하여 10명 이내의 위원으로 구성한다.

11 ③

화재의 예방 및 안전관리에 관한 법률 제41조(화재예방안전진단)
① 대통령령으로 정하는 소방안전 특별관리시설물의 관계인은 화재의 예방 및 안전관리를 체계적·효율적으로 수행하기 위하여 대통령령으로 정하는 바에 따라 「소방기본법」 제40조에 따른 한국소방안전원(이하 "안전원"이라 한다) 또는 소방청장이 지정하는 화재예방안전진단기관(이하 "진단기관"이라 한다)으로부터 정기적으로 화재예방안전진단을 받아야 한다.
② 제1항에 따른 화재예방안전진단의 범위는 다음 각 호와 같다.
  1. 화재위험요인의 조사에 관한 사항
  2. 소방계획 및 피난계획 수립에 관한 사항
  3. 소방시설등의 유지·관리에 관한 사항
  4. 비상대응조직 및 교육훈련에 관한 사항
  5. 화재 위험성 평가에 관한 사항
  6. 그 밖에 화재예방진단을 위하여 대통령령으로 정하는 사항

시행령 제45조(화재예방안전진단의 범위)
법 제41조 제2항 제6호에서 "대통령령으로 정하는 사항"이란 다음 각 호의 사항을 말한다.
1. 화재 등의 재난 발생 후 재발방지 대책의 수립 및 그 이행에 관한 사항
2. 지진 등 외부 환경 위험요인 등에 대한 예방·대비·대응에 관한 사항
3. 화재예방안전진단 결과 보수·보강 등 개선요구 사항 등에 대한 이행 여부

12 ②

화재의 예방 및 안전관리에 관한 법률 제44조(우수 소방대상물 관계인에 대한 포상 등)
① <u>소방청장</u>은 소방대상물의 자율적인 안전관리를 유도하기 위하여 안전관리 상태가 우수한 소방대상물을 선정하여 <u>우수 소방대상물 표지를 발급</u>하고, 소방대상물의 관계인을 포상할 수 있다.

시행규칙 제47조(우수 소방대상물의 선정 등)
① 소방청장은 법 제44조 제1항에 따른 우수 소방대상물의 선정 및 관계인에 대한 포상을 위하여 우수 소방대상물의 선정방법, 평가 대상물의 범위 및 평가 절차 등에 관한 내용이 포함된 <u>시행계획</u>을 <u>매년</u> 수립·시행해야 한다.
② 소방청장은 우수 소방대상물 선정을 위하여 필요한 경우에는 소방대상물을 <u>직접 방문</u>하여 필요한 사항을 확인할 수 있다.
③ 소방청장은 우수 소방대상물 선정의 객관성 및 전문성을 확보하기 위하여 필요한 경우에는 다음 각 호의 어느 하나에 해당하는 사람이 2명 이상 포함된 평가위원회(이하 이 조에서 "평가위원회"라 한다)를 성별을 고려하여 구성·운영할 수 있다. 이 경우 평가위원회의 위원에게는 예산의 범위에서 수당, 여비 등 필요한 경비를 지급할 수 있다.
  1. 소방기술사(소방안전관리자로 선임된 사람은 제외한다)
  2. 소방시설관리사
  3. 소방 관련 석사 이상의 학위를 취득한 사람
  4. 소방 관련 법인 또는 단체에서 소방 관련 업무에 5년 이상 종사한 사람
  5. <u>소방공무원 교육기관, 대학 또는 연구소에서 소방과 관련한 교육 또는 연구에 5년 이상 종사한 사람</u>

13 ③

ㄱ. (×) 화재대응과 사후 조치에 관한 역할 및 공조체계는 소방청장이 정하는 <u>소방안전 특별관리기본계획</u>의 내용이다(화재의 예방 및 안전관리에 관한 법률 시행령 제42조).
ㄷ. (×) 소방시설의 설치·관리 및 화재안전기준의 개선에 관한 사항은 소방청장이 정하는 <u>소방업무에 관한 종합계획</u>의 내용이다(소방기본법 제6조).

화재의 예방 및 안전관리에 관한 법률 제4조(화재의 예방 및 안전관리 기본계획 등의 수립·시행)
③ 기본계획에는 다음 각 호의 사항이 포함되어야 한다.
  1. 화재예방정책의 기본목표 및 추진방향
  2. <u>화재의 예방과 안전관리를 위한 법령·제도의 마련 등 기반 조성</u>
  3. <u>화재의 예방과 안전관리를 위한 대국민 교육·홍보</u>
  4. 화재의 예방과 안전관리 관련 기술의 개발·보급
  5. 화재의 예방과 안전관리 관련 전문인력의 육성·지원 및 관리
  6. 화재의 예방과 안전관리 관련 산업의 국제경쟁력 향상
  7. 그 밖에 대통령령으로 정하는 화재의 예방과 안전관리에 필요한 사항

시행령 제3조(기본계획의 내용)
법 제4조 제3항 제7호에서 "대통령령으로 정하는 화재의 예방과 안전관리에 필요한 사항"이란 다음 각 호의 사항을 말한다.
1. 화재발생 현황
2. 소방대상물의 환경 및 화재위험특성 변화 추세 등 화재예방정책의 여건 변화에 관한 사항

3. 소방시설의 설치·관리 및 화재안전기준의 개선에 관한 사항
4. 계절별·시기별·소방대상물별 화재예방대책의 추진 및 평가 등에 관한 사항
5. 그 밖에 화재의 예방 및 안전관리와 관련하여 소방청장이 필요하다고 인정하는 사항

14 ①

화재의 예방 및 안전관리에 관한 법률 제13조(화재안전조사 결과 통보)
소방관서장은 화재안전조사를 마친 때에는 그 조사 결과를 관계인에게 서면으로 통지하여야 한다. 다만, 화재안전조사의 현장에서 관계인에게 조사의 결과를 설명하고 화재안전조사 결과서의 부본을 교부한 경우에는 그러하지 아니하다.

제14조(화재안전조사 결과에 따른 조치명령)
① 소방관서장은 화재안전조사 결과에 따른 소방대상물의 위치·구조·설비 또는 관리의 상황이 화재예방을 위하여 보완될 필요가 있거나 화재가 발생하면 인명 또는 재산의 피해가 클 것으로 예상되는 때에는 행정안전부령으로 정하는 바에 따라 관계인에게 그 소방대상물의 개수(改修)·이전·제거, 사용의 금지 또는 제한, 사용폐쇄, 공사의 정지 또는 중지, 그 밖에 필요한 조치를 명할 수 있다.
② 소방관서장은 화재안전조사 결과 소방대상물이 법령을 위반하여 건축 또는 설비되었거나 소방시설등, 피난시설·방화구획, 방화시설 등이 법령에 적합하게 설치 또는 관리되고 있지 아니한 경우에는 관계인에게 제1항에 따른 조치를 명하거나 관계 행정기관의 장에게 필요한 조치를 하여 줄 것을 요청할 수 있다.

15 ②

소방안전관리보조자를 선임해야 하는 소방안전관리대상물의 범위 (화재의 예방 및 안전관리에 관한 법률 시행령 [별표 5])
[별표 4]에 따라 소방안전관리자를 선임해야 하는 소방안전관리대상물 중 다음 각 목의 어느 하나에 해당하는 소방안전관리대상물
가. 「건축법 시행령」 [별표 1] 제2호 가목에 따른 아파트 중 300세대 이상인 아파트
나. 연면적이 1만5천제곱미터 이상인 특정소방대상물(아파트 및 연립주택은 제외)
다. 가목 및 나목에 따른 특정소방대상물을 제외한 특정소방대상물 중 다음의 어느 하나에 해당하는 특정소방대상물
  1) 공동주택 중 기숙사
  2) 의료시설
  3) 노유자 시설
  4) 수련시설
  5) 숙박시설(숙박시설로 사용되는 바닥면적의 합계가 1천500제곱미터 미만이고 관계인이 24시간 상시 근무하고 있는 숙박시설은 제외)

16 ①

① (○) "소방시설등"이란 소방시설과 비상구(非常口), 그 밖에 소방 관련 시설로서 대통령령으로 정하는 것을 말한다.
② (×) "특정소방대상물"이란 건축물 등의 규모·용도 및 수용인원 등을 고려하여 소방시설을 설치하여야 하는 소방대상물로서 대통령령으로 정하는 것을 말한다.
③ (×) "소방용품"이란 소방시설등을 구성하거나 소방용으로 사용되는 제품 또는 기기로서 대통령령으로 정하

는 것을 말한다.
④ (×) "화재안전성능"이란 화재를 예방하고 화재발생 시 피해를 최소화하기 위하여 소방대상물의 재료, 공간 및 설비 등에 요구되는 안전성능을 말한다.

17 ①

소방시설 설치 및 관리에 관한 법률 제13조(소방시설기준 적용의 특례)
① 소방본부장이나 소방서장은 제12조 제1항 전단에 따른 대통령령 또는 화재안전기준이 변경되어 그 기준이 강화되는 경우 기존의 특정소방대상물(건축물의 신축·개축·재축·이전 및 대수선 중인 특정소방대상물을 포함한다)의 소방시설에 대하여는 변경 전의 대통령령 또는 화재안전기준을 적용한다. 다만, 다음 각 호의 어느 하나에 해당하는 소방시설의 경우에는 대통령령 또는 화재안전기준의 변경으로 강화된 기준을 적용할 수 있다. (이하 생략)

시행령 제13조(강화된 소방시설기준의 적용대상)
법 제13조 제1항 제2호 각 목 외의 부분에서 "대통령령으로 정하는 것"이란 다음 각 호의 소방시설을 말한다.
1. 「국토의 계획 및 이용에 관한 법률」 제2조 제9호에 따른 공동구에 설치하는 소화기, 자동소화장치, 자동화재탐지설비, 통합감시시설, 유도등 및 연소방지설비
2. 전력 및 통신사업용 지하구에 설치하는 소화기, 자동소화장치, 자동화재탐지설비, 통합감시시설, 유도등 및 연소방지설비
3. 노유자 시설에 설치하는 간이스프링클러설비, 자동화재탐지설비 및 단독경보형 감지기
4. 의료시설에 설치하는 스프링클러설비, 간이스프링클러설비, 자동화재탐지설비 및 자동화재속보설비

18 ③

① (×) 소방시설 설치 및 관리에 관한 법률 제22조(소방시설등의 자체점검) ① 특정소방대상물의 관계인은 그 대상물에 설치되어 있는 소방시설등이 이 법이나 이 법에 따른 명령 등에 적합하게 설치·관리되고 있는지에 대하여 다음 각 호의 구분에 따른 기간 내에 스스로 점검하거나 제34조에 따른 점검능력 평가를 받은 관리업자 또는 행정안전부령으로 정하는 기술자격자(이하 "관리업자등"이라 한다)로 하여금 정기적으로 점검(이하 "자체점검"이라 한다)하게 하여야 한다. 이 경우 관리업자등이 점검한 경우에는 그 점검 결과를 행정안전부령으로 정하는 바에 따라 관계인에게 제출하여야 한다.
  1. 해당 특정소방대상물의 소방시설등이 신설된 경우: 「건축법」 제22조에 따라 건축물을 사용할 수 있게 된 날부터 60일
  2. 제1호 외의 경우: 행정안전부령으로 정하는 기간
② (×) 법 제22조(소방시설등의 자체점검) ② 자체점검의 구분 및 대상, 점검인력의 배치기준, 점검자의 자격, 점검 장비, 점검 방법 및 횟수 등 자체점검 시 준수하여야 할 사항은 행정안전부령으로 정한다.
③ (○) 법 제22조(소방시설등의 자체점검) ⑥ 관계인은 천재지변이나 그 밖에 대통령령으로 정하는 사유로 자체점검을 실시하기 곤란한 경우에는 대통령령으로 정하는 바에 따라 소방본부장 또는 소방서장에게 면제 또는 연기 신청을 할 수 있다. (이하 생략)
④ (×) 법 제23조(소방시설등의 자체점검 결과의 조치 등) ③ 특정소방대상물의 관계인은 제22조제1항에 따라 자체점검을 한 경우에는 그 점검 결과를 행정안전부령으로 정하는 바에 따라 소방시설등에 대한 수리·교체·정비에 관한 이행계획(중대위반사항에 대한 조치사항을 포함)을 첨부하여 소방본부장 또는 소방서장에게 보고하여야 한다. (이하 생략)

19 ②

특정소방대상물의 관계인이 특정소방대상물에 설치·관리해야 하는 소방시설의 종류 (소방시설 설치 및 관리에 관한 법률 시행령 [별표 4])

간이스프링클러설비를 설치해야 하는 특정소방대상물은 다음의 어느 하나에 해당하는 것으로 한다.
3) 의료시설 중 다음의 어느 하나에 해당하는 시설
    가) 종합병원, 병원, 치과병원, 한방병원 및 요양병원(의료재활시설은 제외)으로 사용되는 바닥면적의 합계가 600㎡ 미만인 시설
    나) 정신의료기관 또는 의료재활시설로 사용되는 바닥면적의 합계가 300㎡ 이상 600㎡ 미만인 시설
    다) 정신의료기관 또는 의료재활시설로 사용되는 바닥면적의 합계가 300㎡ 미만이고, 창살(철재·플라스틱 또는 목재 등으로 사람의 탈출 등을 막기 위하여 설치한 것을 말하며, 화재 시 자동으로 열리는 구조로 되어 있는 창살은 제외)이 설치된 시설

20 ④

소방시설 설치 및 관리에 관한 법률 제18조(소방기술심의위원회)

① 다음 각 호의 사항을 심의하기 위하여 소방청에 중앙소방기술심의위원회(이하 "중앙위원회"라 한다)를 둔다.
    1. 화재안전기준에 관한 사항
    2. 소방시설의 구조 및 원리 등에서 공법이 특수한 설계 및 시공에 관한 사항
    3. 소방시설의 설계 및 공사감리의 방법에 관한 사항
    4. 소방시설공사의 하자를 판단하는 기준에 관한 사항
    5. 제8조 제5항 단서에 따라 신기술·신공법 등 검토·평가에 고도의 기술이 필요한 경우로서 중앙위원회에 심의를 요청한 사항
    6. 그 밖에 소방기술 등에 관하여 대통령령으로 정하는 사항
② 다음 각 호의 사항을 심의하기 위하여 시·도에 지방소방기술심의위원회(이하 "지방위원회"라 한다)를 둔다.
    1. 소방시설에 하자가 있는지의 판단에 관한 사항
    2. 그 밖에 소방기술 등에 관하여 대통령령으로 정하는 사항
③ 중앙위원회 및 지방위원회의 구성·운영 등에 필요한 사항은 대통령령으로 정한다.

21 ③

위험물취급자격자의 자격 (위험물안전관리법 시행령 [별표 5])

위험물취급자격자의 구분	취급할 수 있는 위험물
1. 「국가기술자격법」에 따라 위험물기능장, 위험물산업기사, 위험물기능사의 자격을 취득한 사람	[별표 1]의 모든 위험물
2. 안전관리자교육이수자(법 28조 제1항에 따라 소방청장이 실시하는 안전관리자교육을 이수한 자를 말한다)	[별표 1]의 위험물 중 제4류 위험물
3. 소방공무원 경력자(소방공무원으로 근무한 경력이 3년 이상인 자를 말한다. 이하 별표 6에서 같다)	[별표 1]의 위험물 중 제4류 위험물

22 ③

위험물안전관리법 제9조(완공검사)
① 제6조 제1항의 규정에 따른 허가를 받은 자가 제조소등의 설치를 마쳤거나 그 위치·구조 또는 설비의 변경을 마친 때에는 당해 제조소등마다 시·도지사가 행하는 완공검사를 받아 제5조 제4항의 규정에 따른 기술기준에 적합하다고 인정받은 후가 아니면 이를 사용하여서는 아니된다. 다만, 제조소등의 위치·구조 또는 설비를 변경함에 있어서 제6조 제1항 후단의 규정에 따른 변경허가를 신청하는 때에 화재예방에 관한 조치사항을 기재한 서류를 제출하는 경우에는 당해 변경공사와 관계가 없는 부분은 완공검사를 받기 전에 미리 사용할 수 있다.

23 ④

④ (×) 주유취급소의 위치·구조 및 설비의 기준 (위험물안전관리법 시행규칙 [별표 13])
Ⅵ. 건축물 등의 구조
  사. 주유원간이대기실은 다음의 기준에 적합할 것
    1) 불연재료로 할 것
    2) 바퀴가 부착되지 아니한 고정식일 것
    3) 차량의 출입 및 주유작업에 장애를 주지 아니하는 위치에 설치할 것
    4) 바닥면적이 2.5㎡ 이하일 것. 다만, 주유공지 및 급유공지 외의 장소에 설치하는 것은 그러하지 아니하다.

24 ④

위험물안전관리법 제10조(제조소등 설치자의 지위승계)
③ 제1항 또는 제2항의 규정에 따라 제조소등의 설치자의 지위를 승계한 자는 행정안전부령이 정하는 바에 따라 승계한 날부터 30일 이내에 시·도지사에게 그 사실을 신고하여야 한다.

25 ①

위험물 및 지정수량 (위험물관리법 시행령 [별표 1])
- 비고
13. "제1석유류"라 함은 아세톤, 휘발유 그 밖에 1기압에서 인화점이 섭씨 21도 미만인 것을 말한다.
15. "제2석유류"라 함은 등유, 경유 그 밖에 1기압에서 인화점이 섭씨 21도 이상 70도 미만인 것을 말한다. 다만, 도료류 그 밖의 물품에 있어서 가연성 액체량이 40중량퍼센트 이하이면서 인화점이 섭씨 40도 이상인 동시에 연소점이 섭씨 60도 이상인 것은 제외한다.

편저자 박이준

[약력]
서울대 사회학과, 서울대 행정대학원 졸업
행정고시 합격

이패스소방사관 소방승진 행정법 대표 강사
이패스소방사관 소방승진 소방공무원법 대표 강사
이패스코리아 행정법 전임 강사

[저서]
2024 소방승진 소방공무원법 (이패스)
2024 소방승진 소방공무원법 객관식 (이패스)
2024 소방승진 행정법 (이패스)
2024 소방승진 행정법 객관식 (이패스)
2025 합격완성 소방관계법규 (이패스)
2025 합격완성 소방관계법규 단원별 기출예상문제(이패스)

편저자 김진수

[약력]
이패스소방사관 소방학개론 대표 강사
이패스소방사관 소방관계법규 대표 강사
이패스소방사관 소방승진 소방법령Ⅱ 대표 강사

[저서]
2025 진수 소방학개론(이패스)
2025 진수 소방학개론 단원별 기출예상문제(이패스)
2025 합격완성 소방관계법규(이패스)
2025 합격완성 소방관계법규 단원별 기출예상문제(이패스)
2024 소방승진 소방법령Ⅱ (이패스)

2025 합격완성 소방관계법규 최종모의고사

초판 1쇄 인쇄	2024년 10월 24일
초판 1쇄 발행	2024년 11월 6일
지 은 이	박이준. 김진수
발 행 인	이재남
발 행 처	㈜이패스코리아
	[본사] 서울시 영등포구 경인로 775 에이스하이테크시티 2동 1004호
팩 스	02-6345-6701
홈페이지	www.kfs119.co.kr
이 메 일	newsguy78@epasskorea.com
등록번호	제318-2003-000119호(2003년 10월 15일)

* 편저자와 협의하여 인지는 생략했습니다.
* 이 책을 무단으로 전재 또는 복제하면 [저작권법] 제136조에 의해 5년 이하의 징역 또는 5천만원 이하의 벌금에 처해지거나 병과될 수 있습니다.
* 파본은 구입처에서 교환해 드립니다.